지금, 하고 싶은 일을 하고 있습니까?

지금, 하고 싶은 일을 하고 있습니까?

초판 1쇄 인쇄일 2022년 3월 7일 • 초판 1쇄 발행일 2022년 3월 14일
지은이 로라 가넷 • 옮긴이 도지영
펴낸곳 도서출판 예문 • 펴낸이 이주현
기획 정도준 • 편집 김유진, 최희윤 • 마케팅 김현주
등록번호 제307-2009-48호 • 등록일 1995년 3월 22일 • 전화 02-765-2306
팩스 02-765-9306 • 홈페이지 www.yemun.co.kr
주소 서울시 강북구 솔샘로67길 62(미아동, 코리아나빌딩) 904호

ISBN 978-89-5659-438-5 03320

지금, 하고 싶은 일을 하고 있습니까?

로라 가넷 지음

도지영 옮김

예문

당신 자신의 모습으로
사는 것이야말로
일생의 특권이다.

미국의 신화학자
조지프 캠벨 Joseph Campbell

나답게 일하고
나다운 삶을 사는
획기적인 방법

자신의 직업을 후회하거나 이루지 못한 꿈에 미련을 가진 사람이 정말 많다. 이는 대부분의 사람들이 부러워하는 직장에서 일하며, 멋진 직업을 가지거나 뛰어난 성과를 낸 사람들이라도 예외는 아니다. 얼마 전 내가 만난 사람들 또한 그랬다.

출장 차 방문한 샌프란시스코에서 뜻밖의 저녁 만찬 초대를 받았다. 창문 밖으로 지역의 절경이라 할 금문교의 풍경이 보이는, 그야말로 최상류층의 집이었다. 가구는 현대적이고 우아했다. 다이닝룸에 들어가자 열 명의 손님을 위해 훌륭하게 준비된 식탁이 보였다. 집 주인 부부는 상당한 재산과 사회적 지위를 가졌음에도, 단언컨대 내가 지금껏 만나본 사람들 중 가장 털털하고 재미있는 사람들이었다. 그날 함께 초대된 부부의 지인들 또한 마찬가지였다. 모두가 자녀를 상류 사립학교에 보내고 있는 부유층으로, 옷차림은 완벽했고 경력은 그보다 더 화려했다. 식사를 시작하려는 찰나, 나를 초대한 부인이 말했다.

"오늘은 새로운 분을 모셨으니, 일상적인 것 말고 좀 더 흥미로운 이야기를 해봐요. 제가 먼저 질문을 하나 던질게요. 만일 지금 하는 일 말고 진짜 원하는 일을 할 수 있다면 어떤 걸 하고 싶으세요?"

그곳에 모인 사람들의 면면을 보건대, 나는 당연히 모두가 현재의 일에 만족하리라 생각했다. 독자 여러분도 마찬가지일 것이다. 모두가 선망하는 직업과 위치를 가진 사람이 대체 왜 다른 일을 원하겠는가? 그러나 대답은 뜻밖이었다. 저녁 식탁에 앉은 대부분의 참석자가 다른 일을 하고 싶어 했던 것이다.

참석자 중 변호사가 말했다. "저는 음악을 하고 싶어요." 기술 회사의 임원이라는 사람 또한 말했다. "전 어려서부터 작가가 되기를 원했었죠." 그들이 지금 직업에 관한 불만과 원하는 일에 대한 동경심을 어찌나 열정적으로 이야기했던지, 동석한 배우자들의 안절부절못하는 모습이 눈에 보일 정도였다. 이윽고 내 차례가 되었다. 나는 대답했다. "전 아무것도 바꾸고 싶지 않아요. 제가 정확히 원하는 일을 하고 있거든요."

"오, 설마요." 내 옆에 앉은 마케팅 회사의 임원이 말했다. "그러지 말고 솔직하게 이야기해봐요. 자기 일에 그 정도로 만족하는 사람이 어디 있겠어요." 몇 명이 그의 말에 맞장구를 쳤다. "원하는 일을 하며 산다는 건 꿈에 불과해요."

당신도 그렇게 생각하는가?

나는 그 멋진 사람들 사이에서 부러움보다는 안타까움을 느꼈다. 우리에게는 원하는 일을 하며 꿈꾸는 삶을 살 충분한 자질과 권리가 있다. 몽상적인 이야기가 아니다. 사회적인 성취를 이루고 소득을 얻는 것과 관련 있는 현실적인 이야기이다. 누구나 자신의 분야에서 나다움의 날개를 한껏 펴고, 원하는 삶을 누리며, 성공을 거둘 수 있다. 그러나 왜 대부분의 사람들이 그런 건 '꿈'으로 치부하며 스스로 날개를 구겨 접는 것일까?

솔직하게 말하자면, 내게 있어 일은 좋아하는 것 그 이상이다. 일은 나 자신의 연장선이며, 내가 되고 싶은 사람이 되게 해주는 도구이다. 끊임없는 에너지의 원천이다. (임신 첫 3개월 동안 너무 힘들었는데 그 시기도 일을 통해 극복할 수 있었다.) 진심으로 나는 휴양지보다는 일터에 가기를 더 좋아한다. 매일이 금요일처럼 신난다. 그리고 주말 없이 월요일이 바로 시작되길 원한다. 나는 지금과 다른 삶, 이루고 싶은 다른 무언가를 꿈꾸지 않는다. 이미 원하는 대로 살고 있기 때문이다.

물론 나 역시 직업에 애착을 가지게 되기까지 많은 일을 겪었다. 이 책을 읽고 있는 대부분의 독자와 마찬가지로, 성장 과정 내내 좋은 성적과 좋은 대학, 좋은 직장(월급을 많이 주는 직장)을 얻는 것이 곧 '성공'이라고 배웠기 때문이다. 부모님은 행복이나 직업 만족도 같은 것에 대해선 가르쳐주지 않으셨다. 대신 정말 중요한 건 언제나 '경제적 안정성'이라고 말씀하셨다. 그러나 일을 경제적 수단으로 한정 짓는 생각으로 인해 나는 상당한 시간을 방황해야만 했다.

부모님도 선생님도 가르쳐주지 않은 것 : 나는 어떤 일이 맞는 사람인가

당신은 어떻게 생각하기를 좋아하며, 어떤 작업 방식이 맞는 사람인가? 그러니까 어떤 일을 할 때 제 능력에 딱 맞는 슈트를 입은 히어로처럼 활약할 수 있는가? 이것은 학교에서도, 가정에서도 알려주지 않는다. 나는 여러 직업과 직장을 전전하며 삼십 대 중반이 되어서야 깨달을 수 있었다. 잠시 나의 이야기를 해보겠다.

사회 초년생 시절의 나는 이런저런 일들을 다 경험해 보고픈 풋내기였다. 학부에서 정치학과 사회학을 전공했고, 입주 베이비시터로 일하며 네덜란드에서 조금 살아보기도 하다가, 영양학 전공으로 대학원에 입학했다. (얼마 못가 흥미를 느끼지 못하고 그만뒀지만 말이다.) 와인 유통회사에서 영업사원으로 일하기도 했으며, 그 후엔 국제은행인 캐피털 원Capital One에 마케팅 매니저로 입사했다.

캐피털 원에서 나는 처음 맡아보는 마케팅 및 분석 부서의 일에 적응하고, 직무 능력을 향상시키기 위해 정신없는 나날을 보냈다. 그러다 운 좋게 워싱턴 D.C.의 본사로 발령받았는데, 이사한 지 얼마 되지 않아 팀이 해체되는 상황을 맞이했다. 나는 구조조정을 새로운 기회라 여기고 해외사업팀에 지원해 남아프리카공화국으로 갔다. 남아공에서의 사업은 어떠한 기반조차 갖추고 있지 않았기에 스타트업이나 마찬가지였다. 시장을 개척하기 위해 매일 고군분투하며, 미국에서라면 25인분의 일을 나 혼자 해내야만 했다. 힘들지 않았냐고? 오히려 재미있었다. 당시의 나는 열정과 자신감으로 충만했고, 회사에 가치를 더한다는 생각에 매일이 신났다.

그렇게 남아공에서 2년을 지내는 동안 같은 회사 직원을 만나 결혼에 이르렀고, 스페인, 런던을 거쳐 본사로 복귀가 결정되었다. 그런데 대기업의 생활로 돌아오니 남아공에서만큼 재미를 느낄 수가 없었다. 업무는 지겨웠고, 열정이 생기지도 않았으며, 짜증이 나기까지 했다. 그렇다고 해서 회사 내에 딱히 옮기고 싶은 보직이 있는 것도 아니었다. 남편도 나와 비슷한 생각이었고, 우리는 인생의 다음 스테이지를 향해 나아가기로 했다. 그렇게 짐을 싸서 뉴욕으로 갔다.

갑자기 잘 다니던 회사를 그만두고 선택한 뉴욕 행은, 처음에는 탁월한 선택처럼 보였다. 뉴욕으로 이사한 지 한 달이 되지 않아 구글에 영업직으로 채용됐던 것이다. 2005년 당시 구글은 누구나 일하고 싶어 하는 최고의 회사였다. 처음 구글 직원이 되었을 때 얼마나 황홀한 기분이던지! 하지만 놀랍게도 입사 첫날부터 나는 그 회사가 나와 절대 맞지 않는 곳임을 알아차렸다. 고객의 니즈에 즉각 응답해야 했으며, 일상 업무에서 내가 통제할 수 있는 부분은 거의 없었다. 게다가 개별적으로 일하는 IC individual

contributor, 사내에서 프리랜서처럼 일하는 전문직으로, 직역하면 '개별 기여자'이다 ─편집자 주여서 인사관리 기회조차 없었다.

나는 살면서 처음으로 남들에게 이야기만 듣던 일을 경험하게 되었다. 출근하는 게 무서워진 것이다. 맡은 일이 너무 싫었고, 그 여파로 결혼생활마저 흔들리기 시작했다. 그쯤 되자 수시로 자책하게 되었다.

'구직하는 것도 힘들고, 빨리 돈을 벌어야 한다는 생각에 성급했던 것 같아. 그러던 중 처음 합격한 회사가 구글이었으니, 내게 맞는 일인지는 생각할 시간조차 가지지 않았던 거야.'

그럼에도 나는 1년 더 버티기로 결심했다. 입사 후 1년이 지나면 부서 이동을 할 수 있기 때문이었다.

실제로 1년 후, 내게 더 잘 맞을 것 같은 자리로 이동할 수 있었다. 그러나 부서 조직개편으로 인해 불과 10개월 만에 상황은 원상 복귀되었고, 다시 맞지 않는 업무를 하게 되었다. 그 사이 나는 이혼을 했고, 업무 변화와 일상생활의 변화를 함께 헤쳐 나가게 되었다. 설상가상 주기적으로 몸이 아프기 시작했다. 한 달에 한 번은 고열에 시달렸으며 그러면 며칠 동안 침대에 꼼짝없이 누워있는 수밖에 없었다. 무슨 병에 걸린 건 아닐까 하여 수없이 피검사를 했으나 결과는 정상이었다. "전혀 이상이 없는데요." 이 말을 들을 때마다 나는 스스로를 몰아붙였다.

'조금만 더 노력하자. 그러면 구글에서 성공할 수 있어. 이 자리에 나를 맞추기만 하면 돼. 그럴 수 있을 거야.'

자신을 알지 못하면,
스스로 실패를 안겨주게 된다

밖에서 보기에 내 인생은 잘 풀리고 있었다. 나를 아는 사람은 누구나 이렇게 말했을 것이다. "로라는 많은 걸 이루었어. 세계 최고의 회사에 다녀. 그런 일을 해냈다고!"

그러나 사실 나는 저성과자低成果者 관리 프로그램의 대상자였다. 와인 유통업체에서 영업직으로 일하던 이십 대 초반에는 "로라, 당신은 이 일을 하기에는 너무 능력 있는 사람이에요."라는 말을 들었는데, 이제는 상사로부터 "업무를 성공시킬 능력이 없다."라는 말을 듣게 된 것이다. 참담한 기분이 들었다. 다시 말하건대, 해당 업무는 나와 맞지 않았고 애초부터 내가 잘할 수 있는 분야가 아니었다. 그럼에도 그 일을 놓지 못한 건 회사가 주는 복지 혜택(무료 식사, 무료 음료, 무료 간식, 5달러짜리 마사지 등)에 중독되어 있었기 때문이었다. 아, 그리고 '구글'에 다닌다는 멋진 타이틀에도.

'벌써 서른세 살이야. 내가 정말 잘하는 일은 뭘까? 왜 아직 그걸 알아내지 못한 걸까?' 나는 고민에 빠졌다. 자기계발 코치의 도움을 구하기도 했다. 관련 서적을 읽으며 내가 누구이고 어떤 일을 해야 하는지 답을 찾으려고도 해봤다. 그러던 중 구글에서 재직자들을 대상으로 열린 스리쿠마 라오Srikumar Rao, TED의 인기 강의인 '당신 안에 이미 자리 잡고 있는 행복을 찾아라(Plug into your hard-wired happiness)' 연사 박사의 강연에 참석하게 되었다.

라오 박사는 강연을 들으러 온 사람들에게 물었다.

"지금의 일과 삶이 너무나 감사한 나머지, 매일 아침 무릎을 꿇고 엎드려 기쁨의 눈물을 흘리는 삶을 상상할 수 있습니까?"

그가 말하는 것이 바로 내가 꿈꾸는 삶이었다. 바로 그런 느낌을 원했다. 그러나 내 삶은 전혀 그런 방식으로 풀리고 있지 않았다. 나는 현실을 깨달은 직후, 일과 성공을 주제로 한 책을 닥치는 대로 읽기 시작했고, 다시 구직활동을 시작했다. 그러던 중 어느 스타트업에 일자리를 얻었고, 즉시 구글을 그만두었다.

과감한 결단과 도전이 삶의 새로운 장을 열어주었냐고? 전혀. 스타트업에 입사한 지 한 달 만에 그 일도 내게 맞지 않는 일임을 알았다. 나는 좌절했다. 나의 미래와 가치, 내 존재에 의문이 들었다. 그럼에도 9개월을 더 다녔고, 결국 정리해고를 당했다. 그날은 절대 잊지 못할 것이다. 사무실에서부터 따라 나온 사람들이 나를 빌딩 밖으로 내보냈다. 그 순간 나는 결심했다.

'나에게 딱 맞는 꿈의 일자리가 없다면, 내가 직접 만들겠어.'

다시 스리쿠마 라오의 강연으로 돌아가 보자. 구글에서 강연을 들은 후 깊은 감명을 받은 나는 몇 번 더 그의 강연을 찾아 들었다. 그러다 한 번은 강연이 끝난 뒤, 라오 박사에게 다가가 말했다. "선생님을 위해 일하고 싶습니다." 그에게 나를 소개하고, 여러 날 고민한 결과에 관하여 진지하게 설명했다.

그리고 기적처럼 라오 박사로부터 전화를 받았다. 내 제안을 수락하겠다는 것이었다. 정리해고를 당하기 불과 얼마 전의 일이었다. 이후 나는 그의 사업에서 영업 및 운영을 담당하게 되었다. 라오 박사의 사업을 성장시키며, 나는 그로부터 큰 깨달음을 얻었다.

'행복은 운 좋은 사람들에게만 주어지는 것이 아니다. 행복은 매일 연습을 통해 얻을 수 있다. 행복도 습관을 들일 수 있는 일이다.'

나는 매일 내적 힘과 자신감을 기르기 위해 노력했고, 그러자 실제로 행복감이 들기 시작했다. 스스로 행복을 만드는 습관은 내가 지금 하는 일을 해내는 핵심 요소이기도 하다.

이후에도 나는 라오 박사뿐 아니라 자기계발 분야의 다른 베스트셀러 작가들과도 일했다. 그 과정 속에서, 나는 인생의 방향을 바꿀 추진력을 얻었다. 드디어 내가 원하는 일이 무엇인지 보이기 시작했다.

작가들을 위해 일하는 건 재미있었지만, 그것이 나의 소명은 아니었다. 나는 기업이라는 배경 위에서, 내 방식대로 일하고 싶어 하는 사람이었다. 지금까지 해온 일 중 가장 즐거운 건 브랜드를 구축하는 일이었는데, 이것을 발전시키자 고객을 파악하고 그 정보를 통해 사업을 키우는 일, 나아가 고객의 전반적인 커리어를 강화할 방법을 찾는 일이 곧 내 천직이란 결론에 이르렀다.

나는 다시 기업이라는 뿌리로 돌아가 기업 세계의 리더들을 목표로 삼았다. 대기업과 중소기업에 근무하는 사람들과 일하며, 그들이 업무에서 성과를 내도록 도왔다. 목적 없이 이 일 저 일 떠돌지 않고, 자신이 누구인지 파악해 멋진 경력을 쌓을 수 있도록 말이다.

나는 고객들에게 말하곤 했다. "자신감을 키우세요. 실패를 통해 마음을 돌아보고, 인내심을 가지며, 무아지경에 빠지는 몰입의 순간을 기록하세요. 그리고 그에 맞춰 일을 조정하세요."라고. 고객뿐 아니라 나 자신에게도 이 말을 반복해서 들려주며 연습했다.

일이 재미있어질수록 삶의 기쁨은 커진다. 일에 관한 머릿속 기존 관념과 남들의 조언을 거부하기 시작하자 나의 인생은 완전히 달라졌다. 현재 내가 고객들을 위해 사용하는 특별한 통찰력과 방법론은 나 자신의 경험을 통해 정립된 것이다.

일이 가장 재미있는 순간, 즉 무아지경에 빠지는 순간에 관해 질문하고, 그 답 속에서 패턴을 찾으면 자신을 통찰할 수 있게 된다. 이를 통해 긍정적인 변화를 이뤄내는 실행 단계로 나아갈 수 있다.

한편, 나는 '나는 어떤 사람인가'라는 고민에 맞춰 적극적으로 업무를 만드는 습관을 키웠다. 연습하면 할수록 습관은 강해졌고, 일에 관해 더욱 더 도전의식을 가지게 되었으며 성취감 또한 커졌다. 이렇게 커리어의 탁월성을 극대화하는 나만의 방법론이 정비되면서 사업 또한 정말 잘 풀리기 시작했다.

여담이지만, 사업을 시작한 초기에 부모님은 내가 결국 노숙자가 되는 건 아닐까 걱정을 했다. 오빠는 사업을 시작하기 전에 MBA 경영학 석사 학위부터 받아야 한다고 조언했다. 하지만 나는 일과 경력에 관해 그간 옳다고 여겨졌던 규범에 도전하고, 자신을 믿어야 할 때가 왔음을 느꼈다. 주변의 지지라고는 없던 때, 나를 응원해 주는 사람은 나처럼 자기 사업을 시작하겠다고 마음먹은 다른 두 여성뿐이었다. 우리 셋은 카페에서 만나 무슨 사업을 하는지 공유하고, 서로에게 힘이 되어주었다. 직장 생활을 하며 저축해둔 조금의 돈으로 생활을 유지하면서 나는 점점 더 많은 개인과 기업 고객을 확보해나갔다. 우연히도 예전에 다니던 캐피털 원이 나의 첫 번째 고객이 되어 주었다.

오늘날 나는 자신을 성공한 '성과 전략가 performance strategist'라고 생각한다. 고객이 선택한 경력에서 매우 높은 수준의 성과를 내기 위해 필요한 구체적인 행동과 습관을 알려주는 것이 내 전문 분야다. 고객들은 나를 통해 자신이 누구이며 무엇을 가장 잘할 수 있는 사람인지를 제대로 알고, 매일의 업무 속에서 실행하는 법을 배운다. 그렇게 함으로써 자신의 일, 그리고 삶에 주인이 된다. 당신 또한 이 책을 통해 삶을 바꿀 실마리를 얻어가길 바란다.

직장에서 행복하다는 게
가능한 일일까?

'하는 일이 만족스럽지 않다.' '성취감을 느끼지 못한다.' '자신이 아닌 다른 사람이 되려고 애쓴다.' …… 혹시 당신도 이런 상황은 아닌가?

내 목표는 여러분이 진짜 자신에 대해 더 많이 이해하고, 이를 바탕으로 직장에서 행복과 성공을 얻을 수 있는 하나의 습관을 키우도록 돕는 것이다. 이 책에 그와 관련된 모든 방법과 노하우를 공개하려고 한다.

본론으로 들어가기에 앞서, 성공의 정의부터 다시 써보자. 내가 말하는 성공이란 돈을 얼마나 많이 버느냐, 혹은 얼마나 많은 사람에게 영향력을 미치느냐가 아니다. 매일 하는 일에서 즐거움을 느끼는 것, 일을 정말 좋아해서 그것을 향한 도전의식과 성취감을 만끽하는 것, 나아가 탁월성을 최대화하고 자신의 일에서 진정한 의미를 찾는 것이 바로 성공이다. 그런 면에서 자신 있게 약속할 수 있다. 이 책을 읽는 순간부터 당신의 성공은 보장된 것이라고.

성과 전략가로 일하면서 나는 온갖 유형의 사람들과 이야기를 나눴다. 고민은 실로 다양했다.

'내가 해야 할 일은 무엇일까? 내가 남다르게 잘하는 일은 또 무엇일까?' '동기들은 벌써 승진의 사다리를 오르기 시작했거나, 적어도 중요한 업무를 맡기 시작했는데, 나만 슬그머니 제외되는 것 같다.' '내게는 나만의 탁월성이 있을 텐데, 이 직장에서 그걸 낭비하고 있는 건 아닐까?' '멘토가 추천해준 자리이지만 내 장점을 살릴 수는 없는 곳인 것 같아.' '내가 원래 생각한 경력상의 목표에서 크게 벗어난 일을 하고 있는데 어쩌지.'

이처럼 일이나 직장에 만족하지 못하는 이유는 많지만, 그 불만의 뿌리는 놀라우리만치 같다. '하고 싶은' 일과 '해야 한다'고 들은 일 사이에 엄청난 격차가 있다는 것이다.

직장인들뿐 아니라, 학교를 막 졸업하고 일자리를 찾는 사회 초년생들에게서도 이런 고민은 발견된다.

'어디서 무슨 일을 시작해야 할지 모르겠다.' '좋아하는 일을 찾을 수 있다는 희망은 포기했어.'

그러면서 이렇게 생각한다.

'일은 즐기려고 하는 게 아니야, 그저 버티는 거지.' '힘들고 불만스러워도 꾹 참고 하는 것 자체가 업무의 일환 아닐까?'

사회생활을 하면서 힘들기만 하고 보상은 없는 업무에 파묻히는 경험을 안 해본 사람이 있을까? 많은 사람이 일에서 재미와 의미를 찾길 포기하는 이유다.

그러나 이것은 필연이 아니다. 일과 삶에 대한 시각을 바꾸면 인생은 달라질 수 있다. 바로 내 경우처럼 말이다.

이 책에서는 경영과 건강, 심리 분야를 아우르는 연구결과를 바탕으로 마음 깊이 성취감을 느끼고 의미 있는 일을 찾는 방법을 알려준다. 이를 통해 당신은 직장에서 무한한 성공을 얻고 지속적인 기쁨을 느낄 수 있게 될 것이다. 사실 직장에서 성취감이란 그저 느끼면 좋은 것이 아니다. 성취감은 변화가 난무하는 불확실성의 세계에서 일자리를 보장받는 비결이다. 그렇다면 직장에서 성취감을 얻기 위해 무엇을 해야 하는가? 본 책에서 설명할 당신만의 '탁월성(잠재력)'이 발휘되는 지점을 찾아내야 한다. 바로 다음과 같은 것들이다.

내가 가장 잘할 수 있는 생각 또는 문제 해결법

내가 일하는 목적

자신을 충만하게 만드는 사회적 영향력

훌륭한 성과를 내는 나만의 필수적인 핵심 행동과 사고 패턴

이상의 것들을 알아내고 내 일과 삶에 정확히 적용하기까지 수년이 걸렸다. 이 책을 통해 독자 여러분들은 나보다 더 빨리 행복과 성공에 도달하기를 바란다. 앞으로 소개할 연습법과 원칙을 적용하면 단기간 안에 상당한 변화를 겪게 될 것이다.

천재가 되기 위해 아인슈타인처럼 생각하라는 것이 아니다. 우리는 모두가 나만의 천재성을 가지고 있다. 우리가 해야 할 일은 자신 안의 탁월한 능력을 확인하고, 매일의 업무에 그것을 적용할 방법을 배우는 것이다. 여러분이 이 책을 통해 자신이 어떤 사람이며, 어디로 향하고 있는지를 알고, 꿈꾸던 경력과 삶을 능동적으로 만들어나가길 바란다.

CONTENTS

PART 1   도전 과제
내게 맞는 일을 하고 있는가

PART 2   영향력
어떻게 일터에서 의미를 찾을 것인가

내게 맞는 일을 하고 있는가

CHAPTER 1

일상의 천재성을 발견하기 위한 기본 개념들

"당신만의 남다른 생각을 업무에 도입하고 있나요?"

ACTION PLAN
탁월성 습관을 알고, 과정에 노력을 기울이세요.

천재[天才, Genius]
선천적으로 타고난, 남보다 훨씬 뛰어난 재주. 또는 그런 재능을 가진 사람.
출처 : 국립국어원 표준국어대사전

천재의 사전적 정의는 위와 같다. 즉, 천재는 한 가지 특별한 재능을 성과와 능력으로 증명할 수 있는 사람을 지칭한다. 우리는 흔히 천재라고 하면 아인슈타인, 피카소 같은 위인들을 떠올리지만, 우리가 아는 최근 인물 중에도 아주 많다. 스티브 잡스는 상품 개발에 디자인이 중요한 이유를 찾는 데 천재였다. 비욘세는 음악과 마케팅 분야의 천재이다. 조지 루카스

는 〈스타워즈〉를 만든 세계관 설정의 천재이다. 이들은 전부 자신의 분야에서 뛰어난 능력과 성취를 보여 많은 사람이 꿈꾸는 성공을 거뒀다. 천재라는 말 이외에 달리 뭐라 표현할 수 있겠는가.

나는 성과 전략가로 일하면서 믿기 힘들 정도로 성공한 사람들을 바로 곁에서 봐왔다. 그리고 이를 통해 누구나 하나 이상의 독특한 '천재성'을 가졌음을 알게 되었다. 여기서의 천재성이란, 필적할 수 없는 능력을 가진 사람이라는 사전적 의미의 천재와는 다소 차이가 있으므로, 이 개념을 설명하기 위해 좀 다르게 접근해야 된다고 생각한다. (원서에서는 사전적 정의의 '천재'와 본 책에서 설명하고자 하는 '천재성'을 같은 'Genius'라는 단어로 표현했다. 한국어판에서는 이 같은 차이를 보다 생생하게 전달하기 위해 저자가 주장하는 천재 혹은 천재성의 개념을 '탁월성'으로 표기하되, 문맥에 따라 '잠재력'이라는 단어와 일부 혼용하였다. ―편집자 주)

우리 모두는 각자의 독특한 생각 방식과 문제 해결 능력을 가지고 있으며, 그것만으로 이미 천재성을 지녔다고 볼 수 있다. 천재적인 지점, 다시 말해 개개인의 '탁월성'은 일 자체보다는 일에 접근하는 '방식'과 관련이 있다.

탁월성을 업무에 활용하면 어떤 일이 일어날까? 판을 흔들 수 있게 되고, 흐름을 통째로 바꾸는 게임 체인저game changer가 될 수 있다. 일을 최고로 잘할 방법을 알고, 매일의 업무에 에너지를 쏟을 수 있으며, 이 과정에서 도전의식이 북돋워질 수 있다. 그 결과 일은 하기 싫은 것이 아니라, 즐거움을 주는 것이 된다.

자신을 바꿀 필요는 없다. 이미 가진 재능을 아주 효과적인 방식으로 계발하고 사용하면 된다. 안심하라, 당신에게는 이미 탁월성이 있다. 깨달았든 깨닫지 못했든 간에 말이다. 나는 여러분이 '자신 안에 숨어 있는 탁월한 능력'을 확인하고 그것을 활용할 방법을 찾도록 도와줄 것이다.

알아둬야 할 건, 내가 말하는 탁월성이란 지능지수IQ처럼 고정된 특성이 아니라는 것이다. 누구나 가지고 있으며, 시간을 들이면 키우고 발달시킬 수 있다. 인간 정신의 타고난 유연성과 성장 발달 능력이 누구나 자신만의 탁월성을 지녔다는 내 주장을 방증한다. 이를 위해 해야 할 일은 단순하다. 자신이 가진 주된 사고방식을 확인하고, 이를 활용해 새로운 상황에 적용하며, 이 같은 과정을 습관화하면 된다. 여기서 가장 중요한 점은 나의 탁월성이 발휘되는 지점과 그와 관련된 업무를 찾는 것이다.

믿을 수 없는 성공의 비결, 탁월성 습관

우리가 매일 사무실에서 처리하는 세세한 업무들, 순간순간의 결정과 행동은 우리가 어떤 사람인지를 보여준다. 이를 통해 내가 어떤 사람이며 어떤 일을 가장 잘할 수 있을지에 관해 점점 더 깊이 파고들다 보면 일에 관한 생각이 완전히 달라지게 된다. 업무 성과와 근로의욕이 굉장히 높아지는 것은 물론이며, 성과의 방향까지 의식하게 해준다.

IQ는 잊어라

성공의 지표로써 높은 IQ가 지니는 중요성에 관한 생각은 지난 수십 년에 걸쳐 크게 달라졌다. 역사적으로 IQ는 잠재적인 성공의 고정요소로 여겨졌으나, 오늘날에는 집중적인 노력을 기울이면 높일 수 있는 일종의 '변수'라는 것이 중론이다. IQ를 높이는 활동에는 안전지대comfort zone, 익숙하며 편안함을 주는 혹은, 새롭거나 어렵지 않은 안이한 상황이나 장소 벗어나기, 관계 기술 쌓기, 언어 공부, 건강한 음식 섭취, 힘차게 운동하기 등이 포함된다. 다시 말해, IQ 자체보다 IQ를 높이는 일련의 활동들이 성공 가능성을 더 키운다는 것이다. 더 중요한 것은 미래 업적을 가늠할 유일한 지표가 IQ라는 기존 관념이 완전히 틀렸음이 밝혀졌다는 사실이다. 심리학자 마틴 셀리그먼은 긍정심리학 연구를 통해 긍정적인 사고와 성공의 명확한 연결 관계를 밝혔다. 심리학자 캐롤 드웩은 성장 마인드셋Mindset에 관한 연구결과(지능과 기술은 시간이 지남에 따라 높아질 수 있다)를 통해 미래를 내다보는 개인과 기업에 성경 같은 존재가 되었다. 이 책에 뒷부분에서 두 심리학자의 놀라운 연구결과를 소개할 텐데, 이를 통해 성과와 동기부여, 성공에 관한 생각이 뒤바뀌게 될 것이다.

이처럼 진짜 자신의 모습을 찾고, 그 안에서 최고의 측면을 꺼내어, 내가 잘하는 일을 꾸준히 해나가는 것. 이것이 바로 탁월성을 발휘하는 행동 방식, 즉 '탁월성 습관The Genius Habit'이다.

인간은 무의식적으로 손쉽게 일할 방법을 만드는 데, 그것이 바로 습관이다. 즉, 습관은 뇌를 좀 더 효율적으로 사용하는 방법이다.《습관의 힘 The Power of Habit / 갤리온, 2012》의 저자 찰스 두히그에 따르면, 모든 습관의 중심에는 간단한 신경 고리가 있다고 한다. 습관의 고리는 세 부분으로 이루어지는데, '신호cue'와 '반복행동routine' 그리고 '보상reward'이 그것이다. 신호는 뇌에 신체적, 감정적, 정신적 반복행동을 시작할 것을 알리고, 이에 따라 보상이 주어지는 방식이다.

예를 들어, 나는 아침이면 커피를 마시는 습관이 있다. 이 행동 방식의 연결고리를 보자. 침대에서 일어나 부엌에 들어간다(신호). 원두를 재서 넣고 물을 부으며 커피를 내린다(반복행동). 그리고 완벽하게 내려진 따뜻한 커피 한 잔을 마시며 즉각적인 힘을 얻는다(보상). 매일 아침 이 행동순서를 따르기 때문에 각 과정을 일부러 생각할 필요도 없다. 나의 뇌는 습관 고리에 따른 동작을 명령하고 신체는 마치 자율주행하듯 작동한다.

물론 커피 내리는 것보다 복잡한 습관도 있다. 특히 업무 중에는 습관인지 인지하지 못하고 해버리는 일이 많다. 대체로 그런 경향은 부정적인 습관에서 더 자주 발견된다.

널리 연구된 나쁜 습관 중 하나는 생산적인 일을 해야 할 때 반복적으로 이메일을 확인하는 것인데, 이는 정말 고치기 어려운 습관 중 하나이다. 출근하자마자 탕비실부터 들른다거나, 틈날 때마다 직장동료와 뒷말을 나누는 것 또한 일터에서 쉽게 발견되는 나쁜 습관이다.

여기서 한 발짝 더 나아가, 습관의 개념을 더 깊이 파고들어보자. 상황을 바꾸는 게 너무나 어려운 나머지 현 상태를 유지하려 하는 것도 나쁜 습관으로 볼 수 있다.

일례로, 지금 하는 일이 맞지 않는다는 걸 느끼면서도 부서 이동을 신청하거나, 직장을 그만두지 못하는 경우를 들 수 있다. 여기서 '무언가 맞지 않다'는 느낌이 바로 ① 신호이다. 이어서 ② 반복행동이 나타난다. 일이 지겹게 느껴지며, 부정적인 감정을 동료에게 토로하고, 좌절감은 다른 직원이나 상사 혹은 기타 외부적인 요인의 탓으로 돌린다. 자, 그럼 이런 행동을 통해 어떤 ③ 보상을 받을 수 있을까? 자신 또한 업무가 지겹다거나 좌절을 느낀다고 하는 동료의 맞장구를 통해, 나 혼자만의 생각이 아니라는 데서 오는 일종의 안도감을 느낀다. '일이란 다 이런 것 아닐까?' 하며.

열정을 느끼지 못하는 일에 안주하는 나쁜 습관이 생기면 일에 대한 부정적인 감정이 정상인 듯 여겨지기 시작하고, 업무에서 느끼는 좌절감을 당연한 것으로 받아들이게 된다. 이런 식의 순환고리에 빠지면 좋아하지 않는 일을 계속하는 습관에서 벗어날 수 없다. 유일한 방법은 이직이지만,

새로운 일자리를 찾는 데 따르는 스트레스와 귀찮음을 감당하는 게 너무 벅차서 그 나쁜 습관을 이어나간다.

나쁜 습관을 키우는 버릇은 더 폭넓은 경력 계획 단계에서도 나타난다.

예를 들어, 당신은 지금 하는 일에 불만을 느끼며 이직해야 할 때라고 생각한다. 그러나 어떤 일을 새로 시작해야 할지는 감이 잡히지 않는다. '뭘 해야 할지 모르겠다'라는 ①신호가 발생하자, 당신은 생각나는 사람들에게 연락해서 조언을 구하고, 별 생각 없이 그들의 조언을 따르기로 한다. 이것이 ②반복행동이다. 조언을 받아들여 행동으로 옮기자 불안이 줄어든다. 이 순간적인 안정감이 ③보상이다. 그러나 이전 직장에서 마주했던 것과 같은 문제에 부닥치면 위의 순환고리가 다시 시작된다. 모든 이의 조언에 따라 표면상 더 좋은 자리로 옮기는 선택을 했음에도, 새로운 일이 즐겁지 않고 의욕이 생기지도 않는다는 게 분명해진다.

일에서 불만을 느끼는 이유가 무엇이며, 어떻게 해야 일을 하면서 더 행복해질 수 있을지 등등, 자신에 대한 진정한 이해 없이 이직을 거듭하는 나쁜 습관을 지닌 사람들이 실제로 많다. 때문에 '일은 즐거울 수 없고, 즐거워서도 안 된다'라는 문화적 믿음이 생겨난다. 어떤가, 이런 이야기가 익숙하게 들리는가? 그렇다면 지금이 새로운 습관을 길러야 할 때이다.

자신의 일을 좋아하고, 분야에서 큰 성공을 거두는 사람들은 자신만의 탁월성을 적절하게, 자주 활용하는 습관이 있다. 또한 성장으로 이어지는 긍정적인 생활 습관이 있으며, 무슨 일이 생기든 그 안에서 배움을 얻는 습관이 있다. 이들은 업무가 자신에게 잘 맞지 않는다는 신호를 감지하면 (일이 지겹거나, 업무성과가 기준 미달이라는 걸 깨닫는 경우) 현재와는 완전히 다른, 한층 만족스러운 보상을 얻기 위해 다른 반복행동을 시작한다. 습관 고리의 방향을 바꾸는 것이다.

지금까지 (아마 자신도 모르게) 키워왔을지 모르는 나쁜 습관을 끊고, 일에서 진정한 행복과 성공을 얻기 위해서는 새로운 반복 행동을 만드는 것이 중요하다. 그 핵심이 바로 '**성과 추적기**|Performance Tracker'이다. 이는 내가 개발한 일종의 자기 확인 도구로써, 다음과 같은 도움을 준다.

- 일에서 발생하는 문제의 근원이 무엇인지 이해하게 해준다.
- 경력을 탐색하는 동안 정말 중요한 부분이 무엇인지 확인하게 해준다.

성과 추적기를 이용하면 업무 중 자신이 뛰어나게 잘할 수 있는 부분을 확인할 수 있다. 또 매일 업무를 처리하면서 뛰어난 성과를 내는 순간을 능동적으로 만들어낼 수 있다. 일단 문제가 무엇인지 알면 고칠 수 있다.

몇 달 동안 매주 업무 성과|퍼포먼스를 추적하여 탁월성이 발휘되는 지점을 확인하고, 타고난 강점과 기술을 잘 이용하게끔 일상 업무를 설계하면

탁월성 습관이 제2의 천성이 되면 어떤 일이 일어날까?

당신이 하는 일이 왜 지겹고 힘든지, 혹은 반대로 성취감을 주는지 그 이유를 더 잘 인식하고 이해할 수 있게 된다면, 내면에 자신감이 생기고, 나만의 탁월성을 업무에 활용하는 것이야말로 꿈을 이룰 방법임을 알게 된다. 그 결과 자신만의 탁월성에 맞춰 업무를 자연스럽게 조정하고, 성취감을 주는 방식으로 영향력을 행사하며, 커리어를 발전시켜 나갈 방법을 찾을 수 있게 된다. 무엇보다 중요한 것은 기대 이상으로 빠른 성공을 손에 넣을 수 있으리란 점, 그리고 매일의 업무를 더욱더 즐기게 될 것이란 점이다.

된다. 이 과정을 통해 두뇌의 천부적인 능력을 활용하는 좋은 습관이 길러지고, 더 큰 성공을 거둘 수 있게 된다. 즉, 탁월성을 발휘하기 위한 **탁월성 습관**이 길러지는 것이다.

탁월성 습관을 연습하면 성공으로 가는 길이 생각만큼 어렵지 않음을 알게 될 것이다. 행복과 직업 만족도는 운이 따르거나 타이밍이 좋아야 얻을 수 있는 것이 아니다. 꿈꿔온 성공을 만드는 '일상 속 강력한 습관'을 기를 때 얻어지는 것이다.

물론, 새로운 습관을 기르는 것이 버겁게 느껴질 수 있다. 운동이나 다이

어트 계획을 새로 세워도 작심삼일에 그치는데, 대체 일과 관련된 습관을 어떻게 새로 만든다는 말인가? 그러나 너무 걱정하지 말길 바란다. 이를 위해서는 습관이 형성되는 과정을 이해하는 것이 중요하다.

〈유럽 사회심리학 저널European Journal of Social Psychology〉에 실린 연구에 따르면, 새로운 행동이 습관이 되려면 평균 66일두 달이 약간 넘는 시간이 걸린다고 한다. 어떤 습관을 버리거나 혹은 키우기 위해서는 뇌 속의 뉴런, 다시 말해 세포의 연결이 바뀌어야 하는데, 어떤 행동의 반복을 통해 특정 뉴런 패턴들이 자극을 받아 강해진다는 것이다.

이 책에 나오는 연습 방법을 열심히 따르고, 성과 추적기를 66일 동안 매주 꼬박꼬박 사용한다면, 당신 또한 앞으로 평생 도움이 될 당신만의 탁월성 습관을 만들 수 있을 것이다.

탁월성을 기르는 도구, 성과 추적기

성과 추적기의 주된 목적은 자신을 더 깊이 아는 것이다. 이것은 여러분이 일상 업무에서 저마다의 강점을 사용할 방법과 각자 원하는 성공을 얻을 방법이 무엇인지 이해하는 데 도움을 주기 위해 만들어졌다. 요컨대 자신이 얼마나 발전하고 있는지, 그 추이를 확인할 수 있다.

이 책에서 알려주는 내용과 성과 추적기는 고속도로의 가드레일과 같다. 무수한 경우의 수 가운데, 우리를 올바른 길로 나아가게 하고 자신의 일을 훌륭하게 해내는 데 필요한 반복행동을 강화해준다.

성과 추적기는 내 고객들이 업무에 대해 가지는 부정적 감정의 근본 원인을 진단하는 과정에서 개발되었다. 나의 고객 대부분이 문제의 원인을 파악하는 데 어려움을 겪었는데, 나 자신의 경험에 비춰보아도 그들의 상황이 이해되는 부분이 있었다. 회사 일이 지겨워졌을 때 그 이유를 내게서 찾기보다는 외부에서 찾곤 했던 것이다.

'상사가 잘못했기 때문이야.' '회사가 내게 제약이 되고 있어.' '같이 일하는 동료들이 골칫거리야.' 등등……

하지만 매주 일의 세부 사항을 추적해 점검하기 시작하자, 나 자신의 성과를 돌아보게 되었다. 근본적인 문제는 업무의 특정 측면이 나의 강점과 근본적으로 맞지 않는다는 데 있었다.

성과 추적기는 이 같은 문제 확인 외에도 경력의 방향을 바꾸거나, 의도적으로 업무에 집중해야 할 때와 같은 핵심 정보를 알려준다. 나는 고객이 일이 잘 풀리지 않을 때면 성과 추적기를 사용하도록 한다. 문제의 근본 원인을 확인하고, 행동을 바꿔 좋은 결과를 얻을 수 있는 가장 확실한 방법이기 때문이다.

성과 추적기를 권하는 또 다른 이유는 간단한 사용 방법에 있다. 매주 10~15분 정도만 할애하면 된다. 성과 추적기에는 심리학 및 성과에 관한 최신 연구결과를 정리해 만든 일련의 질문들이 들어있는데, 가능한 솔직하고 구체적으로 답하는 것이 중요하다. 답한 내용을 통해 자신이 마주한 현실을 객관적으로 볼 수 있기 때문이다. 질문에 답한 다음에는 점수를 매긴다. 이를 바탕으로 자신이 매주 어느 정도의 진전을 이뤘는지 알 수 있다.

"전에는 미처 알지 못했는데, 제가 느낀 좌절감의 근원에는 제 자신만의 행동과 사고패턴이 있었어요."

이처럼 간단한 질의응답을 통해 통찰을 얻었다는 사람이 많다. 나는 성과 추적기의 정기적 활용을 통해 스스로의 발목을 잡는 요인이 무엇인지, 발전하기 위해서는 무엇을 해야 하는지 분명하게 깨닫는 사람들을 많이 보았다. 나 역시 현재까지도 성과 추적기를 지속적으로 사용하고 있다.

성과 추적기는 자신에게 만족감을 주는 일의 유형을 파악하고, 성공을 향한 갈망과 동기부여를 유지하기 위한 적절한 강도의 수행 과제를 계획할 수 있으며, 이를 커리어 도약의 발판으로 사용할 수 있다는 점에서 아주 유용한 도구이다.

탁월성 영역 : 당신이 탁월성을 발휘할 수 있는 영역

우리가 사는 세상에는 매일 같이 수많은 변수가 휘몰아친다. 기술은 너무나 빠르게 변화하고, 산업의 미래는 불확실하며, 경제가 어떻게 흘러갈지도 오리무중이다. 이 와중에 확고한 것이 있다면 그것은 당신의 타고난 능력, 궁극적으로는 목적purpose에 대한 이해뿐이다.

목적이란 무엇일까. 사회 정의를 실현하는 것? 재미있는 일을 찾는 것? 그렇다면 목적은 반드시 의미와 연결 지어져야 하는 걸까? 이런 고민을 하다 보면 목적이라는 말이 너무 무겁게 느껴질지도 모른다. 다만, 내가 당신에게 말해줄 좋은 소식은 목적을 찾기 위해 헤매지 않아도 된다는 것이다. 목적은 우리 내면에 이미 존재한다. 자신 안에 숨겨진 목적을 파악하고 접근해라.

목적이 있는 일을 찾는 방법은 다음과 같다.

목적이 있는 일 = 특히 성취감을 느끼는 종류의 일

이는 내가 '핵심정서문제core emotional challenge'라고 부르는 것과 연관되어 있다. 핵심정서문제란, 살면서 어느 순간 극복해낸 어려움이나 계속 고전을 벌이고 있는 문제를 말한다.

자신의 핵심정서문제를 확인하면 자신과 같은 어려움을 겪는 사람을 도우면서 틀림없이 성취감을 느낄 수 있다. 내 고객들을 살펴본 결과, 대부분의 핵심정서문제는 한순간의 고난보다는 평생에 걸친 어떠한 패턴으로 나타난다는 것을 알게 되었다.

예를 들어, 내가 지닌 핵심정서문제는 없는 사람 취급을 당할 때 나타난다. 성장하는 동안 나는 항상 내가 다른 가족들과 다르다고 느꼈으며, 아무에게서도 이해받지 못한다고 느꼈다. 이런 정서문제는 평생 나를 따라다녔다. 그래서 없는 사람 취급을 당하거나 내 의견이 진지하게 받아들여지지 않으면 크게 기분이 상하곤 한다.

이에 대응하여 내가 가장 성취감을 느끼는 일의 종류를 예상할 수 있다. 즉, 무시당하거나 없는 사람 취급당하는 것에 특히 고통을 느끼는 사람을 돕는 것이다. 실제로 나는 나와 같은 사람들이 남들 눈에 분명히 드러나는 일을 하도록 돕는 데서 보람을 느낀다.

동기부여의 원천은 우리 내면에 확실하게 존재한다. 단지 그것을 모르고 있을 뿐이다. 이 책에서는 여러분이 각자의 목적과 핵심정서문제를 확인하는 데 도움을 줄 질문과 기법에 관해 이야기 나눌 것이다. 이러한 정보를 바탕으로, 의미 있고 성취감을 느끼며 재미있는 일을 하기 위한 실천 계획을 세우길 바란다.

이렇게 얻은 정보와 각자의 고유한 탁월성을 합하면, 자신이 누구인지를 완전히 새로운 차원에서 알 수 있으며, 진정으로 흥미를 느끼는 일을 파악할 수 있다.

이처럼 2가지 요소가 겹치는 일, 즉 자신의 탁월성을 사용하면서 목적 성취감을 주는 일을 나는 '탁월성 영역Zone of Genius'에 속하는 일이라고 부른다.

나만의 탁월성을 발휘하기 위한 실천 계획

탁월성 영역 안에서 효과적으로 일하고 원하는 성공을 거두기 위해서는 5가지 핵심성과원칙 및 그에 따르는 행동을 알아야 한다. 이러한 원칙과 행동을 업무에 자동으로 적용(습관화)하다 보면 머지않아 탁월성 습관이 장착될 것이다.

5가지 핵심성과원칙이란 다음과 같다.

도전Challenge 미하이 칙센트미하이는 그의 저서 ≪몰입flow / 한울림, 2004≫에서 몰입 상태에 빠져들게 하는 중요한 요소로 '딱 적절한 정도의 도전이 되는 일'을 꼽았다. 즉, 사람은 자신의 능력에 맞는 난이도의 수행 과제에 도전할 때, 몰입의 상태에 빠진다는 것이다. 실제로 고객들을 관찰해 보니, 일터에서 행복을 느끼지 못하는 대부분 사람들의 문제 중 하나가 (상사나 동료 혹은 클라이언트와의 문제가 아니라)개인적인 도전 과제가 없다는 것이었다.

영향력 Impact　　　공짜 점심, 마사지, 게임 공간 등의 특별한 복지를 제공할 때 직원들의 업무 의욕이 북돋워지리라 생각하는 기업이 많다. 그러나 사회과학자 알피 콘에 따르면, 그런 특혜는 직원들의 업무 태도를 거의 바꾸지 못한다. 실제로 직원들이 확실한 동기를 부여받을 때는 자신의 업무가 지닌 영향력에 관해 깊이 이해했을 때이다. 이와 관련해 펜실베이니아 대학교 와튼 스쿨의 아담 그랜트 교수는 다음과 같은 연구 결과를 발표했다. 인명 피해를 막을 수 있는 안전 요원의 능력에 관한 내용을 읽은(그래서 자신의 일이 지닌 영향력을 이해한) 안전 요원은 자신의 근무시간을 40퍼센트 이상 늘리는 것으로 나타났다. 반대로 그저 돈을 벌기 위한 일이라고 생각하는 안전요원의 경우 일하는 시간이 그대로였다.

자신이 다른 사람에게 어떤 영향력을 발휘할 수 있는지 아는 것은 매우 중요하다. 하지만 나는 거기서 한 발 더 나아가, 핵심정서문제와 이어져있는 영향력을 확인할 때 목적에 대한 성취도가 발생한다는 것을 알게 되었다. 사실 우리는 누구나 목적에 따라 움직인다. 일할 때 또한 마찬가지다. 다만 그런 방식으로 일하고 있다는 걸 깨닫지 못할 뿐이다.

기쁨 Joy　　일을 좋아한다고 생각했는데 사실은 '성취 중독자'였던 경우를 나는 여럿 보았다. 성취 중독자들은 자신만의 탁월성과 목적에 맞는 일이 주는 매일의 성취감에 대해 알지 못한다. 성취 중독자들은 직장에서 느끼는 만족감의 대부분을 목표 달성에서 얻는다. 높은 연봉, 남들이 부러워하는 승진, 인상적인 직함, 타인의 인정 등이 가져다주는 도파민에 중독되어 있는 것이다.

그러나 이러한 행위 중독 과정은 이전에 비해 더욱 강한 보상을 원한다는 점에서 번아웃과 불안, 또 다른 도전에 대한 끝없는 스트레스를 불러일으킨다. 일에서 기쁨을 찾는 것이 목표라면 탁월성과 성취 중독자, 둘 중 어느 쪽이 더 나아 보이는가?

일에서 진정한 기쁨을 찾으면 여러 장점을 얻게 된다. 2015년 영국 워릭 대학교의 경제학자들은 연구를 통해 업무에서 행복을 느끼는 사람의 생산성은 12퍼센트 늘어나는 반면, 그 반대의 경우 생산성이 10퍼센트 떨어진다는 사실을 발견했다. 연구팀은 이렇게 말했다. "우리는 인간의 행복과 생산성 사이에 강력한 인과관계가 있다는 사실을 발견했다. 긍정적인 감정은 사람의 활기를 북돋우는 것으로 보인다."

진정한 성취감은 업무에서 방탄조끼와 같은 역할을 맡는다. 진정한 성취감을 느끼면 스트레스가 줄고, 안전지대 밖으로 영역을 넓힐 수 있으며, 좌절을 쉽게 극복하고, 팀 플레이어로서 즐겁게 일할 수 있다.

마음 챙김 Mindfulness　　　　멜버른 대학교 연구진은 100건 이상의 인터뷰 결과를 바탕으로 한 선행 연구를 통해 높은 자신감과 직업적 성공 사이에 분명한 상관관계가 있음을 밝혀냈다. 우리 모두는 자신감에 찬 사람이 성공하기 쉽다는 걸 본능적으로 알고 있다. 그런데 자신감이란 대체 어떻게 해야 생기는 것일까?

우리는 누구나 부정적인 마음의 소리를 듣고 산다. 그런데 그것이 우리 생각과 행동, 나아가 탁월성에 미치는 힘을 알아차리는 사람은 거의 없다. 나는 마음 챙김 기법(마음 챙김 기법을 사용하면 업무상 불안, 스트레스, 확신하지 못하는 마음이 드는 이유를 즉시 정확히 집어낼 수 있다)을 사용하는 것이 탁월성 습관을 기르는 가장 좋은 방법이라는 것을 알았다. 앞으로 자세하게 소개할 방법들, 즉 나만의 탁월성을 확인해 정의하고, 자기 파괴적인 행동을 찾아 제거하는 여러 가지 기법들은 모두 이 마음 챙김 기법을 사용하고 있다는 걸 기억하라.

인내Perseverance　　　　우리는 어릴 때부터 실망과 실패는 부끄러워해야 할 대상이라고 배운다. 사람들은 실망과 실패를 나쁜 것으로 생각하지만, 실패에 관한 진실은 이런 편견과 반대된다. 실패는 최고의 스승이며, 우리를 강하게 만든다. 좌절을 극복하려면 인내가 필요하다. 탁월성 습관을 기를 때도 마찬가지다. 무엇이 자신을 강하게 하는지 알면 도전을 기회로 여길 수 있다. 마음의 회복력에 관한 연구에 따르면 인내는 IQ보다 훨씬 더 중요한 성공요소이다. 우리가 앞으로 해야 할 일은 성장과 관련한 행동을 추적하고, 어려움을 마주했을 때 이를 구체적인 생각과 행동 방식으로 바꿀 수 있도록 마음의 회복력을 강화하고 인내를 키우는 것이다.

시작해 보자!

일단 탁월성 영역 안에서 활동하게 되면 제대로 쓰이지 못한 채 주변을 빙빙 맴돌던 모든 에너지를 자신의 일에 쏟아 부을 수 있게 된다. 자신의 재능을 분명하게 표현하고, 제대로 사용함으로써 자신이 어떤 사람이고 세상에 무엇을 제공하는 사람인지 알릴 수 있을 것이며, 이를 통해 많은 이들에게 기억될 것이다.

이 책을 다 읽은 뒤, 독자 여러분 모두가 빛나는 존재가 되어있기를 바란다. 그리고 당신의 경험이 영감의 원천이 되어 더 많은 사람들이 같은 여정을 걷게 되길 희망한다. 나는 좋아하는 일을 하는 사람들과 가까이 하면서 영감을 얻는다. 세상에는 어렵지만 무한한 보상을 주는 일을 기꺼이 해내려는 사람들, 즉 영감을 주는 사람들이 더 많이 필요하다. 그런 인물이 되기 위하여, 다음 장부터는 탁월성으로의 본격적인 변화를 시작해 보자!

CHAPTER 2

자신의 내면이 보내는
신호 알아차리기

"일이 흥미진진한가요, 아니면 지겨운가요?"

ACTION PLAN
자신에게 맞는 일인지 판단하세요.

명문대 졸업생이 유기견 구조센터를 열겠다며 억대 연봉을 마다하려 한다. 전도유망한 젊은 영화 프로듀서는 도대체 왜 기본적인 사무 일조차 못해내는지 이유를 알 수 없다. 유명세를 타기 시작한 CEO는 매번 회의 때마다 불안 발작을 일으키곤 한다. 이들의 공통점은 무엇일까?

대답은 간단하다. 업무 적합성이 맞지 않기 때문이다. 이들 모두는 나를 찾아와 자신이 일을 잘 해내지 못하는 이유에 관해 여러 이유를 댔다. 더 분발해야 한다거나(기술을 더 배우거나 스스로에게 동기부여를 하는 등), 아니면 몸담은 업계를 완전히 떠날 때가 되었다고 확신하고 있었다. 그러면서 자신의 가치, 커리어에 대한 비전, 일을 즐기면서 성공을 거둘 능력 등에 관하여 엄청난 의문을 표했다.

원하는 성과가 나지 않아 마음이 편치 않을 때 흔히 생각하는 해결책은 '회사 혹은 업계가 원하는 사람이 되는 것'이다. 합리적인 전술로 보이지만, 실제로는 업무에 관한 불만이 늘어나고 비참함만 한층 더 깊어진다는 걸 알아야 한다. 이는 인사과에서 흔히 전하는 성과 평가 메시지와도 관련이 있다. 인사팀은 나쁜 평가를 받은 업무와 관련해 오해 소지가 있는 메시지를 보내는 경향이 있는데, 예를 들면 "다음은 귀하가 해당 업무를 잘 해내기 위해 계발해야 할 분야입니다."라며 문제점들을 나열하는 것이다. 대부분의 사람들은 이런 메시지를 받고 '지금 상태로는 충분치 않아. 이런 분야를 계발하기 위해 노력해야겠어.'라고 마음먹지만, 근본 원인은 업무 적합성이 맞지 않는 것이므로 노력해봤자 충분한 성과가 나지 않는다. 되려 그로 인한 더 깊은 좌절감만 느끼게 된다.

업무가 지겹거나, 일을 생각하면 불안감이 들고 압도당하는 듯한 느낌이라면, 문제는 당신이 아니라 당신의 일에 있다. 당신이 더 아등바등 노력해야 할 문제가 아니라, 당신에게 맞지 않는 일이라서, 당신에게 맞지 않는 업무 방식이라서 문제인 것이다. 인사팀에서 실망스러운 소리를 듣는다면 자신의 잘못에 대해 생각하는 대신, 진짜 나답게 할 수 있는 일, 내게 잘 맞는 업무 방법을 찾아라.

이렇게 생각해 보자. '잠깐, 이런 기술은 배운다고 해도 내 탁월성과는 거리가 있어.' '아무리 노력해도 내가 잘할 수 없는 기술일 가능성이 커.' '직장 생활에서 이런 부분을 알아차릴 기회를 얻다니 고마운 일이군.' 등등. 그리고 쿨하게 다음 단계로 나아가라. 다음 단계란, 이전에는 공부하지 않았던 '나'라는 주제를 연구하는 것이다.

맞지 않는 일을 하고 있는 건 아닌가

우리는 최소 12년의 의무교육을 받으나, (운이 아주 좋은 케이스가 아니라면) '나 자신'을 알기 위한 교육을 받아본 사람은 매우 드물 것이다. 자신의 내면을 들여다본다는 여러 종류의 치유법이나 학습법 등이 인기를 끌지만, 안 좋은 일이 생겼을 때나 잠깐 찾을 뿐, 탁월성을 극대화하기 위한 도구로 이용되지는 않는다. 더욱이 일과 관련해서는 아직도 낡은 고정관념을 가지고 있는 사람들이 많다. '일이 버겁게 느껴지는 건 나한테 문제가 있기 때문이야.' '내가 게을러서 그래, 좀 더 분발해서 공부하고 능력을 쌓아야 하는데.' 이런 부정적인 생각으로 인해 진짜 문제가 무엇인지 진단하기도 전에 회사를 그만두거나 업계를 떠나기도 한다. 이런 사람들의 경우, 몇 년 안에 같은 상황에 다시 놓일 가능성이 크다. 또 기술이나 역량이 부족하다고 느낀 나머지 추가 근무를 자처하기도 하는데, 이는 더 큰 불안을 불러올 가능성이 농후하다.

이 책의 목적은 각자가 지닌 남다른 탁월성과 동기부여 원천을 포함해 자신이 어떤 사람인지를 알고, '나다움'을 업무에 활용하도록 돕는 것이다. 그러기 위해서는 제대로 된 질문을 던져야 한다. 대부분의 사람들은 상사가 나를 어떻게 생각하며, 다음 고과평가가 어떻게 나올까 같은 질문을 먼저 떠올린다. 그러나 적어도 지금 이 순간만큼은 그런 것들에 대해서는 걱정하지 말고, '나 자신에 관한 생각'에 좀 더 초점을 맞춰보자. (이렇게 말하는 나 또한 올바른 질문을 떠올리기까지 긴 시간이 걸렸다.)

스스로 던져야 할 질문은 다음과 같다.
'내게 맞지 않은 일을 하고 있는 건 아닐까?'
이를 보다 구체적으로 표현하면 다음과 같다.
'이 일은 내게 적절한 종류의 도전 과제를 제시하고 있는가?'

어떤 일은 힘들어도 활기가 넘치는 이유

도전 과제는 특정한 업무에 관해 생각하고, 처리하고, 문제를 해결해나가는 과정에서 나타난다. 정답을 찾을 능력은 이미 당신 안에 있다고 말한 바 있다. 아직 조각을 맞춰보지 않았을 뿐이다.

이러한 도전 과제에는 긍정적인 에너지가 존재한다. 문제를 해결하고 옳은 결과를 얻을 수 있으리라 생각하기 때문이다. 내가 할 수 있다는 사실을 알고, 정확히 어떤 일을 해야 할지 궁금해하는 과정에서 발생되는 긍정적인 긴장감은 압박이나 불안감과는 전혀 다른 종류의 것으로, 오히려 신나고 활기차게 느껴진다.

≪몰입≫의 저자 미하이 칙센트미하이는 이러한 종류의 도전을 다음과 같이 표현했다. "대개 힘들지만 가치 있는 일을 해내기 위해 자발적인 노력으로 몸이나 마음을 한계까지 끌어올릴 때, 최고의 순간이 찾아온다."

다시 말해, 안전지대를 벗어나도록 스스로를 밀어내면서도 즐거움을 잃지 않을 정도의 일을 할 때 가장 집중할 수 있다는 것이다. 칙센트미하이는 또한 몰입에 관해 이렇게 설명했다.

"몰입하면 그 일에 몹시 빠져들어 시간이 흐르는 것조차 잊는다. 자신감이 느껴지고, 일할 힘이 난다."

그의 연구에 따르면 사람들은 사실 일할 때 가장 큰 행복을 느끼는데,

그 일은 즐길 수 있는 것이어야 하며, 충분히 도전적이어야 한다는 것이다. 그는 몰입을 만드는 도전적인 일은 다음 3가지 조건을 충족하는 일이라고 정의했다.

첫째, 측정할 수 있는 목표가 반드시 있어야 한다. (진척도와 구체적인 결과를 확인할 수 있어야 한다.)

둘째, 목표에 관한 피드백이 있어야 한다. (목표가 달성되었음을 유효하게 확인 받을 방법을 찾아야 한다.)

셋째, 도전의 난이도와 자신의 능력 사이에 균형이 잡혀 있어야 한다. (나는 이를 도전의 '스위트 스폿sweet spot'이라고 부른다.)

재미있는 사실은 대부분의 사람들이 처음 2가지 기준까지는 만족시킨다는 점이다. 즉, 목표를 세우고 피드백을 받는 것까지는 한다. 그런데 몰입의 방정식을 구성하는 세 번째 기준을 충족시킬 방법은 잘 모른다. 업무가 주는 도전 난이도와 내 능력을 조화시킬 방법을 모르면, 성과 문제를 관리하거나 업무를 성공적으로 처리할 방법을 찾기가 요원해진다.

행복한 은퇴라는 근거 없는 믿음

좋아하지 않는 일을 하며 산다고 해서 그 사람을 비난할 수는 없다. '일이란, 행복하게 은퇴하기 위하여 수십 년을 마지못해 참아내는 대상'이라고 생각하는 것이 일반적이니까. 우리는 은퇴 후의 한가한 생활이 궁극의 기쁨이자 목표라 배워왔다. 복권에 당첨되었는데 다시 직장으로 돌아가는 모습을 떠올릴 사람이 얼마나 될까? 대다수 사람들은 일할 필요가 없는 사람이 가장 운 좋은 사람이라고 생각한다.

하지만 연구 결과는 이러한 관념과는 다른 이야기를 한다. 칙센트미하이가 관찰했듯, 사람들은 사실 일할 때 가장 행복하다. 2016년 오리곤 주립대학에서 진행한 연구에 따르면, 65세를 딱 1년 지나 은퇴한 성인은 65세에 바로 은퇴한 사람에 비해 모든 원인에서 사망 위험성이 11퍼센트 낮았다(연구는 인구와 생활방식, 건강 문제를 고려해 진행했다). 나이 든 후에도 계속하고 싶을 정도로 일을 좋아하면, 일이 주는 행복 덕분에 수명이 크게 늘어난다는 이야기다. 다만 그러려면 몰입할 수 있는 일을 해야 한다.

"은퇴해서 즐기려면 지금 열심히 일해야 한다."라는 말만큼이나 귀에 못이 박히도록 듣는 것이 있으니 성공에 관한 다음과 같은 말이다.

"앞서 나가려면 치열하게 살아야 해. 전문가로 인정받기 위해서는 많은 자격이 필요하니까. 일이 주는 기쁨? 그런 것보다는 높은 연봉과 훌륭한 혜택이 중요하지." 우리는 이런 이야기를 사실이라고 믿는다. 사람의 뇌는 군중의 생각에 순응하게 되어 있기 때문이다.

사실 주변 사람들이 이끄는 대로 따르고, 순응하며, 좋아하지 않는 일을 그대로 계속하는 편이 훨씬 쉽다. 틀에서 벗어난 생각은 안전지대 밖으로

우리는 본능적으로 집단에 순응하길 원한다

심리학자 솔로몬 애쉬가 1950년대에 진행한 동조 실험은 위에서 언급한 집단 사고를 잘 보여준다. 애쉬는 하나의 선이 그려져 있는 A카드와 각각 길이가 다른 선분(線分, segment) 세 개가 그려진 B카드를 실험 참여자들에게 제시했다. B카드의 세 개의 선분 중 하나는 A카드의 선분의 길이와 동일했다. 애쉬는 참여자들에게 A카드와 동일한 길이의 선분을 B카드 중에서 선택하게끔 했다. 이때 한 명 이외에 다른 모든 사람은 실험 도우미로 고용해 일부러 틀린 답을 말하게 했다. 실험 결과, 혼자 있는 상황에서 정답을 맞출 확률은 99%인 반면, 집단 상황에서의 정답률은 63%로 나타났다. 즉, 다수의 사람이 특정 답을 말하면 상대적으로 적은 수의 사람은 (그것이 틀린 답이라 할지라도)다수의 답을 따른다는 걸 알아냈다.

이처럼 집단에 순응하고 갈등을 피하려는 경향은 우리 뇌에 매우 깊게 자리 잡고 있어서 사람들은 의견 충돌에 관해 마치 처벌받듯 반응한다. 이것이 바로 사회적 믿음에 기반한 사고에 맞서기 어려운 이유이다.

한 걸음 내딛는 반항적인 행동이 되고, 우리가 좋아할 수 있는 새로운 종류의 일을 만들려면 별난 사람이 되어야 하니까.

나 또한 꿈꾸던 일자리를 만들기 시작했을 때 사회로부터 전혀 인정받지 못했고, 우리 가족도 내가 하는 일을 이해하지 못했다. 내게 맞지 않는 자리에 계속 머물며 일하는 편이 훨씬 더 이해받을 수 있고, 사람들로부터 인정받을 수 있었다. 이는 우리의 은퇴 모습이 어떨지 다시 생각해 보는 일과도 관련되어 있다.

행복한 은퇴라는 근거 없는 믿음을 받아들이기에 앞서, 우선은 지금 하는 일에서 성취감을 얻을 방법을 찾으라고 말하고 싶다. 앞으로 20년 동안 고통을 수반하며 버티는 대신에 말이다.

나에게 맞는 일인지를 파악하는 법

온갖 직급을 가진 수백 명의 고객과 일한 끝에 나는 다음과 같은 결론에 다다랐다. 내가 만나 본 사람 중에 가장 심하게 좌절하고 가장 우울해하는 사람은 도전적인 일이 가장 적은 사람이었다. 삶을 충만하게 만들기 위해서는 자신에게 맞는 일을 하는 것이 기본이 되어야 한다. 그리고 그 일이 내게 적절한 도전을 과제를 제시해야 한다.

다음의 2가지 질문지에 답해 보자. 지금 하고 있는 일이 자신에게 잘 맞는지, 그리고 적절한 난이도의 도전을 제공하는 일인지 알아볼 수 있을 것이다.

TIP 모든 일을 그만두고 무인도로 떠나기를 꿈꾸는가? 이어서 소개할 질문지에 답하자. 무인도로의 이주가 정말 꿈꾸는 바인지 아니면 현실 도피인지를 파악할 수 있을 것이다.

Q1. 지금 하는 일이 내게 맞는 일일까?

잘 맞는 일을 하고 있는지 알아보기 위해 '예' 혹은 '아니오'로 답하세요.

- 나와는 멀게 느껴지는 기술이나 능력을 키워야 한다는 피드백을 종종 받곤 한다. ☐예 ☐아니오
- 앞서 승진한 동료는 나와 크게 다른 능력을 갖추고 있다. ☐예 ☐아니오
- 아무리 열심히 일해도 기대에 부응하지 못하는 것 같아 종종 불안함을 느낀다. ☐예 ☐아니오
- 회사 내에서 혹은 지금 하는 일에서 스타가 되기란 불가능해 보인다. ☐예 ☐아니오
- 일하는 게 고역이라고 느껴질 때가 많다. 예를 들면 시곗바늘의 움직임이 너무 느리게 느껴진다. ☐예 ☐아니오
- 상사가 나를 이해하지 못한다고 느낀다. ☐예 ☐아니오
- 직장에서 계속 안 좋은 기분이 들지만, 이유를 콕 집어 설명할 수는 없다. ☐예 ☐아니오
- 회사를 다니는 주된 이유는 직업 안정성이나 혜택 때문이다. ☐예 ☐아니오
- 지금 맡고 있는 일상 업무를 처리하는 것보다 새로운 일을 찾는 것이 더 두렵다. ☐예 ☐아니오
- 직장에서 그저 그런 수준의 직원이라도 여겨져도 괜찮을까 종종 궁금하다. ☐예 ☐아니오

▶ '예'라고 답한 문항의 수를 세어 보고, 다음 장의 내용을 확인해 보자.

6개 이상 당신은 맞지 않는 일을 하는 게 분명하다. 이 결과에 기뻐하자! 왜냐고? 아마도 지금껏 자신이 일 머리가 없다고 생각했겠지만, 실은 그런 것이 아니기 때문이다. 자기에게 맞지 않는 일을 하는 건 사이즈가 안 맞는 옷을 입는 것과 같다. 절대 맞출 수 없는 것이다. 자기에게 맞지 않는 일을 하고 있다는 건, 곧 바꿀 수 있는 상황이라는 걸 의미한다. 지금 하는 일이 맞지 않는다는 걸 알았으므로 앞으로 나아가야 할 길이 불과 한 시간 전보다 훨씬 분명해졌다. 하지만 아직 사직서를 내서는 안 된다. 먼저 당신에게 완벽하게 맞는 도전 과제가 무엇인지 확인해야 한다. 이 책을 다 읽고 나면 어디로 가야 할지 훨씬 분명해질 것이다.

3~5개 그다지 이상적이라고는 할 수 없는 일을 하고 있다. 어쩌면 당신은 좋아하는 일과 견딜 수 없는 일 사이에서 균형을 잘 찾았을지도 모른다. 하지만 다음 3개월이 지난 뒤에도 여전히 여러 질문에 예라고 대답한다면, 아마 이제는 이동해야 할 때임을 알게 될 것이다. 그런 일이 생긴다 해도 힘내자. 당신은 자신에게 맞는 일과 맞지 않는 일이 무엇인지 관심을 기울이고 있다. 좋아하는 일을 찾는 방향으로 크게 한 걸음을 나아가면 된다. 당신에게는 성과 추적기가 정말 유용한 도구가 될 것이다. 어떤 종류의 업무와 책임이 자신에게 가장 맞는지 깊은 통찰을 얻을 수 있기 때문이다. 반대로 창 밖을 바라보며 오늘 하루가 어서 끝나기를 바라게 만드는 일이 무엇인지도 알게 될 것이다.

2개 이하 좋은 소식이다. 당신은 정말 잘 맞는 일을 하고 있다! 하지만 그렇다고 이 책이 당신에게 아무런 가치가 없다는 뜻은 아니다. 이 책에서 소개하는 도구들을 활용해 경력이 나아가는 방향에서 주인의식을 더 높이고, 당신에게 맞는 일을 지킬 방법을 알아볼 수 있다. 이미 일부 업무를 감독 혹은 지휘할 자유가 있는 사람이라면, 당신의 탁월성 영역에 맞춰 시간을 활용해 보자.

Q2. 지금 하는 일이 적절한 도전을 제공하는가?

좋은 도전

● 일할 때 일이 진행되는 과정을 생각하는 것이 즐거운가?　☐예　☐아니오

● 감당할 수 있는 정도보다 일이 많아도 여전히 일하는 게 즐거운가?

☐예　☐아니오

나쁜 도전

● 많은 양의 일과 이를 해내는 데 들여야 할 노력을 생각하면 어찌할 바를 모르 겠다.　☐예　☐아니오

● 일이 지겹거나 의욕이 없어 일이 쌓이도록 내버려두고 있다.　☐예　☐아니오

▶ '예'라고 답한 문항의 수를 세어 보고, 다음 장의 내용을 확인해 보자.

좋은 도전 항목에서 하나 혹은 두 개의 질문에 '예'라고 답했다면, 적절한 도전 과제를 제공하는 일을 하고 있는 것이다. 나쁜 도전 항목에서 하나 혹은 두 개의 질문에 '예'라고 답했다면, 지금 하는 일은 도전 과제의 스위트 스폿에 있지 않다. 위의 질문에 관한 대답을 확인해 보면 현재 하는 일이 자신에게 얼마나 잘 맞는지, 적절한 도전 과제를 주는 일인지 감이 왔을 것이다. 또한, 하는 일이 만족스럽지 않은 것은 자신의 무능력 때문이 아니라 변화가 필요하다는 신호임을 알고 안도 감을 느꼈을 테다. 나의 많은 고객이 그랬듯 말이다.

어떤 종류의 일을 할 준비가 되었는가

다음의 질문에 답해 보자. 정답은 없다. 이하 질문들은 일에 관해 당신의 내면에 숨겨진 편견과 희망, 두려움을 드러내준다. 자기 자신을 알기 위해서는 남들이 말하는 성취와 성공에 관한 이야기들, 그들이 심어준 관념들을 버리는 작업이 상당히 필요하다는 것을 염두에 두자. 그리고 자신의 내면에 존재하는 답을 신뢰해야 한다는 것도.

Q. 당신이 생각하는 성공이란 무엇입니까?

❶ 당신이 생각하는 일의 정의란?

❷ 당신이 생각하는 성공의 정의란?

❸ 당신은 커리어에 관하여 어떤 비전을 가지고 있습니까?

위의 질문에 대한 내 대답은 다음과 같다. 참고로 보기 바란다.

❶ 일은 내게 큰 기쁨을 주는 인생의 일부이며, 항상 도전의식과 성취감을 주는 원천이다.

❷ 탁월성 영역을 활용해 탁월성을 극대화하여, 대부분의 시간을 성취감을 느끼는 일에 쓰고, 의미 있는 방식으로 다른 이를 도우면서 내가 바라는 자유와 라이프스타일, 다양한 경험을 누리는 것이다.

❸ 커리어에 관한 비전은 계속해서 커지고 있다. 지금 품고 있는 비전으로 말하자면, 수천 명의 사람들을 도와 그들이 자신에 대해 알고, 일에서 기쁨과 성취감을 극대화하는 습관을 가지도록 돕는 것이다.

만약 나름의 성공을 정의하기가 어렵다면, 다음 중 마음에 와닿는 대답이 있는지 보고 자신만의 정의를 내리는 데 참고하기 바란다. 내가 인터뷰했던 사람들의 대답이다.

인생에서 목적을 찾고, 충실히 목적에 따라 살며, 세상에 변화를 가져와 영속하는 유산을 남기는 것.
론 코데스Ron Cordes, 코데스 재단 공동창립자

진정한 목적에 따라 살며, 사람들이 전에 생각지 못했을 방식으로 생각하고 행동하도록 희망과 영감을 줌으로써 타인의 인생에 긍정적인 영향을 주는 것.
리즈 시소디아Raj Sisodia, 비영리단체 '깨어있는 자본주의' 공동창립자 겸 뱁슨대학교 교수

우리가 신으로부터 받은 고유한 재능을 바쳐 타인의 삶과 세상에 대단히 긍정적인 영향을 미치는 것.
데이비드 키더David Kidder, 바이오닉 공동창업자 겸 CEO

가족, 나를 위해 일하는 직원, 내가 속한 공동체에 훌륭한 삶의 질을 제공하는 것.
제레미 영Jeremy Young, 탕가 CEO

자기 자신과 타인이 더 나은, 더 행복한, 더 건강한 삶을 살도록 돕는 일을

하고 있다는 걸 아는 것.

고객, 직원, 공동체에 똑같이 힘이 되는 사업을 행하는 것. 개인적 그리고 직업적인 관점에서 사람들의 삶에 긍정적인 가치를 더하는 것.

생의 마지막 순간에 삶을 돌아보고, 자신이 만들어낸 것, 성취한 것, 자신의 유산에 큰 자부심을 가지며, 하지 않은 일과 놓친 기회(예를 들면 여전히 우리를 사랑하는 가족)에 관해 후회할 일이 거의 없다고 느끼는 것. 이렇게 죽을 수 있다면 그게 성공이라 믿는다.

매일 미래를 긍정적으로 바라보고, 나를 둘러싼 환경에 만족감을 느끼며, 인생의 중요한 모든 영역이 균형 잡혀 있고, 열정을 지닌 일을 추구할 시간과 자원이 있다면 성공한 인생이라 생각한다.

나는 즐길 수 있고 경제력을 주는 일, 나를 사랑하고 돌봐주는 배우자와 가족, 존재 그 자체로서 자랑스러움을 안겨주는 아이들, 타인의 더 나은 삶을 위해 이바지할 수 있는 상태를 성공으로 정의한다. 그런 면에서 나는 정말 축복받은 사람이다!

적절한 난이도의 도전은 충분히 찾을 수 있다

성과 추적기를 통해 연습하다 보면 무엇이 내게 맞는 적절한 도전인지 알 수 있게 될 것이다. 적절한 도전이란 너무 쉽지도, 어렵지도 않은 일을 뜻한다. 그러한 난이도의 도전이 주는 긴장 에너지를 이용하는 법을 알게 되면 앞으로 나아갈 추진력을 얻을 수 있다. 다음의 사례들을 참고하여 영감을 얻어보자.

발표는 하고 싶지만 사람들 앞에 서는 것이 두렵다면 처음에는 작은 일부터 시작하라. 안전지대를 벗어나는 데 도움이 되도록 믿을 만한 친구 몇 명과 함께 작은 행사를 준비하거나, 사는 지역의 극단이나 연기 또는 스피치 학원, 가까운 지역의 평생교육원에서 관련 강좌를 듣는 것도 좋다. 토스트마스터Toastmasters, 청중 앞에서 말하기 능력과 리더십 능력을 키우기 위한 교육 프로그램을 수행하는 비영리 교육 단체. 현재 한국에는 영어, 한국어, 일본어 중국어, 스페인어로 진행되는 모임이 있으며 약 70개의 클럽이 운영 중이다. ―편집자 주에 가입하는 것도 좋은 생각이다.

정말 맡고 싶은 프로젝트가 있지만, 생각만으로도 긴장된다면 일단 프로젝트를 맡아라. 마음속의 불안함을 새로운 일에 도전하는 발판이자 학습도구로 생각하자. 미지의 영역에 접근하는 동안 동료나 상사에게 피드백을 요청하라. 피드백을 통해 자신의 영향력을 분석하고, 실제로 적절한 영향을 미치고 있는지 확인해 보자.

 짧은 글부터 시작해 긴 글로 차츰 늘려가도록 노력하자. 처음부터 거창한 글을 쓸 필요는 없다. 가볍게 자신이 생각하고 느끼는 바를 블로그, 소셜미디어 등에 써볼 수 있다. 자신이 지닌 탁월성과 목적이 자연스럽게 글의 내용을 선택하도록 둔다.

여기까지 이해했다면, 이제 본격적으로 당신의 인생에 적용할 수 있는, 당신만의 탁월성(잠재력)을 확인하러 갈 차례이다. 무엇이 당신의 경험과 전문지식을 특별하게 만드는지, 왜 그 일의 적임자인지, 어떻게 하면 일터에서 보내는 시간을 더 충만하게 만들 수 있을지에 관해 확인할 때가 왔다.

CHAPTER 3

탁월성
발견하기

"일하면서 열중하게 되는 건 어떤 때입니까?"

ACTION PLAN
앞으로 하고 싶은 일이 무엇인지 생각하는 것은 멈추고,
지금 하고 있는 일을 어떻게 하고 싶은지 확인하세요.

나를 찾아온 고객들이 상담 첫 회차에서 가장 많이 하는 질문이다. "제 스펙은 최고예요. 최고의 기업에서 일해 왔고, 좋은 직업을 가지고 있어요. 그런데 왜 이렇게 비참하죠?" 그럴 때마다 나는 대답한다. "행복은 하나의 일에서만 찾을 수 없으며, 연봉이 높다고 항상 행복한 건 아니에요."

행복은 외적 요인에 좌우되는 듯 보이나, 실은 내면에서 나온다. 일에서든 개인적인 삶에서든, 있는 그대로 자신의 모습을 좋아할 때, 우리는 진정 행복해질 수 있다. 현재를 즐기기보다 미래의 가능성을 꿈꾸는 것인 인간의 타고난 경향이다.

베스트셀러 ≪행복에 걸려 비틀거리다 Stumbling on Happiness / 김영사, 2006≫를

쓴 대니얼 길버트에 따르면, 우리 뇌는 앞으로 다가오는 것을 기대하고 미래를 준비하도록 프로그래밍 되어 있다. 따라서 무엇이 우리를 행복하게 만들지 짐작할 수 있으며, 반대로 미래를 향한 꿈이 이뤄지지 못한 소원 혹은 집착이 되기도 한다.

이를테면 이런 식이다. '내가 더 부자라면 더 행복할 텐데.' '더 말랐다면 지금보다 덜 우울할 텐데.' '그때 다른 직장을 선택했다면 지금보다 나은 삶을 살고 있을 텐데.' 스스로 이런 부정적인 가정의 말을 할 때, 뇌의 전전두엽 피질(기억 속 정보를 끌어당기는 사고의 중심지 역할을 하는 부분)에서 '만약'이라는 상황에 대한 그림이 그려진다. 이 마음속의 완벽한 그림과 비교했을 때, 현재의 상황 혹은 지금 하는 일이 초라하게 느껴지면 사람들은 불행해진다.

안타깝게도 미래를 그리는 우리의 비전에는 타당성이 없다. 미래의 모습을 상상할 수 있다고 해서 결과가 기대에 꼭 부응하는 것은 아니다. 설령 원하는 바(새로운 일, 연봉 인상, 중요한 고객 확보)를 얻는다 할지라도 반드시 행복해지리라는 보장은 없다. 기껏해야 일상적인 행복(혹은 불행) 상태로 돌아가기 전, 순간적으로 긍정적인 기분 변화를 느끼는 정도다.

다시 말해 일할 때 행복하냐, 그렇지 않냐 자체는 진짜 문제가 아니란 것이다. 중요한 것은 우리를 지적으로 신나게 만드는 도전들이다. 이런 도전과 활발히 마주한다면 탁월성을 최대한으로 끌어내 일할 수 있고, 자신에게 맞는 적절한 종류의 일을 하며, 무엇보다도 진정한 자기 모습 그대로 빛날 기회를 얻게 될 것이다.

일하는 시간이 쏜살같이 흘러가는 마법

탁월성은 가장 즐겁고 효과적인 방법으로 정보를 처리할 때 발휘된다. 이것이 발동되면 시간이 쏜살같이 흘러간다. 많은 사람이 열중 혹은 몰입이라고 표현하는 그 본능적인 느낌에 빠지기 때문이다. 완전히 일에 집중하며 너무 쉽지도, 너무 어렵지도 않게 적절한 난이도에서 도전 과제를 해결한다. 이렇게 되면 일하는 게 신나며 자신감과 성취감을 느낀다.

탁월성은 수많은 모습으로 나타나지만, 거기에도 일정한 유형이 있다.

내 고객 중 한 명인 스티브는 다양한 사람들과 유익한 대화를 나누며, 모든 이의 니즈를 반영하여 하나의 전략을 도출하는 작업을 할 때 가장 도전의식이 샘솟는다고 한다. 사람들과 협력하며 다양한 아이디어를 하나의 개념으로 모으는 과정은 스티브가 제일 좋아하는 일이자, 가장 효과적으로 일하는 방식이다. 때문에 나는 스티브의 탁월성에 협업 전략가 Collaboration Strategist라는 이름을 붙여주었다.

사라는 자신이 통념을 따르지 않는 새로운 시각이 필요한 프로젝트에 잘 맞는다는 걸 알았다. 그녀는 기존에 없던 사고방식을 만들고 새로운 아이디어를 실행하는 팀을 이끌 때 가장 열중했으며, 특정 부서의 운영방식을 재창조하고 제품 개발방식과 시장 출시전략을 재설계하길 즐겼다. 나는 사라의 탁월성에 장벽을 무너뜨리는 선각자Barrier-Breaking Visionary라는 이름을 붙여 주었다.

일단 자신을 가장 신나게 하는 생각이 무엇인지 확인한다. 그리고 그와 같은 생각을 하는 방법을 연습함으로써 신나는 생각을 더 자주 떠올릴 수 있게 된다.

다시 한번 강조하건대, 이 책에서 말하는 탁월성이란 학교에서 우수한 성적을 받거나 올림피아드에 나가서 트로피를 타오는 그런 종류의 지능을 말하지 않는다. 일에서 뛰어난 성과를 내는 자신만의 강점, 그 사람만의 탁월성이 빛을 발하는 지점이 바로 이 책에서 말하는 탁월성이다.

보통 사람들은 시험을 잘 보거나 외향적인 성격을 가진 사람들이 사회에서도 좋은 성과를 내고 성공한다고 생각하는 경향이 있다. 그러나 일에서 성공하려면 학교에서 길러내는 전통적인 인생이나 사회에서 가치를 두는 기술 너머의 무엇이 필요하다. 그것은 바로 혁신이다. 혁신에는 창의성, 문제 해결력, 틀에서 벗어난 생각이 필요하다. 우리가 배워온 교육 환경에서 강조되던 내용들과 정반대이다.

창의성을 발휘하고, 미래를 내다보며 뚜렷한 정답이 없는 문제를 해결할 능력을 갖추려면, 자신에 대한 깊은 믿음과 자기 객관적 평가가 선행돼 있어야 한다. 그러기 위해서는 스스로 어떤 사람인지 알고, 자신만의 탁월성을 이해하며 이를 업무에 활용해야만 한다. 우선 학창 시절과 지나온 직장들을 비롯하여 전 생애의 성공과 실패부터 재검토해 볼 필요가 있다.

탁월성 확인하기, 첫 번째 단계

업무와 관련해 이미 사용하고 있는 탁월성이 있을 것이다. 이것을 확인하는 것이 첫 번째다. 일에 열중한다고 느꼈던 순간을 짚어보자. 다음 질문에 답하되, 상사가 듣고 싶어 하는 답이나 다른 사람들이 인정해 줄 것으로 예상되는 답을 쓰고 마음은 저 멀리 밀어 놓자.

❶ 어떤 순간, 어떤 업무를 할 때 열중하게 되는가? 지성이 불타오르고 흥미가 일고 내 일이 중요하다고 느껴지는 때는 언제인가?

❷ 그런 느낌을 불러오는 사고방식이나 문제 해결 유형은 무엇일까?

❸ 전혀 집중하지 못하는 때(지겹거나, 주의가 산만해지거나, 좌절감이 드는 때)는 언제인가?

이어서 정말 열중했다고 느끼며 완수했던 업무 프로젝트 3개를 떠올려

보라. 각 프로젝트의 시작부터 끝까지, 모든 단계를 적어봐라. 그리고 각 단계별로 1~10점까지 즐거웠던 정도를 점수로 매겨 보자. (10점이 만점이다.)

이제 8점 이상 점수를 준 단계에 초점을 맞춘다. 그러면 당신이 열중할 때 나타나는 사고방식과 구체적인 패턴들을 알 수 있다. 혼자 일하는 경우 아니면 여럿이 팀을 이뤄 일하는 경우, 혹은 양쪽 다일수도 있다. 프로젝트를 완수할 때 사용한 사고방식과 패턴이 바로 당신의 탁월성이 발휘되는 지점이다.

만약 그런 열중의 순간을 전혀 떠올릴 수 없다면, 당신은 지금 하는 일에서 탁월성을 거의 사용하지 못하고 있는 것이다. 그렇다는 건 아마 있는 그대로의 자신이 되기보다는, 일에 맞춰 자신을 바꾸려 노력해 왔다는 것일 테다. 자신이 어떤 사람인지 받아들이는 걸 두려워 말자. 이런 경우에는 집이나 개인생활에서 가장 집중했던 때가 언제인지 살펴보라. 어떤 일에 자연스럽게 마음이 끌리는가? 가장 흥미를 끌었던 생각이나 과정은 무엇이었는가?

일에 열중하는 때를 찾기 힘든 사람들을 위해 몇 가지 팁을 소개한다.

일상의 속도를 늦춘다　　빨리빨리 일을 처리하며 하루를 보내다 보면 주의를 기울이기가 쉽지 않다. 결국 도전의식을 느끼고 일에 집중하게 되는 순간을 흘려보내게 된다.

정말 지겹거나 좌절감이 드는 순간이 언제인지 생각하고, 무엇 때문에 그런 식으로 느끼는지도 살펴본다 진짜 싫어하는 생각이나 업무에 관해 완전히 뒤집어서 생각해 보자. 당신이 느끼는 그 좌절감이 문제 해결 방식을 제시해줄 수 있는지 확인해 보라. 예를 들어, 규모가 큰 프로젝트나 사업을 계획하기 좋아하는 사람들은 일상적인 업무 진행 상황에 관해 이야기하는 걸 지겨워하거나 그와 관련해 좌절감을 느끼는 경우가 많다.

내가 가진 탁월성이 무엇인지, 친구에게 물어보자

남들이 나에 관해 더 분명히 알고 있을 때가 종종 있다. 자신의 탁월성이 무엇인지 꼬집어 말할 수 없다면 자신을 가장 잘 아는 동료, 일을 긴밀하게 같이 해본 동료 5~10명을 상대로 조사해 보는 것도 좋다. 동료들에게 다음과 같이 물어보자.

● 저와 함께 일하면서 무엇이 가장 즐거웠나요?

● 제가 업무에 접근하는 방식, 업무를 진행하는 방식에 대해 어떻게 생각하나요?

● 저와 함께 일하면서 업무 경험이나 사업 결과에 어떤 영향을 받으셨나요? 가장 큰 변화는 무엇이었나요?

동료들로부터 피드백을 받아서 자신이 적어 둔 업무에 열중하게 되는 순간과 비교해 본다. 패턴을 찾을 수 있는가?

다소 두려워도 흥미진진한 일을 함으로써 도전의 기회를 만든다   이러한 상황은 자신의 탁월성이 있는 길로 우리를 안내하는 표식 같은 것이다. 문제의 답을 갖고 있지 않지만, 곧 찾을 수 있을 것 같을 때 어떤 기분이 드는지 기록해 보자. 마침내 답이 떠올랐을 때, 그 순간에 주의를 기울여라. 어디에 있는가? 무슨 일을 하고 있었는가? 누구와 함께 있는가?

열중하게 되는 순간을 추적하고 기록하자. 이렇게 모은 데이터를 바탕으로 스스로에게 다음의 질문을 해 보자.

- 나의 패턴은 무엇인가?
- 내가 가장 즐거워하는 생각은 어떤 것인가?
- 내가 주로 해결하는 문제는 어느 종류의 것인가?
- 문제 해결에 접근하는 나의 방식은 주변 사람들과 어떻게 다른가?

탁월성 확인하기, 두 번째 단계

지나온 과거를 되돌아보는 것도 자신에 관한 통찰을 얻을 수 있는 또 다른 방법이다. 성공과 경력의 선택지 앞에서 부모님, 친구, 멘토 등 사람들의 믿음과 기대를 분리하기는 어렵다. 때문에 다른 사람의 생각에 따라 경력을 결정하는 사람도 많다. 아마 당신의 생각보다 훨씬 더 많은 사람이 남들의 의견에 맞춰 자기 경력을 선택할 것이다. 자기에게 맞지 않는 일을 하면서 합리화하는 방법은 수백 가지이다. 연봉이 높으니까, 이력서에 이 경력이 추가되면 멋져 보일 테니까 등등. 그러나 다음 질문에 답하고 나면 타인의 기대에 맞춰 살려고 했던 불편한 마음을 내려놓고, 자기에게 정말 최선인 길을 선택할 수 있을 것이다.

이전의 질문지들은 직관적이며 단문으로 대답할 수 있는 것들이었다. 하지만 지금부터 나올 질문에 답하기 위해서는 앞서 했던 대답을 떠올리며 조금 더 깊이 생각해야 한다. 일기를 쓰는 것처럼 이전의 답을 돌아보는 시간을 가진 뒤(기억을 환기하기 위한 질문이다.) 너무 깊이 생각하지는 말되, 기억나는 만큼 최대한 답을 써 봐라. 같은 답이 조금은 중복되어도 좋다. 나중에 다른 관점을 가지고 아래의 질문을 다시 확인할 것이므로, 가능한 한 자세하게 쓰면 더 좋다.

인생 파트 1. 어린 시절

노트를 준비하여 아래 질문에 대한 구체적인 내용을 적어 보세요.

- 부모님의 직업은 무엇이었고, 부모님의 직업이 당신의 직업에 영향을 주었다면, 어떤 영향을 주었나?

- 당신은 뭐라고 알려진 아이였나(0~8세)? 흥밋거리 혹은 가장 좋아하는 게임은 무엇이었나? 남달리 눈에 들어오는 활동이 있었나?

- 학교에서는 어떤 과목을 잘했나?

- 성과나 잠재성에 관해 선생님에게서 들은 이야기가 있었다면 핵심 메시지는 무엇이었나?

- 다른 사람의 전기를 읽듯이 위의 대답을 관찰해 보자. 아이였을 때 마음이 끌렸던 남다른 활동이 있었나? 왜 그랬을까? 자신의 탁월성이 무엇인지 알려줄 실마리일 수 있다.

- 나이가 들면서 자신의 능력에 자신감이 더 커졌는가, 아니면 오히려 줄어들었는가? 보통 자기가 한 일로 좋은 점수를 받거나 부모님의 인정을 받으면 자신감이 생긴다. 어릴 때 자신감의 정점을 찍었다가 10대가 되어 학교 공부가 어려워지거나 교우 관계가 힘들어지면 자신감이 차츰 줄어드는 아이들이 있다.

인생 파트 2. 대학 시절, 성인이 막 되었을 무렵의 시간

노트를 준비하여 아래 질문에 대한 구체적인 내용을 적어 보세요.

- 만약 대학에 진학했다면, 대학을 선택하고 입학 허가를 받은 경험은 어땠는가? 이 과정에서 어려웠던 점은 무엇이고, 보람을 느꼈던 점은 무엇이었나?

- 학업에서 초점을 둔 부분은 무엇이었으며, 왜 그런 선택을 했나?

- 대학 졸업 후 꿈꾸었던 직업은 무엇이었나? 그런 꿈이 열의를 불러일으켰나?

- 교수님, 멘토, 친구들로부터 받은 피드백이 있었다면, 졸업 후 일을 정하는 데 영향을 준 피드백은 어떤 내용이었나?

- 대학에 가지 않았다면 왜 가지 않았는가? 그리고 대학에 가는 대신 무슨 일을 했는가?

- 대학에 진학하지 않은 사람이라면, 첫 직업으로 어떤 일을 택했나? 그 일을 택한 이유는 무엇이었나? 당시 어떤 미래를 그리고 있었나?

- 보통 성인이 되면 사회생활을 어떻게 시작해야 하는지는 물론, 자신의 손으로 전반적인 인생 계획을 세워야 된다는 생각에 엄청난 압박을 느낀다. 이 시기 당신의 정서적 상태는 어떠했는가?

인생 파트 3. 직장 생활(아르바이트 포함)

노트를 준비하여 아래 질문에 대한 구체적인 내용을 적어 보세요.

첫 번째 일

- 사회에 나와 처음 한 일은 무엇이었나? 무슨 일을 했고 왜 그 일을 택했는가?

- 정확히 어떤 업무를 맡았는가? 그중 어떤 업무 가장 좋아했고, 어떤 업무를 싫어했는가?

- 그 당시 직장에서 성공하는 것과 관련해 자신의 능력이 어떻다고 느꼈는가?

두 번째 일과 그 이후

- 두 번째 일은 무엇이었고 왜 그 일을 택했는가?

- 첫 번째 일과 어떤 점이 다르거나 비슷했는가?

- 정확히 어떤 업무를 맡았는가? 어떤 업무를 좋아하고, 어떤 업무를 싫어했는가?

- 그 당시 직장에서 자신의 타고난 강점과 약점에 관해 어떻게 생각하고 이해했는가?

▶ 세 번째 일 이후에 관해서는 각각의 다음과 같은 사항을 적어 보세요.

- 각각의 일에서 즐거웠던 점
- 각각의 일에서 그다지 즐겁지 않았던 점
- 각각의 일에서 자신이 받았던 피드백, 성과 혹은 자기 인식과 관련된 구체적인 돌파구나 이야기

● 과거에 했던 일과 현재 하는 일 중, 가장 즐겁다고 생각하는 업무 속에 일관된 주제가 있는가? 즐거워하는 업무와 관련해 일관적으로 적용한 생각 방식이나 문제 해결 방식이 있다면? 즐겁지 않은 업무에 관해서도 같은 질문을 해보자.

● 사회적으로 인정을 받는다는 이유로 했던 일이 있는가? 결과만 좋으면 어떤 식으로든 인정받을 수 있었는가? (자신의 업무와 관련이 없고, 필요하지 않음에도)어떤 기술을 가진 직원이 상대적으로 높은 연봉을 받거나 뛰어난 직원으로 여겨졌기에, 가지고 싶었던 혹은 공부했던 기술이 있는가?

질문지

최종 점검

● 각 인생 파트에서 당신의 탁월성을 드러내는 일관적인 주제는 무엇인가(가장 즐겁고 그로 인해 가장 효과적인 업무 처리로 이어지는 생각은)?

　- '생각해 보기' 부분에 적은 답변을 바탕으로, 가장 자주 이용하는 생각 방식이 무엇인지 확인해 보자.

　- 세 단어로 그 기술에 대한 설명을 적어 보자.

　- 세 단어의 유의어를 찾아보거나, 단어를 묘사할 다른 방법도 몇 가지 찾아보자. 이를 통해 당신만의 고유한 탁월성에 부여할 명칭의 토대가 완성된다.

　- 자신의 탁월성을 묘사하기 위해 위에서 사용한 표현을 보고 어떤 느낌이 드는가? 탁월성이 가치 있어 보이는가? 다른 사람에게 자신이 지닌 탁월성의 가치와 용도를 설명할 수 있는가?

● 자신이 지닌 탁월성의 가치를 적어 보자.

당신의 탁월성에 이름을 붙여라

자신만의 탁월성(잠재력)을 설명할 언어를 선택하는 건, 마치 자신을 위한 슈퍼 히어로를 고르는 것과 같다. 나는 탁월성에 이름을 붙이는 것이 각각의 탁월성을 존중할 뿐 아니라, 자신의 탁월성을 기억하고 적절하게 활용하기 위한 최고의 방법이라는 걸 알아냈다.

다른 사람에게 자신을 설명하기 위한 구체적인 표현이 없으면 누구에게나 쓸 법한 일반적인 표현을 사용할 수밖에 없다. '똑똑하다', '의욕적이다', '열심히 일한다' 등등. 전부 좋은 말이기는 하지만, 과연 의미있게 들릴까? 이 단어들이 완벽하게 당신을 설명할 수 있는가?

반면, 나의 탁월성 타입을 '통찰력 발굴자 Insight Excavator'라고 소개한 뒤 그 의미를 설명하면 나만의 탁월성을 훨씬 분명하게, 개인적인 측면에서 알릴 수 있다. 즉, 이름을 붙이면 내가 제공하는 가치에 다른 사람이 쉽게 연결될 수 있다.

앞서 나온 질문에 답으로 적었던 3가지 단어 설명 내용을 다시 살펴보자. 더 인상 깊은 단어로 표현할 수 있을까? 더 정확한 유의어가 있을까? 세 단어가 당신의 사고 과정을 분명하게 정의하는가?

어느 정도 갖춰졌다면, 이제 자신의 탁월성을 가장 잘 묘사하는 문구를 만들어 보자. 그리고 그 문구를 사용하는 연습도 해보자. 어떤가, 알맞은 표현으로 느껴지는가? 다른 사람이 쉽게 이해할 수 있으며, 당신 또한 타인에게 쉽게 설명할 수 있는가? 그렇지 않다면 계속 어떤 단어로 표현하면 좋을지 이리저리 생각해 보라. 자신을 정말 잘 설명하는 표현이며, 다른 사람이 자신을 이해할 수 있을 것 같다고 느껴지는 적절한 표현을 찾으면 바로 '이 표현이구나!' 하는 느낌이 올 것이다.

다음으로 내가 가장 좋아하는 탁월성 타입들과 설명을 소개한다. 당신의 탁월성과 비슷한 것을 찾아보고, 없다면 아래의 내용을 참고해 스스로의 타입을 정의하고 이름 붙여 보자.

나의 탁월성 타입 찾기

유형	탁월성 타입	설명
	일이 더욱 잘 되게 만드는 사람들	
프로세스를 만드는 유형	혼란에서 질서를 세우는 문제 해결사 Chaos-to-Order Problem-Solver	엉망진창인 상황에서 질서를 잡는 일을 잘하는 사람
	이상적인 프로세스 발굴자 Ideal Process Excavator	체계적이지 않은 상황에 질서를 부여하는 프로세스를 쉽게 만드는 사람
	개선 전략가 Improvement Strategist	업무의 진행 방식을 간소화해 프로세스, 인력, 업무를 개선할 방법을 끊임없이 찾는 사람
	바늘구멍을 찾는 자 Needle Finder	극도로 해결하기 어려운 문제의 해결책을 찾기 위해 움직이는 사람
	프로세스 설계자 Process Architect	조직적이고 효율적인 방식으로 일을 해내는 데 필요한 분명한 단계를 알아내는 일에 천성적으로 끌리는 사람
	좋음을 뛰어남으로 만드는 전략가 Good-to-Great Strategist	기존의 프로세스나 업무 기능을 단순히 좋은 상태에서 뛰어난 상태로 만드는 일에 도전의식을 느끼는 사람

유형	탁월성 타입	설명
선각자 유형	세상을 재정의하는 사람들	
	장벽을 무너뜨리는 선각자 Barrier-Breaking Visionary	틀에서 벗어나 생각하고 일반적인 통념 너머의 것을 볼 때 도전의식을 느끼는 사람
	기회 발굴자 Opportunity Excavator	선각자의 아이디어를 가지고 창의성을 발휘해야 하는 분야에서 기회를 찾아 자신의 아이디어를 개선해 나가는 사람
	혁신적인 아이디어 전략가 Creative Idea Strategist	새로운 길로 이어질 문제나 도전 과제를 다룰 때 도전의식을 느끼고 업무에 집중하는 사람
	가능성 설계자 Possibility Architect	해결하지 못할 것처럼 보이는 문제를 마주했을 때, 아주 드문 해결책을 찾거나 만드는 행위에서 지적인 열의를 느끼는 사람
	비전 전략가 Vision Strategist	미래를 위한 비전이나 큰 움직임을 만들기 위해 사람들을 불러 모으고, 이를 실현하도록 돕는 사람
	전략적 선각자 Strategic Visionary	비전을 세우고 그 비전을 성취하기 위해 필요한 윤곽을 그리는 데 남다른 능력을 갖춘 사람
	선각자의 눈으로 변화를 만드는 사람 Visionary Change Maker	사람, 사회, 조직을 돕기 위한 큰 변화를 일으킬 때 도전의식을 느끼는 사람
전략가 유형	길을 만드는 사람들	
	분석적 해결 전략가 Analytical Solution Strategist	크고 작은 문제를 발견하고, 새로운 개념과 분석 정보를 배워 문제를 해결할 때 도전의식을 느끼는 사람. 무언가 새로운 것을 배우지 않고 문제를 해결하는 일은 지겨워한다.
	해결책 발굴자 Solutions Excavator	창의적인 해결책을 발견하는 남다르고 강력한 방법을 가진 사람

유형	탁월성 타입	설명
전략가 유형	사람 전략가 People Strategist	사람들을 연결하고 승인을 얻어내며, 적절한 인사 관련 해결책을 제공해 상대가 필요로 하는 바를 전달하는 능력을 타고난 사람
	가능성 전략가 Possibility Strategist	기본적인 면만 갖춘 어떤 대상에 아름다운 모습을 부여하거나, 누구도 고려한 적 없던 새로운 면을 발견하는 것에 도전의식을 느끼는 사람
	결과 전략가 Result Strategist	달성해야 할 결과를 제시받으면 도전의식을 느끼며, 좋은 결과를 지속적으로 내는 프로세스를 만들 때 보람을 느끼는 사람
	결과 훈련 전략가 Training Results Strategist	프로세스나 제품 관련 훈련을 시킴으로써, 타인이 만족스러운 결과를 달성할 때 도전의식을 느끼고 집중하는 사람
	효율 전략가 Efficiency Strategist	다각도에서 문제를 살피고 최종 결과를 내기 까지 더 효율적이고, 나은 방법을 찾아내는 데 도전의식을 느끼고 집중하는 사람
통합자 유형	사람과 아이디어를 함께 모으는 사람들	
	협업 전략가 Collaboration Strategist	문제 해결을 위해 사람들을 모을 때, 도전의식을 느끼고 열중하는 사람
	진단하는 문제 해결사 Diagnostic Problem-Solver	전반적인 흐름과 문제를 이해하기 위해 질문하고, 실행 가능한 분명한 해결책을 찾는 걸 목표로 삼는 사람
	식별 있는 아이디어 창조자 Discerning Ideator	문제를 쪼개 분석하고, 상황을 개선하거나 일을 진행할 방법으로 창의적인 해결책을 많이 만들어 낼 때 도전의식을 느끼는 사람
	통합 전문가 Synthesis Expert	하나의 가설이나 해결책을 만들기 위해 여러 개념을 합하는 프로세스를 진행할 때 도전의식을 느끼는 사람

유형	탁월성 타입	설명
촉진자 유형	기회를 일으키는 사람들	
	연결 기폭자 Connection Catalyst	업무 과정에서 연관성 있는 대상 혹은 사건을 떠올리는 과정을 통해 문제에 접근할 때 도전의식을 느끼는 사람
	전체 위기 속 문제 해결사 Holistic Crisis Problem-Solver	위기 상황 시 발생하는 문제를 해결할 때 도전의식을 느끼는 사람. 다각도에서 문제를 바라보는 능력은 상황이 어려울수록 높은 평가를 받는다.
	사회성 옹호자 Social Advocate	어떤 결정을 하는 데 오랜 시간 고민하고, 사회적 측면을 고려할 때 도전의식을 느끼는 사람. 사람들에게 어떤 영향을 줄지 생각하는 능력을 타고났다.
	팀 확대자 Team Maximizer	명확한 해결책이 없는 팀 효율성 문제를 해결하는 데 남다른 능력을 갖춘 사람
건설가 유형	아이디어와 구조를 만드는 사람들	
	창의적인 결과 설계자 Creative Results Architect	관습에 얽매이지 않는 문제 해결 방법과 그에 따른 결과를 만드는 것에 열중하는 사람
	계약 이행자 Deal Conductor	여러 개의 업무를 동시에 빠르게 관리하면서 공통으로 큰 영향을 미치는 결과를 내기 위해 일하는 사람
	디자인 전략가 Design Strategist	디자인을 만들 남다른 방법을 떠올릴 때 도전의식을 느끼는 사람. 창의적인 프로세스 속에서 일을 잘하는 사람
	경험 제작자 Experience Producer	이벤트와 같은 감각적인 경험(vs. 유형의 상품)을 만드는 프로세스에 집중하는 사람
	혁신적인 재건가 Innovative Rebuilder	무언가 분해했다가 더 나은 방향으로 다시 만들어 가는 프로세스에 대해 도전의식을 느끼는 사람

유형	탁월성 타입	설명
건설가 유형	표현과 아이디어 설계자 Language and Idea Architect	누구도 생각하지 못했던 새로운 아이디어를 떠올리거나, 모두를 주목시키는 말로 아이디어를 표현하는 것에 열중하는 사람
	신사업 성장 전략가 New Business Growth Strategist	성장, 구체적으로는 사업 확장을 진행할 때 열정적인 사람. 사업이 성장할 때 나타나는 여러 가지 도전 과제를 고민하고, 해결책을 생각해낼 때 신이 난다.

성격은 어떻게 탁월성을 알려주는가

성격은 타고나는 것으로, 세상과 관계를 맺는 방법을 드러낸다. 살아가는 동안 성격은 점진적으로 발전하고 특정 탁월성에 영향을 미친다. 그렇기에 자신의 성격을 이해하는 건 중요하다. 성격을 알면 자신이 어떤 방식으로 세상 및 일과 관계 맺는지 깨달을 수 있기 때문이다. 즉, 자기 자신을 이해하고 동기부여 방식을 더 잘 알게 되면, 자기 스타일에 가장 잘 맞는 방식으로 일에 접근할 수 있다.

특히 직장이라는 환경에서 팀으로 일할 때, 성격의 기본적인 특성을 이해하는 게 훨씬 더 중요해진다. 갈등이 일어났을 시 사용 가능한 해결책을 확인하는 데 도움이 되기 때문이다. 자신의 성격에 관해 더 많이 알고 이를 다른 사람에게 말할수록 잠재적인 갈등 가능성을 낮추고 자기 자신과 경력에 가장 좋은 선택을 내릴 수 있다.

탁월성이 반드시 성격에 반영되는 건 아니지만, 성격은 탁월성을 알려주는 지표가 된다. 앞서 이야기했던 것처럼 탁월성이란 자신이 가장 좋아하는 생각 혹은 문제 해결 방식이다. (일반적으로)내향적인 성격의 사람이라면 문제에 관해 스스로 생각하면서 에너지를 얻는다는 뜻이고, 그렇다면 탁월성을 최대한 활용하기 위해서는 혼자 일하는 편이 적절한 업무 환경이라는 걸 알 수 있다. 외향적인 사람, 즉 다른 사람과 이야기하면서 생각하거나 일을 처리하는 걸 좋아하는 사람은 타인과 팀을 이루어 일할 때 업무에 더욱 몰입한다.

 자신의 성격과 더불어 동료의 성격을 파악하면 일을 하는 데 큰 도움이 된다. 함께 일하는 사람의 성격을 알면, 상대의 관점 또한 이해할 수 있으므로 업무를 해나가는 과정에서 문제 발생을 막을 수 있다. 또, 문제가 생긴다 하더라도 순조롭게 해결이 가능하다. 직장에서 갈등이 발생했을 때 기저의 원인은 서로 다른 성격 유형일 수 있다. 동료의 성격(그리고 각자의 탁월성 영역)을 이해하는 것만으로도, 사적인 감정이 있다고 생각했던 동료의 행동이 실은 세상과 연결되는 그만의 방식이었음을 깨닫고 이해하게 되는 경우가 많다.

정리하자면, 성격과 탁월성은 자기 자신이 어떤 사람인지 알려주는 2가지 독특한 측면이며, 개인적·직업적 모습 양쪽을 이해하는 데 중요하다. 탁월성은 자신이 가장 잘할 수 있는 일을 정의하는 한편, 성격은 어울리는 사람의 유형과 자신이 하는 일이 적용되는 방식을 포함해 자신에게 적합한 환경을 찾는 데 힌트가 된다.

성격 유형 표준 식별방법 MBTI

성격을 파악할 수 있는 여러 방법 중에 '마이어스–브리그스 성격유형검사 Myers-Briggs Type Indicator, MBTI'가 있다. 이름 그대로 마이어스Myers와 브릭스 Briggs가 고안한 이 자기 보고식 성격 유형 검사는 사람이 주변 세상을 인지하고 결정을 내리는 방법을 정의한다. 이 같은 MBTI는 유명한 심리학자인 칼 융 Carl Gustav Jung의 심리 유형론을 바탕으로 한다.

융은 기본적으로 사람이 세상을 대하는 태도를 크게 '내향성'과 '외향성'으로 구분한다. 그리고 이를 다시 4가지 주요한 심리 기능감각, 직관, 감정, 사고으로 나눈다. 그는 총 8가지의 심리 유형에 기반해, 사람마다 이 중 하나가 지배적으로 나타난다고 믿었다. 융에 따르면 각 기능을 이용할 때 특정하게 선호하는 방식이 있는데, 이는 개인의 관심사·필요·가치·동기부여를 형성하는 데 있어 매우 중요하다. 즉, 사람들 각각은 선호하는 존재 방식을 가지고 태어난다는 것이다.

이를 발전시킨 MBTI는 '에너지의 방향'에 따른 외향형(E)과 내향형(I), '인식 방법'에 따른 감각형(S)과 직관형(N), '판단 기능'에 따른 사고형(T)과 감정형 (F), '생활양식'에 따른 판단형(J)과 인식형(P)으로 나뉜다. 이 4가지 선호 지표 가 조합된 총 16가지 성격 유형을 통해 성격적 특성과 행동의 관계를 이해할 수 있다. 물론 (마이어와 브릭스 모녀가 심리학 비전공자이기에 더더욱)MBTI 의 정확성에 대한 문제가 여전히 제기되고 있고, 많은 심리학자들 또한 과도한 몰입은 지양해야 한다고 말한다. 그러나 업무상의 갈등을 해결할 돌파구 중 한 가지가 될 수 있다는 점에서 참고해 볼 만하다.

탁월성 사용하기

자신만의 탁월성을 확인하고 나면, 우리 안에는 사용되기를 기다리는 강력한 능력이 있다는 걸 알게 될 것이다. 탁월성과 성격 사이의 연결성을 찾으면, 해야 할 정확한 일이 무엇인지 알 수 있을 뿐 아니라 그 일을 하기에 이상적인 환경도 알 수 있다.

탁월성을 파악하면 면접을 보거나 성과평가를 하는 시간에도 무슨 이야기를 해야 할지 쉽게 알 수 있다. 예를 들어 입사 면접 자리라면 자신이 어떤 업무를 잘하며 어떤 강점을 지니고 있는지, 회사에 어떤 가치를 더할 수 있는지 정확하게 설명할 수 있다. 다시 한번 강조하지만 탁월성을 파악하는 것은 자신에게 잘 맞는 일을 찾거나 만들기 위해 가장 중요한 첫 단계이다.

지금 하는 일 안에서 탁월성을 최대화하고 흥미가 느껴지는 도전과 마주하자. 그렇지 않은 도전 과제는 재구성하거나 위임할 수 있다. 먼저 관리하는 시간과 업무의 우선순위를 어떻게 정하고 있는지 살펴보자.

우리는 대부분 현실적으로 해낼 수 있는 것보다 더 많은 일을 떠안고 있다. 업무의 우선순위를 정하고, 흥미를 느끼지 못하는 업무는 위임할 수 있는지 알아보자. 그것이 가능하다면 자신과 맞는 업무에 시간 및 노력을 더 들이고, 그렇지 않은 업무는 과감하게 위임하자. 만약 그게 어렵다면,

업무를 완수하기 위한 적절한 지원을 받을 수 있는지 제안해 보는 것도

좋다.

자신에게 맞지 않는 일은 과감히 위임한 미란다

나의 고객 중 하나인 미란다는 '위기 문제 해결사Crisis Problem-Solver' 타입으로, 상황이 잘못되었을 때 일을 잘 해냈고, 최악의 상황에서도 냉철함을 유지하는 사람으로 알려져 있었다.

나와의 대화 과정에서, 그녀는 자신이 회사 안에서 수많은 위기를 해결하라는 요구를 받는다는 걸 알아챘다. 실제로 한 문제를 해결하자마자 다른 문제를 해결해야 하는 상황이 닥쳐왔다. 그러나 좌절하거나 짜증내기보다는 위기의 순간을 자신이 빛날 큰 기회로 보기 시작했다.

다른 사람이 문제를 해결해 달라고 자신에게 부탁하는 빈도를 추적해 보니, 위기 상황 해결에 더 많은 시간을 쏟아야 한다는 점을 인식하게 되었다. 이에 미란다는 위기 상황 해결과 상관 없는 업무가 차지하는 비중을 다시 생각하기 시작했다. 그리고 일상적인 업무는 가능한 다른 사람에게 위임하는 한편, 자신의 탁월성에 잘 맞는 업무에서 역할을 키워나가고 싶다고 회사에 용기 내 주장했다.

아니라고 거절하는 법

상사에게 말하지 않으면 상사는 당신이 적절한 일을 하고 있다고 생각한다. 상사가 당신의 마음을 읽을 수는 없는 노릇이기 때문이다. 자신의 탁월성과 매일 하는 업무를 적합화하기 위해 상사와 대화를 시작하는 게 중요하다. 그러면 자신과 맞지 않을 게 분명한 프로젝트일 경우 참여를 거절할 수 있다. 주어진 업무와 자신의 기술 및 전문성을 잘 맞추려고 앞장서 노력할수록 조직에도 자신에게도 더 좋은 결과가 나올 것이다.

이러한 내 말이 뜬구름 잡는 이야기로 들릴 수도 있다. 업무를 거절하는 건 위험한 일이며, 그런 말을 했다간 게으름을 피운다는 오해를 받거나 앞으로 업무에서 배제당하지 않을까 걱정될지도 모른다. 물론, 상사가 그렇게 생각할 가능성도 없지 않다. 그러므로 상사와 대화할 때 '대화의 틀'을 짜는 방식이 엄청나게 중요하다.

업무에서 최고의 성과를 내고 싶다는 바람을 최대한 어필하는 한편, 당신의 능력을 최대한 사용할 때 조직에도 이익이 되리란 점에 대화의 초점을 맞추어라. 업무를 거절하는 것과는 별도로 또 다른 (거절한 업무와 다른) 특정 업무가 자신에게 잘 맞는다는 점을 알리고, 자신의 강점에 맞게 업무를 재구성하기 위해 노력하는 것도 중요하다. 이메일로 보낼 게 아니라 직접 만나서 이야기 나누며 자신의 강점에 관해 설명하는 편이 좋다. 과거의 성공 사례를 증거로 가져가는 것도 방법이다. 설사 당신의 제안을 받아들이지 않는다 해도, 상사는 자신의 부하 직원이 성과에 쏟는 생각을 인상 깊게 여길 테고, 다른 업무가 생겼을 때 이전에 나누었던 대화를 기억할 것이다.

또 다른 방법은 그 일을 하고 싶어 하는 누군가를 찾아서 자신을 대체할 담당자로 추천하는 것이다. 이렇게 하면 자신이 맡지 않아도 업무가 이루어질 수 있으며, 해당 업무를 더 잘 해낼 사람이 담당하게 될 것이다.

잘 맞지 않는 업무에서 벗어나기가 어려운 상황이라면 우선 업무를 전체적으로 분석하는 일부터 시작하자. '나의 강점을 업무에 더 많이 접목할 방법이 없을까?'

예를 들어, 지겹고 힘든 업무를 맡았을 때 그 일을 보다 효율적으로 처리할 새로운 프로세스를 만드는 것은 어떤가? 자신에게 잘 맞고, 팀이나 조직의 목표 달성에 도움이 되는 일이 포함되도록 능동적으로 업무 역할을 확대할 방법은?

창의성을 발휘하고 가능성의 한계를 뛰어넘는 걸 두려워 말라. 어쨌든 대담함은 리더십의 특징이다. 올바른 회사라면 직원의 노력을 알아차리고, 커다란 탁월성을 보며, 직원이 행복과 성취감을 느끼며 효과적으로 일할 수 있도록 돕고 싶어 할 것이다.

탁월성을 발휘할 수 없을 때 해야 할 일

직장에서 탁월성을 사용할 일이 거의 없으며, 강점을 활용할 만한 방법을 찾기가 어렵고, 회사 내에서 자신에게 더 잘 맞는 자리로 이동할 수 있을지조차 분명치 않다면, 조금은 단호하고 잔인한 이야기일 수 있지만 이직을 해야 할 때가 된 것이다. 어쩌면 두려울지도 모르지만, 자신의 탁월성과 맞는 일을 찾는 과정 자체가 미래 행복과 성공에 크게 투자하는 길임을 기억하자.

커리어에 탁월성을 적용할 방법은 무한하다. 핵심은 자신이 지닌 탁월성이 무엇인지 알고, 그 가치를 권위 있게 말할 수 있는 데 있다. 예를 들어 **해결책 발굴자** 타입은 혼란 속에서 문제를 해결할 때 도전의식을 느낀다. 이러한 탁월성은 기술업계, 금융업계, 혹은 다른 어떤 업계든 다양한 산업 분야에서 서로 다른 여러 문제를 해결하는 데 적용할 수 있다.

있는 그대로의 내 모습을 옹호하고 나에게 잘 맞는 일을 할 기회를 찾는 데 능동적으로 임하자. 산업과 일자리는 정말 빠른 속도로 변하고 있으며, 특정 직업에 국한된 지식의 중요성은 줄어드는 중이다. 직장에서 우리가 마주하는 문제는 항상 변한다. 하지만 문제를 해결하는 사람의 필요성은 더욱더 커져가고 있다. 필요한 것은, 그저 자신이 문제를 가장 잘 해결해온 방법을 이야기하는 것뿐이다. 부동산 업계에서 수년간 일한 후 헬스케어 업계로 옮기고자 한다면, 부동산 업계에서 문제를 어떻게 해결했는지, 그리고 자신의 탁월성을 헬스케어 업계 혹은 자신이 관심을 둔 구체적인 자리에 어떻게 적용할 수 있는지 보여줘야 한다.

상당수의 사람은 자기에게 꼭 맞는 일자리를 찾거나 만드는 대신, 그런 자리가 저절로 굴러 떨어지기만 기다린다. 몸담은 조직에서 자신의 강점을 이용할 수 있도록 노력해야 한다. 주도권을 가지고, 자신이 어떻게 상대의 필요를 채울 수 있는 사람인지 보여줘라. 다른 대다수 구직자보다 훨씬 앞서기 위한 기회를 능동적으로 찾아라.

자신의 탁월성을 알았던 벤

벤의 이력을 들으면 십중팔구 그의 인생은 완벽하다고 말할 것이다. 벤은 유복한 가정에서 자라 아이비리그 대학을 졸업했다. 졸업 후에는 다른 동료 두 명과 함께 사업을 시작했다. 벤이 CEO를 맡았고 나머지 두 명은 공동창업자가 되었다. 사업은 빠르게 성장해, 벤이 나를 찾아왔을 무렵에는 직원 300명이 일하는 회사가 되어 있었다. 서류상으로 보면 벤은 성공한 사람이었지만, 그는 무언가 빠져있다는 느낌을 지울 수가 없었다. 그리고 이러한 벤의 생각이 업무 결과에 영향을 주기 시작했다.

벤은 스스로 자기 자신을 큰 그림을 생각하는 사람, 몽상가, 거래를 성사시키는 사람으로 여긴다고 말했다. 매일 회사 운영을 위한 세부 사항에 빠져 꼼짝 못 하는 건 벤에게는 악몽 같은 일이었다. 그러다 보니 벤은 사소한 일을 그냥 내버려 두는 경우가 너무 잦았다. 문제는 그런 작은 일이 크게 번지곤 하는 데 있었다. 직원들은 자신의 권한이 분명하지 않아 좌절을 표했다. 그뿐 아니라 이사회도 문제를 알아차리고 있었다.

벤은 맡은 바 책임을 다하지 못하고 있었다. 이 사실을 피해 갈 방도가 없어 보이자 그는 탈출을 꿈꾸기 시작했다. 한 번은 이렇게 말하기도 했다. "시골에 가서 개 스무 마리를 키우면서 살고 싶어요."

우리는 탁월성을 확인하는 과정을 거쳤고, 벤은 업무에 열중할 때 어떤 기분이 드는지 이야기했다. 나는 벤이 창의적이고 전략적인 사람임을 알 수 있었다. 그는 다른 사람과 이야기를 나누면서 자기 아이디어를 발전시켜 나갈 때 활력을 느꼈다. 반면 꼼꼼한 사람은 아니었다. 그는 '어떻게 이 일을 해낼 수 있을까?'라고 생각하기보다는 '무엇을 할 수 있을까?'라는 아주 큰 문제를 생각하는 사람이 분명했다. 또한 그는 따뜻함과 진심으로 다른 사람들에게 영감을 주고 계약을 이끌어내는 데 재능이 있었다.

나는 그에게 '가능성 설계자'라는 별명을 붙여 주었다.

벤의 회사에는 두 명의 공동창업자가 있었기 때문에 우리는 그가 지루해하는 업무를 나누어 더 잘 처리할 수 있는 동업자에게 넘길 방법을 생각했다. 그러고 나자 벤이 정말 좋아하는 일을 할 시간이 더 생겨서 새로운 사업 가능성, 신규 고객, 심지어 사업의 매각 가능성에까지 초점을 맞출 수 있었다. 벤의 성격 유형도 구체적인 해결책의 방향을 제시하는 데 도움이 되었다. 그는 체계적인 구조를 선호하는 외향형 사람이지만, 다소 혼란스러운 상황도 편안히 받아들였다. 사람들 앞에서 말하기를 좋아했고, 특히 예상치 못한 질문에 답하는 걸 즐겼다. 사람들을 대할 때, 그리고 예측 불가능한 시나리오를 대할 때를 관찰해본 결과, 가볍게 질문과 대답을 하는 구조가 가장 잘 맞았고, 이럴 때 가능성 설계자라는 탁월성이 발휘되었다. 벤은 팀원들을 위해 비전을 그리며, 가능성을 향한 영감을 불어넣는 사람이었다.

나는 벤에게 수석 보좌관을 고용할 것을 제안했다. 벤에게 직접 보고하면서 프로젝트를 계획하는 꼼꼼한 사람이 필요했다. 내 말을 듣고 벤은 바로 베스를 떠올렸다. 베스는 벤의 회사에서 근무하는 부하 직원으로, 내가 제안한 자리에 꼭 맞는 사람이었다.

몇 주 뒤 벤이 나를 다시 만나러 왔다. 성과 추적기를 바탕으로 살펴보니 벤이 회사에서 느끼는 지겨움과 좌절감이 사라지고 있었다. 반대로, 도전 과제와 영향력 부분의 점수는 둘 다 매주 올라가고 있었다. 벤은 3주 이상 업무에 열중하는 순간을 정기적으로 맞이했다. 처음에는 전혀 없었는데 말이다. 또한, 영향력 부분에서 스스로 4점이라는 점수를 매겼다. 그 말은, 자신이 원하는 시간의 80퍼센트에 걸쳐 영향력을 발휘하고 있다는 뜻이다. 나와 함께 탁월성을 확인하는 작업을 통해 벤은 고전을 면치 못했던 업무는 위임하고, 스스로 즐길 수 있는 업무에 초점을 맞추게 되었다.

한편, 수석 보좌관이 된 베스의 일은 모든 임원이 경영 임무를 할 때 지원을 받고 있는지 확인하는 것이었다. 수석 보좌관 단 한 사람을 고용한 일이 그의 회사 생활에 게임체인저가 되었다. 끔찍하게 싫어하던 CEO 업무로부터 완전히 해방된 듯 느꼈기 때문이다. 그리고 가능성 설계자인 벤은 계약을 성사시키고 새로운 계획을 세우는 일에 시간을 쏟을 수 있었다.

지금 벤은 자기 일에 만족하고 있다. 대부분 시간에 자신을 불타오르게 하는 일을 하며, 심지어는 그다지 신나지 않는 업무에서도 지속적인 성과를 내고 있기 때문이다.

어떻게
일터에서
의미를
찾을 것인가

열정보다 목적이
중요한 이유

ACTION PLAN

핵심정서문제를 파악하고, 삶의 목적을 알아내는 데 이를 사용하세요.

직업과 관련된 조언 중 내가 넌더리를 내는 것이 있다. '열정이 샘솟는 일을 찾으라.' 비록 의도는 좋을지 모르나, 실은 많은 이를 좌절에 빠뜨리는 조언이다. 열정은 세게 타올랐다가 빠르게 사그라든다. 순간의 기쁨을 가져다주지만 지속성이 약하다. 열정은 감정의 영역이지, 당신의 진짜 강점(탁월성)과는 아무런 연관이 없다.

자신의 탁월성에 초점을 맞추지 않으면 내게 맞는 일(직업으로 선택해도 되는 일)과 내가 흥미를 느끼는 일(취미로 삼을 만한 일)을 구분하지 못하게 된다. 후자를 직업으로 삼으면 어떤 일이 일어날까? 자신에게 맞는 일이 아니다 보니 커리어가 원활히 발전될 리 없다. 자신이 어떤 가치를 창출할 수 있는지, 혹은 어떻게 일해야 하는지조차 모른다. 경력상 문제가 생기더라도 '열정을 따르다 보면 언젠가 극복되겠지'라고 생각하며 버틴다. 그러나 대부분의 경우 열정은 진짜 문제를 해결해 주지 못한다. 십중팔구는 열정으로 가득 차서 시작했던 일을 포기하는 결과에 이른다. 이로 인해 많은 사람이 실망하고 자신감을 잃으며 심지어 우울과 좌절에 빠지기도 한다. 좋아하던 취미활동(직업으로 선택한 일)을 그만두게 되었을 뿐 아니라, 직업적으로도 전보다 나아진 게 없기 때문이다.

나의 경우를 예로 들어보자. 나는 요리하는 걸 좋아한다. 자주 하는 편은 아니고, 사람들을 초대해 새로운 요리에 도전하길 즐기는 편이다. 내가 준비한 음식을 먹어본 지인 중 상당수는 내게 이렇게 말했다. "세상에, 음식이 정말 다 맛있어! 넌 레스토랑을 열어야 해." 내가 나의 탁월성과 목적에 대해 알지 못했다면 레스토랑 오픈을 진지하게 고민했을지도 모르겠다.

이처럼 친구와 가족, 주변 지인들이 직업과 관련해 건네는 조언의 의도는 좋다. 곁에서 살펴보며 알게 된 나의 관심사와 열정을 바탕으로 한 조언은 그럴듯하게 들린다. 그러나 앞으로 이런 조언을 들으면, 반드시 자신의 탁월성 타입을 대입해 보길 바란다. 나는 나 자신이 '통찰력 발굴자' 타입임을 안다. 주방에서 장인 정신을 발휘해야 하는 요리사의 업무와는 관련성이 매우 적다. 설령 레스토랑에서 일한다고 해도, 손님들과의 대화를 통해 그들의 외식경험에서 일정한 패턴을 발견하고, 그들의 니즈에 맞춰

재료 주문 방법을 바꾸거나 메뉴를 변경하는 등의 일이 더 맞을 것이다. 즉, 나는 요리사보다는 레스토랑 매니저가 더 어울리는 사람이다. 하지만 내게 식당을 하라고 제안하는 사람들은 요리사라는 직업의 현실과 나의 진짜 적성의 적합성에 관해서는 깊이 생각하지 않는다.

열정이 이끄는 길로 나아갔더니, 탁월성을 발휘할 수 있는 분야여서 성공을 거두는 운 좋은 사람들도 물론 있다. 열정을 이용해 직업의 방향을 탐색해 보는 것도 가능하다. 단, 그 방향과 탁월성을 연결할 수 있어야만 한다. 그래야 앞장에서 강조했던 지속적인 도전을 제공받을 수 있다.

차원이 다른 동기부여의 비결

열정을 지닌 분야에서 즐거움을 느끼는 일을 한다면 정말 멋진 일일 것이다. 그러나 나는 더욱 깊고 본질적인 기쁨을 누리기 위해서는 열정보다는 '목적'을 찾아야 한다고 생각한다. 목적은 다른 사람에게 미치는 영향력과 관련된다. 타인에게 좋은 영향을 미치는 데서 우리는 삶의 의미를 얻을 수 있다. 어떤 영향력을 발휘할 것인가? 이 질문에 대한 대답이 바로 목적이다. 열정은 짧은 시간 동안 크게 불타오르지만 오래가지 않는다. 하지만 목적은 열정보다 오래가며 마침내 더 큰 성취감을 안겨준다.

남들보다 유달리 탁월한 특성(잠재력) + 의미 깊고 오래가는 영향력(목적)

→ 이 2가지가 부합되는 것이 내게 '가장 잘 맞는 일'이다.

목적은 어디에서부터 찾을 수 있을까? 힌트는 각자의 지나온 역사, 그리고 핵심정서문제에 있다. 어떤 개인의 삶의 목적이란, 그의 내면 깊이 영향을 준 부정적인 어떤 경험(혹은 여러 경험)이 긍정적으로 극복된 결과이다. 그러므로 자신의 과거를 돌이켜보며, 인생에 큰 영향을 준 사건이나 경험(주로 마주했던 경험 혹은 이후의 삶을 바꿔놓은 어느 주요한 사건)을 찾는 것이 우선이다. 이어서 그러한 사건이나 경험을 통해 핵심정서문제(반복적으로 나타나곤 하는 정서적 반응)를 발견한다. 자신과 같은 문제를 가지고 도전을 마주한 사람들에게 도움을 주고자 하는 것(영향력을 발휘하는 것), 이것이 바로 삶의 목적이다.

내 삶의 목적을 찾기 위한 질문

❶ 내면에 깊은 영향을 끼친 주된 사건이나 주요 경험들은 무엇인가?

❷ 그 안에서, 혹은 그로 인해 자주 발견되는 핵심정서문제(정서적 반응)는 무엇인가?

❸ 어떤 문제를 가진 사람들에게, 어떤 영향력을 발휘하고 싶은가?

여기서 한 가지 의문이 들 것이다. 삶의 목적이 대체 우리의 커리어와 무슨 관련성이 있다는 걸까? 대답은 다음과 같다.

삶의 목적은 지속성을 가지며, 타인에게 영향을 미침으로써 우리에게 끊임없이 동기를 부여해준다. 다른 사람이든 혹은 어떤 다른 대상이든, 자기 자신을 넘어선 더 큰 세상에 영향을 미치므로 크기가 다른 성취감을 느낄 수 있다. 또 자신의 개인적 경험과 관련되어 도전을 계속하게 되므로 힘들 때조차 즐겁게 일할 수 있을 것이다. 이처럼 일과 나 사이에 개인적인 연결고리를 찾는 것은 매우 중요하다. 그것이 빠져 있으면 아무리 대의명분이 좋은 비영리단체의 일이라 해도 순수한 기쁨보다는 의무로 여겨질 수 있기 때문이다.

왜 그 일을 하고 싶은가

어렸을 때는 이런 질문을 받았었다. "커서 어떤 사람이 되고 싶니?" 그러면 우리는 막연히 동경하는 직업을 답하곤 했다. 선생님이나 과학자부터 심지어는 대통령까지.

이런 형태의 질문은 나이를 먹어서도 계속되었으니, 주로 다음과 같았다. "뭘 전공할 거니?" "졸업하고 나면 진로 계획이 어떻게 되니?" "어떤 일을 하려 하니?" 조금 더 구체적으로 진화하긴 했지만, 본질은 같다. '왜'가

아나라 '무엇'에 초점을 맞춘 질문이란 것이다. 이런 질문을 받으면 자연스럽게 앞으로 택할 수 있는 직업이나 몸담을 업계, 가지고 싶은 직함을 생각하게 된다.

나는 수많은 사람이 잘못된 커리어의 경로로 접어드는 이유 중 하나가 바로 잘못된 질문 때문이라고 생각한다. 실제로 2016년 갤럽의 설문조사에 따르면, 미국인의 68퍼센트가 "자신의 일에 마음이 끌리지 않는다."고 답했다. 나는 이 조사를 보고 정말 깜짝 놀랐다. 오늘날에는 그야말로 다양한 종류의 산업과 기술이 존재하고 진로 가능성 또한 무궁무진한데, 무려 68퍼센트의 미국인들이 썩 내키지 않는 직종에 종사하고 있다는 것이다.

다행히도 잘못된 경로를 수정할 방법은 있다. 무엇what에 초점을 맞추길 그만두고 왜why에 관해 진지하게 생각해 보는 것이다. 직업을 선택할 때 그 일에 끌리는지, 끌린다면 왜 끌리는지를 질문해야 한다. 이때 전제는 자신의 '목적'을 아는 것이다. 즉, 자신에게 성취감을 주고 동기를 유발하는 영향력의 종류를 알고 있어야 그 '왜'에 대답할 수 있다.

이것은 직업적인 성공과도 연관된다. 개인의 성취와 직장에서의 영향력 간 연결 관계에 관한 와튼 경영대학교 아담 그랜트 교수의 연구결과를 보자. 그는 콜센터, 우편 주문으로 약을 보내주는 약국, 수영장 안전팀 등 다양한 환경에서 근무하는 직장인들의 동기부여 요소를 검토했다. 그 결과 자신의 일이 왜 의미 있는지 알고, 타인에게 긍정적인 영향을 주고 있다고

압도적으로 성과가 개선된 팀의 비결

2007년 아담 그랜트 교수는 어느 공립대학 콜센터 직원들을 대상으로 다음과 같은 실험을 했다. 그 콜센터의 직원들은 잠재적 기부자에게 전화를 걸어 기부를 요청하는 업무를 맡고 있었다. 그랜트 교수는 직원들 일부와, 그들이 모금한 기부금으로 조성된 장학금을 받는 학생들 간의 만남을 주선했다. 5분 정도, 직원들은 기부금의 혜택을 받은 학생과 교류하는 기회를 가졌다. 그런데 다음 달이 되자 그 짧은 만남이 엄청난 변화를 만들어냈음이 드러났다. 모임에 참석했던 직원들은 그렇지 않았던 직원들보다 잠재적 기부자와 두 배 이상 긴 시간 통화하며 훨씬 더 많은 모금에 성공했던 것이다. 주당 평균 모금액은 185.94달러에서 무려 503.22달러로 늘어났다. 이 조사는 자신이 하는 일의 영향력을 깨달으면, 업무에 관한 동기부여와 성과가 달라진다는 사실을 분명하게 보여준다.

생각하는 직원들이 그렇지 않은 직원들보다 더 행복했으며 생산성도 훨씬 높다는 사실을 밝혀냈다.

　동기부여에 관한 또 다른 이론도 이러한 사실을 입증한다. 다니엘 핑크는 ≪드라이브 : 창조적인 사람들을 움직이는 자발적 동기부여의 힘Drive : The Surprising Truth About What Motivates Us / 청림출판, 2011≫에서 과학의 발견과 기업의 실행 사이에는 차이가 있다고 썼다. 과학적 연구에 따르면, 돈이나 혜택 같은 보상으로는 직원에게 동기를 부여할 수 없음이 이미 명백히 밝혀졌다. 그럼에도 기업들은 이런 연구결과를 무시하고, 직원들의 성과와 생산성이 높아지길 기대하며 물질적 보상을 계속하고 있다. 물론 혜택으로 인해 고급 인력이 유인되는 경우도 분명 있다. 하지만 대부분의 직원들은 무료 음식과 게임 룸, 심지어 임금 인상을 제공받더라도 딱히 의욕이 향상되지 않는다. 이러한 역설이 혼란을 일으키기도 하지만, 실은 수수께끼일 것도 없다. 그러한 혜택은 업무상 도전의식을 북돋워주지 못하며 따라서 오랜 성취감을 제공하지 못하기 때문이다.

핑크에 따르면 진정으로 동기를 부여하는 요소는 다음 3가지다.

❶ 자율성autonomy : 자신의 삶을 스스로 지휘하고 싶은 바람

❷ 숙련mastery : 자신에게 중요한 일을 더 잘하고 싶은 욕망 (나는 이 부분이 탁월성과 이어져 있다고 생각한다.)

❸ 목적purpose : 나 자신보다 더 큰 일을 위해 봉사하고 싶다는 열망

그는 다음과 같이 썼다. "삼각대의 첫 두 다리인 자율성과 숙련은 동기부여에 필수적인 요소이다. 하지만 적절한 균형을 잡으려면 세 번째 다리인 목적이 필요하다. 목적은 다른 두 요소에 맥락을 제공한다. 무언가 더 큰 목적을 위하여 일하는 사람은 더 크게 이룰 수 있다. 마음 깊이 동기를 부여받은 사람은 가장 생산성이 높고 만족도가 클 뿐 아니라, 자기 자신을 넘어선 더 큰 대의명분과 자신의 욕구를 조화시킨다."

간단한 이야기이다. 직장에서 동기부여를 받으려면 반드시 목적이 존재해야 한다. 내가 하는 일이 사람들의 삶을 어떻게 바꾸는지 안다면, 일에서 끝없는 에너지를 얻을 수 있게 된다.

직장에서 행복하려면 자신의 탁월성을 알고, 적절한 수준의 도전을 계속해야 한다. 즉, 일상 업무에서 지적인 성취감을 계속 느낄 수 있어야 한다. 반면 자신의 일에서 의미를 찾는 일은 목적과 관련이 있다. 내 업무가 세상을 더 좋은 곳으로 만들고 있음을 아는 것, 그보다 더 뿌듯한 일은 없을 것이다.

자산이 되는 목적, 목적이 있는 경영

분명한 목적은 오늘날 기업의 가장 큰 자산 중 하나이다. 탐스TOMS(판매되는 수만큼 제3국 어린이들에게 신발을 기부하는 신발 브랜드), 파타고니아Patagonia(재활용 가능한 소재로 상품을 제작하여 환경보호에 기여하는 의류 기업), 와비파커Warby Parker(저렴하게 안경을 제공하며 안경이 팔리는 수만큼 저개발국에 기부하는 안경 브랜드)처럼 목적에 따라 운영되는 기업들은 가치를 공유하는 사람들과 관계를 구축하고 소비자 충성도를 쌓는다. 소비자들은 자신의 목적에 맞는 기업의 제품을 구매할 가능성이 크고, 목적을 지닌 기업은 그들이 상징하는 바를 내세워 훌륭한 인재를 모집하기도 한다.

목적 찾기, 첫 번째 단계 : 핵심정서문제 파악하기

핵심정서문제는 우리의 목적을 찾는 열쇠이다. 의식하든 못하든 당신이라는 사람의 정체성에 큰 영향을 미친 부분이기도 하다. 핵심정서문제를 알면 자신에게 동기를 부여하는 방법을 알 수 있게 된다.

앞서도 잠깐 언급했듯이, 나는 항상 다른 가족들과 다르다고 느꼈다. 내가 있어야 할 곳에 있다는 느낌이 들지 않았고, 가족들로부터 이해받지 못하는 기분이었다. 가장 큰 차이점은 성격으로, 나는 외향적인 성격인 반면에 다른 가족들은 모두 내향적이었다. 나는 학교 극단에서 활동할 때 살아있음을 느꼈고, 시골 생활을 답답해했지만(버지니아주 샬로츠빌 근처의 시골 낙농가에서 자랐다.) 우리 가족들은 내 꿈과 열망에 전혀 공감하지 못했다. 넓은 세계를 활보하며 기업의 임원이 되는 미래에 관해 이야기하면, 아버지는 항상 내 능력을 의심하는 듯한 반응을 보이며 "그래, 어디 한번 나중에 보자꾸나."라고 말씀하곤 하셨다. 조금 더 크자 부모님은 "누구나 비슷한 인생을 산단다."라고 하셨다. 학교에 가고, 대학에 진학하고, 취업을 하는 그런 삶 말이다. 그런 와중에, 대학 진학 후 1년간 스웨덴에서 공부하기로 결심했다 말하자, 부모님은 내가 또 이상한 아이디어를 떠올렸다고 생각하며 이렇게 물으셨다. "중요한 건 비용이야. 어떻게 마련할 거니?" 그래도 나는 해외 유학 프로그램에 지원하여 합격했고, 부모님은 내 결정을 지원해 주셨다.

마침내 1년간의 스웨덴 생활을 마치고 집으로 돌아왔을 때, 나는 그 어느 때보다도 행복했다. 나는 새로운 자신감을 얻었고, 내 삶이 근본적으로 달라졌으며 원하는 바는 무엇이든 이룰 수 있으리란 확신에 차 있었다. 스웨덴에서 돌아온 지 며칠 후, 아버지와 함께 차를 타고 식당에 가는 길에 나는 스웨덴에서 찍었던 사진을 꺼냈다. 스웨덴에서 핀란드로 가는 배에 탄 내 모습, 스웨덴의 아파트에서 파티를 연 모습, 여행비를 아끼려고 직접 빵을 구워 먹어가며 다녔던 일주일간의 영국 여행 모습 등이 찍혀 있었다. 나는 내가 겪은 흥미진진한 일들과 거기서 얻은 깨달음을 공유하고 싶었다. 그러나 아버지 말씀은 이랬다.

"너는 큰 파티를 즐기다 온 것 같구나. 내 돈을 낭비한 것 같아."

김이 빠지는 느낌이었다. 나는 울면서 차에서 내렸다. 아버지는 그 경험이 나를 왜, 어떻게 변화시켰는지 결코 이해하지 못할 터였다. 마음이 아팠다.

수년 후에 나는 사업을 시작했고, 많은 시간을 들여 계속 질문을 던졌다. '내 목적은 무엇일까? 내가 성취감을 느끼는 일은 무엇일까?' 답은 좀처럼 잡히지 않았다. 그러던 어느 날, 러닝머신 위를 걸으며 〈오프라 쇼〉를 보던 때였다. 그날의 초대 손님이 말했다. "아무도 저를 이해하지 못했어요. 남들과 다르다고 느꼈고, 환경에 맞추려고 애쓰며 살아왔죠." 그 순간 내가 겪었던 같은 경험, 남들과 다르다고 느끼며 겪었던 수많은 일들이 떠올랐다. 이어서 그녀는 "제 삶에 중요한 사람들로부터 종종 이해받지 못하고 있음을 느꼈어요. 이해할 수 없는 존재가 되자, 없는 사람 취급을 당하게 되었죠. 마치 사람들은 제가 보이지 않는 것처럼 행동했어요." 나도 같은 식으로 느낀 적이 많았다. 눈물이 뺨을 타고 흘러내렸다. 난생처음으로 내가 겪은 엄청난 상실감을 알아차리고, 분명히 표현할 수 있었다.

마침내 나는 다른 사람들에게 보이지 않는 사람 취급을 당할 때의 상처가 나의 핵심정서문제임을 알게 되었다. 나아가 그것이 수년 동안 내가 느꼈던 불만과 어떻게 연결되어 있는지를 파악할 수 있었다.

종종 가족들 간의 역학관계가 반영되는 환경을 사회생활에서도 재현하는 사람들이 있다. 과거의 나도 마찬가지였다. 나는 내가 드러나지 않는 일자리를 찾곤 했으며, 남의 눈에 차는, 특히 부모님의 틀에 맞는 회사(구글처럼)에 다니는 것을 중요하게 여겼다. 내가 어떤 사람인지 혹은 어떤 사람이 될 가능성이 있는지를 가늠하기보다는 같은 환경을 반복해서 만들어내고 그 안에 나를 맞춰나가기를 반복했다.

나 자신의 핵심정서문제를 찾은 이후 나는 내 인생에서 가장 중심이 된 경험을 생각해 봤다. 스웨덴에 갔던 일이나, 캐피털 원에서 남아공으로 파견돼 스타트업처럼 일했던 일, 뉴욕에서 새로운 사업을 시작한 일 등이 바로 그런 경험이었다. 주위 사람들은 의구심을 표했으나 내게는 승리감을 안겨 주었던 일들이다. 특히 우리 가족은 매번 나의 결정이 너무 위험하다고 여기며 내가 실패할 것을 두려워했다. 그럴 때마다 가족들이 '진짜 내가 어떤 사람인지'는 바라보지 않고 있음을 느꼈다.

일단 핵심정서문제를 깨닫자 목적은 금방 찾을 수 있었다. 나는 다른 사람들이 있는 그대로의 자기 모습을 보이도록 돕는 것이 내 인생의 목적임을 알았다. 사실, 이미 그렇게 남들을 돕고 있기도 했다. 나는 어디서 어떤 사람을 만나든 질문을 던지길 즐겼다. 모임에 가면 다른 참석자들과 깊은 대화를 나누며, 그들에게서 어떤 가치를 찾았는지 알려주곤 했다. 다만 업무가 아닌 개인 생활에서 그런 활동을 하고 있었을 뿐이다. 이것이 나의 사업에서 놓치고 있던 핵심임을 알고, 일에 접목하기 시작하자 사업은 빠르게 활기를 띠었다. 고객이 자신의 탁월성과 삶의 목적을 발견함으로써 자신의 가치를 알고 활용하게 한 것이다. 지금까지 수많은 고객이 나를 통해 일과 삶에서 큰 진보를 이뤘다.

고객들을 상담하며 알게 된 것이 있다. 우리 인생에는 한 가지 중요한 어려움이나 주제가 반복적으로 나타나곤 한다는 사실이다. 그러나 대부분은 이를 의식하지 못하며, 자신의 핵심정서문제를 찾는 데 시간을 들이지도 않는다. 그러므로 진정한 자신의 목적 또한 찾아내지 못한다. 이어지는 질문지는 당신의 지난날에 나타난 패턴을 살펴봄으로써 핵심정서문제를 발견하기 위한 것이다. 과거로 파고 들어갈 준비를 하자. 솔직하게 답하고, 대답이 어떤 목적으로 이어질지는 고민하지 말자. 일단 질문에 대한 답을 모두 한 후에 다시 목적을 확인할 것이다.

인생 파트 1. 어린 시절(5~18세까지)

노트를 준비하여 아래 질문에 대한 구체적인 내용을 적어 보세요.

- 5세에서 18세까지 어린 시절에 가장 좋았던 부분은 무엇이었나? 가장 어려움을 느낀 부분은 무엇이었나? 왜 그랬을까?

- 고등학교 시절 가장 좋았던 부분은 무엇이었나? 가장 어려운 부분은 무엇이었나? 왜 그랬을까?

- 인기 있는 학생이었나? 교우 관계가 좋았나? 친구와의 우정이 자신감이나 자존감에 어떤 영향을 주었나?

- 가정생활과 부모님 사이의 관계는 어떻게 설명할 수 있는가? 안정된 가정에서 자랐나?

- 가족이 당신에게 구체적으로 미친 영향이 있다면 어떤 것인가?

- 이 시기에 부모님은 당신에게 어떻게 공감해 주었는가? 당신의 강점을 지지해 주었는가? 부모님은 당신이 어떤 직업을 가지거나, 어떻게 살아야 한다고 미리 생각해 둔 바가 있었나?

- 타인의 전기를 읽는 것처럼 자기가 적은 대답을 분석해 보자. 이 시기에 가장 두드러지는 정서적 어려움을 적어 보자.

- 위에 적은 정서적 어려움 가운데 현재의 삶에서 나타나는 어려움이 있는가?

인생 파트 2. 대학 시절

만약 대학에 진학하지 않았다면, 고등학교 졸업 후 4년간
무엇이든 자신이 했던 일에 질문을 적용해 보세요.

- 이 시기에 직업을 결정하게 된 순간이 있었나? 즉, 첫 번째 직업을 선택하거나, 경력을 향한 당신의 열망에 영향을 준 중요한 통찰을 얻은 경험이나 큰 결정을 내린 사건이 있는가?

- 이 시기에는 어떤 정서적 어려움을 경험했는가?

- 이번 연습에 나온 모든 질문을 돌아보고 인생 전체에서 반복적으로 나타나며, 가장 중요하다고 생각되는 핵심정서문제를 파악하라. 지금까지 계속 이어지는 하나의 어려움을 찾아보자.

- 핵심정서문제를 찾았다면, 혹은 아직 찾지 못했더라도 직장에서 가장 성취감을 느낄 때가 언제인지 떠올려 보자. 지난달에 자신이 미친 영향력 덕분에 성취감을 느꼈던 순간을 나열해 보자. 업무를 통해 다른 사람에게 미친 구체적인 영향을 적어 보라.

목적 찾기, 두 번째 단계 : 핵심정서문제 해결하기

일단 나의 핵심정서문제를 파악하고 나자 정말 성공하기 위해서는 핵심정서문제에 부닥쳤을 때 내가 보이는 부정적인 행동을 처리해야 한다는 걸 깨달았다. 다시 말해, 보이지 않는 사람 취급을 당했을 때 그 사실을 더 빨리 알아차리고 내면에서 일어나는 불안을 다스려야 했다. 우리 인생에서 핵심정서문제를 완전히 없앨 수는 없지만 문제를 잘 인식하는 것은 그 자체로 치유를 위한 첫걸음이 될 것이다.

여전히 나는 보이지 않는 사람 취급을 당할 때면 화가 나며, 동요한다. 그러나 이제는 그런 감정이 어디서 왔는지 알기 때문에 더욱 빨리 대응하여 감정을 관리하고, 좀 더 생산적인 정신 상태에 다다르곤 한다. 또한 나 자신을 왜곡 없이 바라보며, 있는 그대로의 나 자신을 더욱 존중하고 믿을 수 있게 되었다.

사람마다 핵심정서문제가 다르기에 해결 과정 또한 다양할 수 있다. 하지만 어떤 식으로 문제를 해결하든 과정은 동일하다. 핵심정서문제가 무엇인지 확인하는 것이 우선이며, 그로 인해 잃어버린 것들을 자신에게 돌려주는 것이 그다음 차례다.

랜디의 핵심정서문제는 자신이 우선순위가 되지 못할 때 발생했다. 다른 사람의 필요나 우선순위가 자신의 것보다 부당하게 먼저 처리된다고 느낄 때마다 랜디는 크게 화를 냈다. 누가 봐도 프로답지 못한 태도로 분노하는 경우도 종종 있었다. 덕분에 상사로부터 다음과 같은 피드백을 받았을 정도였다. "당신은 팀 플레이어로서의 자질이 부족해요."

사실 랜디는 다른 팀원들 각각이 필요한 인재라 느끼게끔 돕는 일을 좋아했다. 그러나 핵심정서문제로 인한 부정적 반응(분노)이 자주 반복되면서 팀원들은 랜디에게 지친 상태였다. 나는 랜디에게 우선순위에서 밀려날 때마다 성과 추적기에 기록하길 권했다. 이를 통해 그는 얼마나 자주, 어떤 상황에서 그런 일이 벌어지는지 의식하게 되었다. 그리고 화가 나는 이유는 과거의 문제 때문이며, 현재 상황과 항상 관련이 있는 건 아니란 사실도 깨달았다. 랜디는 우선순위가 되지 못하는 데 대한 두려움을 가지고 있었는데, 우리는 이를 대체할 다른 메시지를 마음에 새기려 노력했다. 이후 몇 달 동안 그는 핵심정서문제를 마주해도 전보다 금방 회복되기 시작했고, 마음속 깊은 데 있던 상처가 아물며 자신감도 커졌다.

핵심정서문제를 해결하려다 보면, 대개 다음 2가지 유형과 맞닥뜨리게 된다.

첫 번째 유형은 자신의 핵심정서문제를 해결하는 일은 제쳐두고 남을 돕는 데만 초점을 맞추는 사람들로, 랜디와 비슷한 타입들이다. 랜디의 예를 보자. 그는 다른 사람을 우선순위에 두고 그들을 돕는 한편, 그들이 자신을 우선순위에 놓지 않으면 크게 화를 냈다. 그런데 이 사실은 랜디에게 있어 그 자신은 우선순위가 아니었다는 뜻이기도 하다. 이런 유형은 다른 사람을 돕는 데서 성취감을 느낄 수는 있으나, 낮은 자존감의 굴레에서 벗어나지 못하고 부정적인 자기 대화를 계속한다. 낮은 자존감과 부정적 자기 대화가 짝을 이루면 다시 자존감 저하가 일어나고, 궁극적으로 커리어를 망치는 결과로 이어진다. 핵심정서문제를 해결하지 못하면 내면의 혼란과 분노, 불안, 두려움을 계속 경험하게 될 것이다.

두 번째 유형은 자신의 핵심정서문제가 무엇인지 알고 이미 해결하려는 노력을 시작했으며(의식적으로든 잠재의식 속에서든), 다른 사람을 돕는 데 이를 사용하려 하고 있지만, 삶의 목적과는 연결 짓지 못한 경우이다. 중견기업의 임원인 수잔은 일은 매우 잘하지만 자신감이 부족했다. 그녀의 핵심정서문제는 지원 없이 스스로 기대 이상의 성과를 내야 하는 상황에 있었다. 그럴 때마다 잘 해낼 수 있을지 의구심과 불안감에 시달리며 자신을 의심하곤 했다. 한편, 그녀는 팀원들에게 지원을 아끼지 않았고, 그들과 교류하는 과정에서 성과 창출을 도우며 큰 기쁨을 느꼈다. 타인을 지원하고 그들이 성과를 내도록 돕는 것이 바로 '목적'이며 이미 그렇게 하고 있었음을 깨닫자, 수잔은 자신이 겪었던 개인적인 어려움 그리고 자신이 타인과 교류하는 방식 등을 통합적으로 이해할 수 있었다. 그녀는 비로소 자신의 핵심정서문제를 다루고 자신감을 키우는 방식에 천천히 접근하게 되었다.

일단 자신의 핵심정서문제를 파악하고 나면, 직장생활에서나 다른 일상생활에서 불편함을 느끼는 순간 그 같은 문제가 얼마나 자주 개입되는지 알고, 놀라게 될 것이다. 예를 들어 친구와 만나기 직전, 친구가 급한 일이 생겼다며 약속을 취소하는 메시지를 보내왔다. 메시지를 보자 서운함에 눈물이 차오르기 시작했다. '사소한 약속쯤 취소될 수 있는데 왜 눈물이 나는 건지 모르겠어.' 이때 핵심정서문제는 약속이 취소된 자체가 아니라, 무시당했다고 느꼈기 때문일 수 있다. 별문제 없어 보이는 현재의 사건이 과거로부터 자리 잡은 내면의 고통을 건드린 것이다. 이럴 때면 스스로에게 다음과 같이 말해 주자.

"앗, 기다려. 이건 핵심정서문제로 인한 반응이야. 나는 과거에 받았던 내면의 상처를 되새김질하려 하고 있어. 지금 내 반응은 같은 상황에서 다른 사람들이 흔히 보이는 반응보다 극단적이야."

 핵심정서문제 때문에 감정이 흔들리면 마음속에서 부정적 말이 들려온다. 이에 대응해 상처를 치유하고 앞으로 나아가기 위한 가장 효과적인 방법은 긍정적인 자기 대화이다. 예를 들어 '사람들이 나를 봐주지 않아.'라는 마음속 말이 들리면, 그 말을 뒤집어 '사람들은 나를 보고 있어. 나는 가치 있는 사람이야.'라고 자신에게 말해준다. 그러면 실제로 마음이 차분해진다.

자신의 핵심정서문제를 알아차린다는 건 일종의 해방이다. 감정을 건드리는 일이 발생했음을 알아차리면 반응을 수정할 수 있기 때문이다. 심리학자 존 카시오포 박사에 따르면, 우리의 뇌는 긍정적인 정보보다 부정적인 정보를 선택하도록 되어 있다. 사실 우리 뇌는 2/3의 부정적인 정보와 1/3의 긍정적인 정보를 받아들인다. 사람들에게서 비판적인 인식이 더 많이 발견되는 이유이다. 하지만 특정 상황에 관한 긍정적인 데이터를 추가함으로써 두뇌의 이러한 경향을 교정할 수 있다.

행동 수정 : 긍정적인 사고 패턴으로의 전환

머릿속 생각을 바꾸고 부정적인 사고 패턴을 긍정적인 사고패턴으로 바꾸면, 핵심정서문제가 미치는 영향을 줄일 수 있다. 바로 시도할 수 있는 몇 가지 행동 수정 방법을 소개한다.

부정적인 마음의 말 바꾸기 마음속에서 들려오는 부정적인 말을 알아차리고, 이를 긍정적 메시지로 전환시킬 수 있다. 그렇게 함으로써 우리 두뇌에 새로운 신경경로를 만드는 것이다. 이렇게 생긴 신경경로는 과거의 기억 대신 현재 생각과 연결된다. 예를 들어 '난 멍청해. 한 번도 실수 없이 넘어가는 적이 없어. 내가 그러면 그렇지.'라는 말이 떠오르면 이렇게 뒤집는다. '내 안에는 나만의 가치 있는 천재성이 있어. 나는 똑똑한 사람이야. 그러니 크게 성공할 거야.'

태핑하기 태핑tapping은 신경 에너지를 이동시키기 위한 행동 수정 치료법이며, 부정적인 사고를 긍정적인 확언으로 바꾸는 마음 챙김 연습법이다. 정서자유기법, 즉 ETF라고도 불리는데, 고대 중국의 지압치료와 현대 심리학의 치료법을 결합한 것이다. 태핑을 이용하면 기존의 패턴과 습관을 끊고 이를 새로운 방향으로 돌릴 수 있다. 나쁜 행동이나 감정을 긍정적인 것으로 바꾸는 데 도움이 된다.

기본적인 태핑 방법은 손가락 끝을 이용해 신체 12곳의 각 경혈 지점을 5~7번 두드리면서 핵심정서문제에 집중하는 것이다. 경혈은 주로 얼굴에 분포한다. 눈썹, 눈 옆, 눈 아래, 코 아래, 뺨 등이 그곳이다. 이 경혈의 끝부분을 가볍게 두드림으로써 차분함을 유도한다.

태핑 행동이 끝나면, 마지막은 긍정 확언으로 마무리한다. 이때 긍정 확언은 자신의 어려움을 분명하게 정의하는 문장이어야 한다. 예를 들어, 이해받는 일이 핵심정서문제라면 "비록 남들과 다르지만 나는 내 모습을 이해해."라고 말한다. 이처럼 자신이 겪는 어려움을 긍정적인 문장으로 바꾸어 표현하고, 이를 태핑과 같이 입력함으로써 뇌가 부정적인 경험을 중립적인 경험으로 대체하도록 빠르게 프로그래밍화 할 수 있다.

위의 행동들을 반복하다 보면, 핵심정서문제를 유발하는 상황에서도 강하게 반응하지 않게 될 것이다.

경력을 새롭게 재해석한 에리카

에리카는 스물다섯 살로 몇 년 전 대학을 졸업했다. 에리카는 자신이 원하던 영화업계에 자리를 잡았지만, 신입 사원의 업무는 온통 의미 없는 일만 가득하다는 걸 알게 되었다. 게다가 특별히 좋은 대우를 받는 것도 아니었다. 회사의 문화는 이상적이라고는 할 수 없었다. 직원들은 항상 서로 뒷말을 주고받았고, 승진하려면 사내정치를 해야 했다. 에리카는 김이 빠졌고, 위로 올라가기 위한 게임을 하고 싶지 않았다. '일이란 건 원래 이런 걸까?'

에리카는 자신의 선택지를 살펴보고, 자신을 지치게 하지 않으면서 다른 사람에게 긍정적인 영향을 주는 일을 찾고 싶다고 했다. 우리는 함께 그녀의 탁월성을 확인하고 '기회 디자이너Opportunity Designer'라고 이름 붙였다. 에리카는 기회를 보고 만들어내는 데 몰두하는 사람이었기 때문이다. 영화 산업에서 에리카가 가장 좋아하는 부분은 새로운 기회를 찾는 일이었다. 에리카는 흥행 요소를 지닌 각본을 찾아 계약을 성사시키는 일을 할 때 가장 즐거움을 느꼈다.

에리카의 목적은 다른 사람이 꿈을 이루도록 돕는 것이었는데, 이는 미래 계획을 지지받지 못한다는 그녀의 핵심정서문제에서 비롯된 것이었다. 에리카의 부모님은 뉴욕으로 이사해 영화업계에서 일하는 건 '진짜' 경력이 아니라고 생각하셨다. 그녀는 지역 극단에서 일을 배울 때도, 고등학교 시절 마침내 친구들과 영화를 만들었을 때도 부모님으로부터 격려나 지원을 받지 못했다. 그 결과 에리카는 꿈을 현실로 만들기 위해 더 열심히 싸워야 했고, 절대 지지받지 못하리란 생각을 가지고 있었다. 이러한 이유로 에리카는 다른 사람의 꿈을 이해하고, 그들이 꿈을 이룰 방법을 찾도록 돕는 걸 좋아했다.

에리카의 탁월성과 목적을 파악하고 나서 나는 에리카가 더욱 다양한 일을 알아볼 수 있도록 도와주었다. 영화업계 일에 대한 그녀의 진정한 열정과, 탁월성 영역이 만나는 일을 찾는 게 중요했다.

그러한 일을 찾는 과정에서 우리는 에리카가 있는지조차 몰랐던 직업을 탐구하게 됐다. 예를 들어 대규모 판권 거래 행사에서 일하는 영화사 직원이나, 다른 회사에 팔 단편 영화를 제작하는 등의 일자리였다. 자리를 몇 군데 추린 후에는 다른 사람이 꿈을 실현하는 데 에리카가 도움을 줄 수 있는 일인지 각 자리와 회사의 영향력을 확인했다. 2가지 기준을 모두 충족하는 일자리 목록을 만들고 난 뒤, 구인 중인 특정 자리에 어떻게 그녀를 연결할 수 있을지 확인하기 위해 직무설명란을 자세히 살폈다.

마침내 에리카는 다양한 산업군의 고객사를 위해 교육용 비디오를 만드는 회사에서 일하게 되었고, 재미있는 방식으로 비디오를 감독하고 촬영하는 팀에 들어갔다. 그곳에서 에리카는 자신의 탁월성과 목적을 모두 발휘할 수 있었다. 에리카의 말이다. "심지어는 제가 만드는 제품도 좋아요. 사람들이 성공하는 데 필요한 기술을 배우도록 도움을 주는 일이잖아요. 제 영상을 보는 사람들이 꿈을 이룰 수 있도록 돕는 것 같아서 황홀해요."

나는 에리카와 자주 이야기를 나눈다. 에리카는 자신의 경력은 이제 막 시작되었지만, 출발이 좋은 느낌이라고 이야기한다. 이미 지금 회사에서 승진할 계획을 세우고 있으며, 언젠가 영화 에이전시를 소유할 날을 그리고 있다. 영화 에이전시를 세우면 그곳에서 작가와 배우들이 세상에 작품을 내놓을 수 있도록 도울 것이다. 그런 날이 오리라는 것을 나는 전혀 의심하지 않는다.

아직도 삶의 목적이 확실하지 않다면

삶의 목적을 확실히 정하지 못했다면, 영감이 될 만한 예를 몇 가지 소개한다. 다음에 나오는 삶의 목적은 흔히 겪는 핵심정서문제와 연관된 것이다. 이를 보면 자신의 목적을 찾는 데 도움이 될 것이다.

자주 발견되는 핵심정서문제와 그에 따른 삶의 목적

핵심정서문제 (과거 환경)	목적의 키워드	설명
비판적이고 부정적인 환경에서 자라남	긍정성	가능한 한 많은 상황에 긍정성을 부여할 때 성취감을 느낀다.
학교나 가정과 맞지 않다고 느낌	이상적인 환경	사람들이 잘될 수 있는 환경을 조성하는 데서 성취감을 느낀다.
기회(경제적 혹은 사회적)가 없는 환경에서 자라남	기회	다른 사람을 위한 기회를 만드는 일에서 큰 성취감을 얻는다.
혼란스러운 환경에서 자라 자신의 탁월성을 키울 수 없었음	탁월성	삶이 순조롭게 이어지고 그 속에서 탁월성을 최대로 발휘하는지 확인하며 성취감을 느낀다. 매사 원활하게 일이 이루어지도록 상황을 계속 관리하는 경향이 있다. 최종적으로는 다른 사람이 최대한 탁월성을 발휘하도록 도와주는 결과로 이어진다.
어린 시절 성취 기준이 높았지만, 원하는 바를 성취하기 위한 지원을 받지 못했던 경험이 있음	지원	사람들을 지원해 기대를 넘어서게 하는 일에서 성취감을 느낀다. 이러한 목적을 지닌 사람은 다른 사람을 지원하고, 그들이 훌륭한 일을 해내도록 돕는 걸 좋아한다.
거절당할까 두려운 마음에 자신을 숨기며 살아왔음	대담함	사람들이 본연의 모습으로 지낼 수 있도록 돕는 일에서 성취감을 느낀다.

핵심정서문제 (과거 환경)	목적의 키워드	설명
건강하지 못한 방식으로 삶이 제한되거나 그 같은 느낌을 가진 경험이 있음	자유	사람들이 자유롭다고 느끼도록 돕는 일에서 성취감을 느낀다. 누구든 자유를 느끼고, 방해받지 않으며, 원하는 대로 잘 살 수 있도록 지지하고 지원하려 한다.
가족이나 가까운 지인들에게 이해받는 게 늘 어려웠음	통제	남과 다르다 해도, 이해받는다고 느끼도록 돕는 일에서 성취감을 느낀다.
의사소통이 거의 이루어지지 않았거나 자기 말을 들어주지 않는 가정에서 자라남	경청	사람들이 목소리를 내도록 돕는 일에서 성취감을 느낀다. 마음을 열고, 제 목소리를 내거나, 전하고 싶은 메시지를 섬세하게 다듬도록 도와주는 것을 좋아한다.
남들과 다른 길에 언제나 마음이 끌렸지만, 단념했던 경험이 있음	다름	사람들이 타인의 기대와 다른 길을 가도록 돕는 일에서 성취감을 느낀다. 남들이 많이 가지 않은 길을 가려는 사람을 지원하며 몹시 즐거움을 느낀다.
부모님이나 중요한 다른 인물의 실패를 마주했던 경험이 있음	실패	사람들이 실패를 극복하도록 돕는 일에서 성취감을 느낀다. 자라는 과정에서 좋은 결정을 내리는 법과 실패를 피하는 법을 배웠다. 자신과 비슷한 어려움을 겪는 사람을 돕는 데서 의미를 찾는다.
통제당하거나, 스스로를 믿기 어려워하며 자랐거나, 부모님이 탁월성을 실현하지 못하는 모습을 보며 자라남	탁월성	사람들이 안전지대 밖으로 나가 탁월성을 실현하도록 도우며 성취감을 느낀다. 사람들이 가능성의 영역으로 들어가도록 하고, 어떤 활동이든 탁월성을 발휘하게끔 지원하는 것을 좋아한다.
소속감을 느끼지 못하고, 이 세상에서 자신의 자리가 어디인지 확인하려 애쓰며 살아왔음	소속	사람들이 각자 속한 곳에서 제 역할을 찾도록 돕는 일에서 성취감을 느낀다. 직장에서나 삶에서 빛날 수 있는 꼭 맞는 자리를 찾도록 도우면서 보람을 찾는다.
자신의 본래 모습을 가족들에게 인정받지 못했다고 느낌	인정	사람들이 인정받았다고 느끼게끔 할 때 성취감을 느낀다. 옳고 그름을 판단하려 하지 않으면서 다른 사람을 수용하려 한다.

핵심정서문제 (과거 환경)	목적의 키워드	설명
따돌림받는 느낌, 특히 수줍음이 많은 아이로 자라면서 고립되었다고 느낀 경험이 있음	포용	다른 사람이 포용받는다고 느끼도록 돕는 걸 즐긴다.
자신의 존재 및 가치가 소중하게 여겨지지 않은 가정에서 자라남, 자신의 모습이 아닌 다른 누군가의 모습이 될 것을 요구받았음	소중함	사람들이 자신의 소중함을 깨닫게끔 도우며 성취감을 느낀다. 자신의 있는 그대로의 모습을 주변인들이 소중하게 여긴다고 느끼게 하는 데서 보람을 찾는다.
유년 시절 내내 혼돈이 이어지는 생활을 해야 했음	침착함	혼란 속에서 길을 찾도록 돕는 일을 할 때 성취감을 느낀다. 성장과정에서 남다른 적응 기술과 폭풍이 몰아쳐도 침착함을 유지하는 기술을 배웠을 것이다. 이들은 침착하고 이성적인 목소리를 냄으로써 사람들이 정신없이 바쁘고, 체계적이지 않은 직장 환경을 해쳐 나갈 수 있도록 도우며 보람을 찾는다.
어린 시절 불공평함을 느꼈거나 다른 사람과 같은 기회를 얻지 못했음	공정함	(조직이나 단체의)공정성을 높이는 일에서 성취감을 느낀다. 타인을 공정하게 대하고, 다른 사람의 공정한 처우를 위해 싸우며 의미를 찾는다. 뿐만 아니라 이는 그 자신이 살아가는 근본 방식이기도 하다.
자신의 필요가 우선시 되지 않아서 고통을 느낀 경험이 있음	우선순위 선정	누군가의 필요와 욕구가 우선시 되도록 돕는 일에서 성취감을 느낀다. 필요와 욕구가 밀려나지 않고 우선되고 있음을 느끼도록 하는 데서 보람을 찾는다.
보이지 않는 존재가 된 듯한 느낌이 들 때 고통스러웠던 경험이 있음	돋보임	개인이나 단체가 두각을 드러내도록 돕는 일에서 성취감을 느낀다. 다른 사람이 목소리를 내고 생각하는 바를 말하도록 돕는 것을 좋아한다.

분명한 삶의 목적을 지닌 하워드 슐츠

스타벅스 이사회 의장이자 CEO인 하워드 슐츠는 ≪스타벅스 : 커피 한 잔에 담긴 성공 신화 How Starbucks Built a Company One Cup at a Time /김영사, 2022≫라는 책을 통해 뉴욕 브루클린 카나르시에서 노동자 계층의 유대인 가정에서 자랐다고 밝혔다. 어머니 일레인은 슐츠와 형제들을 돌보았고, 아버지 프레드는 트럭 운전사, 공장 노동자, 택시 운전기사 등 노동직을 전전했다. 1961년 슐츠가 7세였을 때 아버지의 발목이 부러지는 사고가 있었다. 당시 아버지 프레드에게는 건강 보험이 없었고, 직원 보상 혜택도 받지 못했다. 가족은 소득 없이 지낼 수밖에 없었다. 책에서 슐츠는 다리에 깁스를 한 아버지가 소파에 누워 있던 모습이 어떻게 보였는지 아직도 기억난다고 썼다.

슐츠가 직업적으로 엄청난 성공을 거둔 데는 어느 정도 아버지의 영향이 있었다. 아버지는 수년 후 돌아가셨고, 슐츠가 썼던 것처럼 "의미 깊은 일을 하며 직장에서 성취감과 존엄성을 느끼는 경험을 결코 하지 못하신 분"이었다. 내가 보기엔 슐츠의 핵심정서문제는 가족이 고생하는 모습인 것 같다. 특히 건강 문제와 관련해서 말이다. 스타벅스에서 일하는 내내 슐츠의 첫 번째 우선순위는 직원들의 안녕이었다. 슐츠의 리더십 아래 스타벅스는 초기부터 모든 직원(시간제 근로자 포함)에게 건강 보험을 공평하게 제공했다. 1988년 이 정책을 처음 내놓으며 스타벅스는 미국에서 시간제 근로자에게 건강 보험을 제공하는 최초의 소매유통 회사가 되었다.

스타벅스는 회사 홈페이지에 사업의 목적을 "맛있는 커피를 나누고, 세상을 조금 더 나은 곳으로 만드는 것"이라고 적고 있다. 스타벅스의 사명인

"한 번에 한 사람, 한 잔, 한 명의 이웃이 지닌 영혼에 영감을 불어넣고 보살핌을 제공한다.To inspire and nurture the human spirit—one person, one cup and one neighborhood at a time."와도 잘 맞는 표현이다.

슐츠를 만나본 적은 없지만, 그가 직원과 고객에게 영향을 미치기 위해 자기 삶의 목적을 활용하는 건 틀림없다고 생각한다. 건강 보험이나 자녀를 기를 만한 직업을 가지지 못했던 부모님의 고통과 부담을 경험해 보았기 때문에, 자신의 직원들에게 정반대의 상황을 만드는 일이 그에게 끝없는 성취감을 주었을 것이다. 슐츠가 지닌 강력한 동기는 삶의 목적을 성취하는 일과 연관되어 있고, 스타벅스가 그토록 성공하게 된 중요 이유이기도 하다.

CHAPTER 5

자신이 이루고 싶은 성취를 파악하기

ACTION PLAN

삶의 목적을 얼마나 자주 적용하는지 평가함으로써 자신의 영향력을 측정하세요.

동기에는 2가지 종류가 있다. 내재적 동기와 외재적 동기가 그것이다.

내재적 동기는 어떤 일이 그 자체로 보람 있어 열중하게 되는 것이다. 예를 들자면, 자신의 탁월성과 맞는 업무라서 프로젝트 진행을 맡겠다고 자원하는 경우를 들 수 있다. 또는 어려운 개념이 있는데 자신에게는 흥미로운 내용이라, 동료들이 이해할 수 있도록 자료를 만드는 것도 내재적 동기에 해당된다. 지금 하고 있는 업무가 좋아서 승진하고 싶은 것 역시 마찬가지다.

이와 달리 외재적 동기는 단지 보상을 얻거나, 반대로 처벌을 피하기 위한 이유로 어떤 활동을 해야 할 때 나타난다. 예를 들어, 상사를 기쁘게 하기 위해서 프로젝트를 완수하는 경우, 보너스가 걸려 있어서 정해진 시간 안에 마무리하려고 애쓰는 경우, 월급이 많아지니까 승진하려 하는 경우 등이 해당된다.

구글에서 일할 당시 나는 내재적 동기가 전혀 없어서 고통스러웠고, 상사와 나 자신 모두에게 내 가치를 증명하려 애썼다. 맡은 업무에서 의욕을 느끼지 못할 때는 의지력을 발휘하는 수밖에 방법이 없다. 안타깝게도 대부분의 직장인이 이렇게 살아간다. 아침이면 억지로 일어나서 겨우 침대 밖으로 나가 샤워를 하고, 그저 출근하기 위해 차에 오른다. 이런 생활 방식은 스트레스와 불안을 일으키고 그러다 보면 흔히 번아웃이 나타난다. 일이란 게, 직장 생활이란 게 원래 그런 것 아니냐고? 다시 말하건대 틀린 생각이다. 선택권이 있다면 그 누구라도 긍정적이고, 성취감을 느끼며, 성장할 수 있는 환경에서 일하고 싶지 않겠는가?

앞장에서 업무와 삶의 목적을 연관 짓는 방법에 대해 말했는데, 이와 관련된 움직임이 실제로 존재한다. 오늘날 미국의 노동력 다수를 차지하는 밀레니얼 세대에서 특히 그런 경향이 두드러진다. 엔소Enso에서 발표하는 세계가치지수World Value Index에 따르면 밀레니얼 세대의 68퍼센트가 "세상에 변화를 불러오는 건 자신이 적극적으로 추구하는 개인적 목표"라고 응답했다. 또한, 밀레니얼 세대는 물질보다 경험을 중시한다고 알려져 있다. 그러니 물질적 이득보다 삶의 목적과 영향력에 더 초점을 맞추는 것도 전혀 놀랍지 않다.

목적 및 그에 따라 발휘하는 영향력은 우리의 삶에 훌륭한 연료가 된다. 아침에 저절로 일어나게 하고, 맡은 일에 끝없는 의욕과 에너지를 준다. 그랜트 교수가 증명한 것처럼, 자신이 발휘하는 영향력을 인지하게 되면 좋은 성과를 낼 수 있을 것이다. 스스로 의미 있다고 생각하는 일에 영향력을 발휘함을 알게 되면 업무성과가 좋아질 뿐 아니라, 삶의 목적을 달성해 나가는 데서 내재적 동기를 부여받게 된다.

목적을 실제 삶에 얼마나 접목하고 있는가

삶의 목적이 무엇인지, 그리고 사람들에게 어떤 영향을 주고 싶은지 분명히 정했다면 일에 적용할 방법을 가늠해볼 수 있다.

1단계 자신의 목적이 회사나 조직의 목적과 맞는지 알아본다

이를 알아보는 하나의 방법은 회사나 조직의 사명과 가치 선언문을 찾아보는 것이다. 고객에게 발휘하고 싶은 영향력을 어떻게 표현하거나 소통하고 있는가?

2단계 자신의 목적과 회사의 사명을 맞출 수 있는지 본다

맞출 수 있다면 그 회사에는 우리에게 내재적 동기를 제공할 측면이 있을 가능성이 크다. 새로운 회사에 면접을 본다면, 이 회사의 일상 업무가 사명을 반영해서 이루어지는지 알아볼 수 있도록 면접관에게 구체적인 예를 말해 달라고 부탁해 보자. 안타깝게도 사명과 가치 선언문이 겉치레에 불과한 회사가 많다. 일하고자 하는 회사가 말뿐 아니라 행동으로 사명을 지키며 운영되는 곳인지 확인해야 한다.

최고의 인재를 유치하기 위해서는 회사의 사명과 존재 목적을 분명히 해야 한다는 걸 기업들도 서서히 깨닫고 있다. 회사의 가치와 동기를 투명하게 알면 자기에게 맞는 회사를 고르기 쉽고, 미래를 가장 앞서 생각하는 회사에 자신의 목적을 맞출 수 있다. 이것만으로 직장에서의 행복을 보장할 수는 없지만, 회사가 지닌 영향력을 알고 사명에 개인적인 연결 고리를 만들 수 있을지 정도는 확인 가능하다.

예를 들어 마이크로소프트의 사명은 "지구 상의 모든 사람과 조직이 더 많이 성취할 수 있도록 힘을 싣는다."이다. 2014년 사티아 나델라 CEO가 취임했을 때 제일 먼저 초점을 맞춘 일이 사명을 새로 만드는 것이었다. 2015년 6월 나델라 CEO는 전사에 이메일을 보내 새로운 사명의 중요성을 강조했다. "오늘 저는 우리의 사명, 세계관, 전략과 문화 사이의 전반적인 맥락과 결합 내용에 관해 더 자세한 이야기를 나누고 싶습니다… 우리의 사명은 지구 상의 모든 사람과 조직이 더 많이 성취할 수 있도록 힘을 싣는 것입니다. 이는 야심 찬 임무이며 고객들이 우리 회사에 쏟는 깊은 관심의 핵심에 있습니다."

마이크로소프트의 사명 선언문에서 내가 좋아하는 부분은, 무엇이 마이크로소프트를 움직이는지 나델라 CEO가 분명하게 밝히고 있다는 점이다. 이 같은 매우 효과적인 사명은 앞장에서 소개했던 개인의 여러 목적과 맞춰 조정할 수 있다.

자신의 영향력을 최대한 발휘하고 있는가

아직도 삶의 목적이란 그저 있으면 좋은 것일 뿐, 커리어 계발에 꼭 필요한 부분은 아니라고 여기는가? 목적과 그에 따라 발휘되는 영향력 사이의 관계를 알면 내재적 동기를 얻을 수 있다. 자기 일에 끝없는 의욕을 느끼게 되면, 생각지 않았던 수준의 성취를 이뤄낼 힘이 솟는다. 이러한 점을 염두에 두고, 다음 3가지 방법을 통해 조직 내에서 현재 자신의 영향력을 측정해 보자.

함께 일하는 사람을 자세히 살펴 자신의 영향력을 측정한다　　어떤 일을 하는지에 따라 함께 일하는 사람은 동료일 수도, 직속 부하일 수도(부하 직원이 있다면), 아니면 고객일 수도 있다. 성과 추적기를 이용해 자신이 주변 사람들에게 영향을 미치는 방식을 전부 확인해 본다. 매주 함께 일하는 사람에게 대응할 때 나타나는 패턴을 찾아보라. 나는 회사에 긍정적인 변화를 가져오는 일관적인 영향력을 발휘하는가? 내 영향으로 주변 사람들이 반응하거나 행동을 바꾸는가?

가끔은 다른 사람에게 주는 영향을 본인이 얼마나 모르고 있는지 놀라울 정도이다. 나의 지인 중에는 회사를 그만둘 때까지 자기의 영향력이 얼마나 컸는지 깨닫지 못한 경우도 있었다. 그의 목적은 사람들이 협력하고 함께 일하도록 돕는 것이었다. 지인에게는 몹시 의미 있는 일이었기에 그는 사람들이 협력하고 함께 일하도록 항상 도왔다. 자기 팀의 모든 직원이 효과적으로 일하는지 반드시 확인했고, 다른 팀에서도 갈등이 일어나면 해결을 위해 종종 친구에게 도움을 청했다. 이 친구가 다른 사람에게 긍정적인 영향을 준다는 걸 누구나 명백히 알았지만, 정작 본인은 자기가 조직에 얼마나 많은 변화를 가져왔는지 알지 못했다. 친구가 사업을 시작하려고 회사를 그만둘 때 동료들로부터 수십 통의 이메일을 받았다. 모두 그와 일하는 게 얼마나 즐거웠는지, 그의 영향력을 얼마나 강하게 느꼈는지 이야기했다. 그 순간 지인은 목적을 이룬 느낌이 강하게 밀려오는 걸 느꼈다.

그가 자신의 영향력을 더 빨리 알아차렸으면 어땠을지 상상해 보라. 그런 성취감을 매일 느낄 수 있었을 것이다. 그래서 자신의 목적을 확인하고 이를 이용해 가시적인 영향력을 발휘하는지 항상 확인하는 일이 중요하다.

성과 추적기를 활용해 성취감이 드는 순간을 기록한다　　업무를 하다 활력이 솟고 신난다는 걸 알아차리면 잠시 멈춰 그 순간에 발휘한 영향력을 분석해본다. 자신에게 깊이 다가오는 영향력은 무엇인가?

탁월성 영역을 최대로 넓히기 위한 전략

❶ 현재 직장에서 나의 탁월성을 이용하며, 목적과 이어진 영향력을 발휘할 수 있는가?

❷ 어떤 프로젝트나 업무 주력 분야가 자신의 탁월성과 조화를 이룬다고 생각하는가?

❸ 현재 맡은 일의 주요 목표는 무엇인가? 회사의 이번 분기 그리고 올해의 목표는 무엇인가?

❹ 자신의 탁월성과 회사 혹은 팀의 목표를 어떻게 연결할 수 있나?

❺ 우리 회사의 사명은 무엇인가?

❻ 회사의 사명과 나의 목적은 어떻게 연결되어 있는가? 회사의 사명과 자신의 목적을 잇는 개인 사명 선언문을 적어 보자.

영향력을 발휘해 팀의 성과를 높인 헤일리

헤일리는 35세에 불과한 나이로 유명 인터넷 회사의 최연소 영업담당 부사장에 올랐다. 그녀는 자신의 일을 좋아하지만 요즘은 좀처럼 의욕이 나지 않는다며, 몇 명의 직원을 지목했다. 그들은 헤일리의 사업부 내 다른 팀과 비교하면 새로운 영업 활동을 전개하는 속도가 뒤처졌다. 헤일리는 자신의 강점이 직원 관리 능력이라고 생각하는 야심 찬 사람이었기 때문에 이러한 상황이 특히 불만스러웠다. 헤일리가 느끼는 문제의 원인은 정말 직원들에 있었을까? 우리는 그녀의 어린 시절부터 시작해 핵심정서문제를 찾아가기 시작했다.

어렸을 때 헤일리는 학교 공부에 어려움을 겪었다. 정식으로 진단받은 적은 한 번도 없었지만, 그녀는 자신에게 학습 장애가 있었다고 생각한다. 열심히 공부해도 숙제에 필요한 정보를 이해하는 게 늘 어려웠기 때문이다. 그러다 보니 시험을 잘 보지 못했고, 성적은 언제나 C+였다. 정보를 완전히 이해하는 능력이 부족하다는 생각이 그녀의 핵심정서문제였다.

나는 헤일리와 같은 핵심정서문제를 지닌 고객을 많이 만난다. 이들은 학창 시절에 성적이 좋지 않았고, 지금 성공하지 못하는 건 자신이 똑똑하거나 가치 있는 사람이 아니어서라고 생각한다. 어린 시절 잘한다는 소리를 듣지 못하고 자라면, 이후 평생 자신의 능력을 인식하는 데 영향을 받을 수 있다.

헤일리의 경우에는 학습의 어려움을 쾌활한 성격과 매우 효율적이고 강건한 노동 윤리를 발전시키는 것으로 대신했다. 그녀는 빠르고 효과적으로 업무를 처리하는 데 골몰했으며, 그러한 속도가 자신을 돋보이게 한다고 여겼다. 그러나 직원들은 헤일리의 업무 처리 속도를 따라잡을 수 없다고 호소했다. 실상 그녀는 때로 직원들에게 프로젝트의 범위를 충분히 설명하지 않았고, 결과를 충분히 고려하지 않은 채 결정을 내려 직원들을 혼란에 빠뜨리기도 했다. 한편, 헤일리의 탁월성은 틀에서 벗어나 생각하는 능력이었고, 이를 바탕으로 기존 프로젝트를 맡아 더 좋은 결과를 만들어냈다. 우리는 헤일리의 탁월성을 '개선 전략가'라고 부르기로 했다. 그녀는 사람들이 무언가를 이해하도록 도울 때 가장 보람을 느낀다고 말했다. 나는 헤일리에게 삶의 목적을 더 잘 알고 있으면 직장에서 경험하는 성취감도 커질 것이라고 설명하며, 성과 추적기를 사용해 업무에 탁월성과 목적을 얼마나 자주 이용하는지 기록해 달라고 요청했다. 몇 주 만에 헤일리는 업무 처리 속도를 늦추는 것이 팀원들에게 도움이 된다는 걸 알게 되었다. 그녀는 별도로 시간을 들여 부사장으로서 자신이 접근할 수 있는 정보를 팀원들에게 업데이트해 주었고, 자신이 팀원들에게 기대하는 바를 확실히 전했다.

이 과정에서 헤일리는 자기의 행동이 자기에게 가장 의미 있는 영향력을 발휘하는 데 종종 방해가 된다는 걸 알았다. 깨달음의 순간이었다. 빠른 속도로 일을 처리하는 헤일리의 업무 스타일은 알터에서 목적을 사용할 수 없게 만들었다. 헤일리가 완전한 성취 경험을 할 수 없도록 막고 있던 건 그녀의 업무 처리 속도였음이 분명해졌다.

헤일리는 그 후 몇 개월 동안 성과 추적기를 부지런히 작성했고, 덕분에 탁월성 습관을 빨리 만들어 고수할 수 있었다. 이제는 거의 무의식적으로 자신의 영향력을 추적하며, 덕분에 직장 생활이 더 만족스러워졌다고 말한다. 게다가 마음 챙김도 완전히 받아들여 자기 자신을 더 자주 살피게 되었다. 그래서 업무 처리 속도가 너무 빠르다는 걸 알아차리면 의도적으로 속도를 낮춘다.

탁월성 영역으로 진입하기 : 탁월성과 영향력 합치기

누구나 탁월성 영역에 들어갈 수 있다. 그리고 약속하건대 그 영역에 들어가면 일이 아주 즐거워질 것이다. 이상적인 시나리오대로라면 탁월성(잠재력)과 목적, 양쪽 모두를 업무에 적용해야 한다. 퍼즐 맞추기처럼 말이다. 탁월성을 사용할 수 있는 일을 전략적으로 만들고, 그 후 업무에 목적이 반영되는지 확인하기 위해 영향력을 추적 관찰해야 한다.

이러한 모습을 나는 다음과 같이 즐겨 묘사한다. '업무에 머리와 가슴, 양쪽 모두를 사용할 때 우리는 탁월성 영역에 있다.' 탁월성은 업무를 하는 데 필요한 지적인 도전과 두뇌력에서 나오며, 목적은 우리의 영혼을 채워주는 영향력을 발휘하게 한다. 탁월성 영역 안에서 일하면 성취감이 차오른다. 보람과 의미가 충만한 영향력을 발휘함에 따라, 더욱 강력하게 자신의 일을 소명이라고 느끼게 된다.

일단 탁월성 영역에 들어간 고객들은 멈출 수 없다는 느낌을 받았다고 묘사한다. 또한, 기대하는 것보다 더 빨리 커리어 비전career vision을 달성한다. 일 때문에 진이 빠지는 느낌이 사라지고, 일할 때 활기가 넘치고 신나며, 더 재미있게 일할 새로운 기회를 계속 만든다. 일하는 게 정말 좋아지며, 깊은 성취를 느낀다.

일하는 시간의 전부를 탁월성 영역에서 보내는 건 불가능하지만, 의식적이고 능동적인 노력을 기울여 일상에서 탁월성 영역을 자주 활용할 수는 있다. 이것을 목표로 삼자. 성과 추적기를 이용하면 자신에게 맞는 기회를 적극적으로 만들고 있는지 확인할 수 있을 것이다. 기회를 적극적으로 만들지 못하고 있다면 빨리 노선을 수정하도록 하자.

나는 일주일 노동 시간의 70퍼센트는 탁월성 영역에 맞춘 업무를 하며 지내려고 노력한다. 나머지 30퍼센트는 해야 하는 업무를 하며 보낸다. 지적으로 도전의식을 불러일으키거나 영향력을 발휘하는 일은 아니지만, 해야만 하는 일들이 있다. 내 경우에 탁월성 영역에 포함되지 않는 일은, 글을 편집하거나 사업 회계 처리를 하는 것처럼 사소한 부분까지 세밀하게 살펴야 하는 일이다. 못할 일도 아니고 해야 하는 일이라는 것도 알지만, 탁월성의 강점을 사용하거나 목적에 맞춰 할 수 있는 종류는 아니다.

다음 단계로 올라서고 싶다면

나를 찾아왔던 무렵, 앰버는 하는 일에 애증을 느끼고 있었다. 그녀는 마케팅 전략 컨설팅 회사에서 일했고, 함께 일하는 동료들이 마음에 들었다. 하는 일도 좋아했지만, 종종 불만을 느낄 때가 있었다. 고객으로부터 의뢰가 들어올 때마다 CEO는 본인이 잘 맞는다고 생각하는 팀원에게 프로젝트를 맡겼다. 새 프로젝트를 맡고 싶은지, 맡을 여력이 있는지 물어보지도 않은 채 말이다. 앰버는 일에서 얻는 성취감이 낮다고 느꼈고, 일에서 성취감을 더 많이 느낄 수 있고, 느껴야 한다고 생각했다. 다만 어디서부터 고쳐야 할지 모를 뿐이었다.

우리는 앰버의 탁월성을 '혁신 프로세스 전략가Innovative Process Strategist'로 파악했다. 앰버에게 이상적인 생각 방식은 구조적인 프로세스를 만들어 여러 복잡한 문제를 해결하는 것이었다. 예를 들어 앰버는 자청해서 회사 고객의 현황을 추적하는 시스템을 만들었다. 그 일이 재미있었기 때문이었다. 또한, 잠재 고객을 겨냥하기 위해 데이터 분석을 이용하는 특정 마케팅 프로세스를 만들기도 했다. 그녀는 이처럼 운영 중인 전체 사업의 방식을 개선하는 프로세스를 만들 때 순수한 기쁨을 느꼈다.

앰버의 목적은 개인과 기업이 그들의 진정한 탁월성을 인식하도록 돕는 것이었다. 핵심정서문제는 자신이 충분하지 않은 사람이라고 느끼는 것, 그리고 있는 그대로의 모습을 보이지 못하는 것이었다. 앰버의 이야기에 따르면 앰버의 가족은 아직도 그녀가 옷 입는 방식, 생김새, 행동거지를 재단했다. 개성을 표현하려 하면 불편해했고, 계속 남들과 맞추라고 요구했다. 이런 가정에서 앰버는 자신이 불충분한 사람이라고 느꼈다. 그 결과 사람들이 스스로 자기 모습을 있는 그대로 보도록 도울 때 가장 성취감을 느끼게 된 것이었다.

자신의 이러한 면을 알게 되자 앰버는 자유로워지는 기분이 들었다. 자기가 어떤 사람인지 이제 분명해진 것 같았을 뿐 아니라, 이런 느낌이 직장에서 자신의 성과에 어떻게 영향을 줄 수 있는지, 그 가치를 알게 되었다.

앰버는 자신의 고객이 자기 탁월성을 완전히 알 수 있도록 도움을 주려 노력하기 시작했다.

또한, 나는 너무 많은 업무를 하고 있는 앰버의 상황을 개선하려 도왔다. (앰버네 회사의 CEO는 비단 그녀뿐 아니라 여러 직원을 그런 식으로 대했지만)앰버는 유독 자기 생각을 말하기 힘들어했다. 부탁을 받은 일을 거절하지 못하는 경향이 있었던 것이다. 자기에게 돌아오는 모든 업무를 맡다 보니 지겹거나 자기 강점을 살릴 수 없는 일도 자주 해야 했다. 그러던 앰버가, 자신의 탁월성과 목적에 대해 알게 되자마자 그에 맞지 않는 일을 부드럽게 거절하기 시작했다. 자신이 어떤 종류의 일을 가장 효과적으로 하는지 생각을 많이 했기 때문에 특정 프로젝트는 다른 팀원에게 맡기는 편이 좋은 이유를 설명할 수 있었다. 그 결과 CEO는 앰버에게 가능한 제일 좋은 방식으로 도전의식을 불러일으키는 프로젝트를 맡길 수 있었다. 그리고 얼마 지나지 않아 앰버의 성과가 이를 증명해 주었다.

앰버는 거기서 멈추지 않았다. 앰버는 탁월성 영역을 확인하고 몇 달만에 직접 마케팅 컨설팅 회사를 세우겠다고 결심했다. 그리고 인생과 경력의 비전을 다시 적은 뒤, 이를 이뤄 나가기 시작했다. 앰버는 기업가가 되었고, 즐겁게 자기 회사를 운영하다가 고객 한 명이 전일제 일자리를 제안했을 때 이를 수락하면서 사업을 정리했다. 그녀가 최근에 해준 이야기에 따르면, 새로 맡은 일은 자신이 원했던 모든 걸 갖추고 있으며, 여기서 더 높은 경력 목표를 다시 그리고 있다고 한다. 내가 아는 앰버라면 아마 자신이 생각하는 것보다도 더 빨리 새로운 목표를 이루게 될 것이다.

누구나 목적과 영향력을 경험할 수 있다

'당신의 열정을 찾아라'라는 내용을 담은 인스타그램 게시물과 트윗들이 우리 곁에 넘쳐난다. 성공한 유명인이 페이스북에 공유하거나 아니면 누군가가 책상 위에 놓아둔 액자 속에서 이런 인용 글귀를 몇 번이나 봤는지 알 수 없을 정도이다. 하지만 그런 글귀를 공유하거나 전시해 둔 사람도 솔직히 말해 그런 조언을 자기 인생에 어떻게 적용해야 할지 모른다. 이번 장에서 의도하는 바는 우리에게 목적이 중요하다는 걸 알리고, 목적을 실행할 도구를 소개하는 것이다.

오프라 윈프리의 유명한 명언을 되새겨보자. "누구에게나 소명이 있다. 삶에서 진짜 해야 할 일은 자기 소명이 무엇인지, 자신이 어떤 사람이 되어야 하는지 알아내고, 자신을 위해 가능한 제일 좋은 방법으로 이를 행하는 것이다." 우리 모두 오프라 윈프리가 경험한 특출한 사회적 성공과 명예를 손에 넣으리라 기대할 수는 없겠지만(그런 성공을 원하지 않는 사람도 많다.), 탁월성과 목적에 맞는 삶을 살수록 인생과 경력에서 나만의 비전에 맞는 성공을 경험할 가능성이 커진다.

나의 목적과 영향력을 생각해 보기

이제 핵심정서문제를 포함해 자기 자신에 관한 흥미로운 통찰력을 얻었을 것이다. 그러한 통찰력이 자신의 업무에 어떤 영향을 주고 있는지 확인할 차례다. 나아가 그보다 더 중요한 것은, 목적과 더불어 일함으로써 다른 사람들에게 진짜 영향력을 발휘하고 있는지 여부를 확인하는 것이다. 다음은 생각해 봐야 할 몇 가지 질문이다.

- 지금까지 살면서 사람들에게 어떤 영향을 주었나? 그에 관해 어떻게 느끼는가?
- 당신은 삶의 목적을 알게 되었다. 목적을 이용하여 매일의 일상에서 성취감을 더 많이 느끼는 방법은 무엇일까?
- 성취감을 얻는 일을 우선순위로 삼을 준비가 되었는가?

앞으로 이 책의 뒷부분에서는 탁월성과 목적을 완전히 활용하고 최고의 업무 경험을 얻기 위해 반드시 길러야 할 3가지 행동, 즉 기쁨, 마음 챙김, 인내에 관해 이야기할 것이다. 어떤 천재성과 목적을 지녔든 남다른 수준의 성공을 거두려면 이 3가지를 반드시 몸에 익혀야 한다.

PART 3
기 쁨

어떻게
일터에서
즐거움을
느낄 것인가

CHAPTER 6

성취와 행복을
동일시하지 말라

"당신은 성취중독자인가요?"

ACTION PLAN
일의 결과가 아니라 과정에 초점을 맞추세요.

현재 우리의 교육체제는 기업문화와 맞지 않다. 목표를 성취하는 법은 물론이고, 스스로 동기를 부여하거나 내적 동인內的 動因을 활용하는 법을 가르쳐주지 않기 때문이다. 우리가 학교에서 배운 것을 돌이켜보라. 무엇을 능동적으로 하기보다는 무엇을 해야 할지 가르쳐줄 때까지 기다린다. 그저 숟가락으로 떠먹여 주는 정보를 재활용한다. 이런 방식의 교육이 과거에는 문제가 되지 않았다. 기업이 교육 체제를 가지고 있었기 때문이다. 어느 회사의 직원이 되면 무슨 일을 해야 하는지 배우고, 업무를 배울 때에도 선배의 가르침을 받았다. 그렇게 지도를 따르는 식으로 일하다 보면 한 단계씩 승진할 수 있고, 오래 버티면 최고의 자리까지 갈 수도 있었다.

그러나 요즘같이 빠르게 움직이는 경쟁 시장에서는 틀에 박힌 사고나 전통적인 행동방식으로는 성공할 수 없다. 현재 노동시장에서 요구되는 문제 해결력, 기민한 주도성, 능동적인 성과관리와 경력관리 등은 기존 교육 체제에서는 제공하지 못하는 것들이다. 그저 '시키는 대로 열심히 일하다 보면 승진한다'라는 건 과거형이 되었다. 승진과 성공을 원한다면, 반드시 자기 자신에게 맞는 동기와 추진력을 부여해야 한다. 나만의 탁월성과 목적에 부합하는 일을 능동적으로 찾아, 스스로 즐거움과 성취감을 만들어 내야 한다. 내가 원하는 삶과 커리어는 오직 나 자신만이 창조할 수 있는 것이다.

성취감의 수준을 높여라

성취감에는 2가지 종류가 있다. 결과에서 만족을 얻는 성취감과 과정에서 만족을 얻는 성취감이 그것이다. 전자는 '승리감'과 동일하다. 승리는 언제나 신나지만, 순간의 기쁨 그 이상도 그 이하도 아니다. 어제의 승리 덕분에 의욕이 솟아나는 것은 단 며칠 정도에 불과하다. 승리로 인한 희열이 사라지고 나면, 다시 그런 희열을 맛보기 위해 다른 목표를 찾게 된다. 반대로 일의 과정을 즐기는 데 초점을 맞추면 매일의 경험에서 더 많은 것을 얻을 수 있으며, 맡은 일에서 더 큰 성취감을 느낄 수 있다.

과정을 즐기는 경지에 오르는 비결은 무엇일까? 바로 탁월성 영역에서 일하는 것이다. 우리가 일반적으로 경험하는 수준을 초월한 성공, 기대를 크게 넘어서는 결과를 안겨주는 곳이 바로 '탁월성 영역'이다.

탁월성 영역을 가장 잘 활용하는 유명인으로는 워런 버핏이 있다. 그는 탁월성 영역 안에서 일하는 사람의 전형이다. 버크셔 해서웨이Berkshire Hathaway를 운영하는 그는 자신의 일을 너무나 좋아하는 나머지 "출근길에 탭댄스를 춘다."라고 할 정도다. 90대에 들어섰음에도 은퇴할 기미는 보이지 않는다. 엄청난 부를 축적했음에도 소비에 관심을 두지 않는다는 사실은 그가 일하는 과정 자체를 즐긴다는 명백한 증거이다. HBO의 다큐멘터리 〈워런 버핏이 된다는 것Becoming Warren Buffett〉을 보면 버핏이 그 자신의 탁월성에 딱 들어맞는 사업을 구축했다는 걸 알 수 있다. 그는 '복리'라는 개념에 집착하는데, 이로 미뤄 보아 '성장 기회를 만드는 일과 관련된 탁월성'을 가졌으리라 짐작된다. 그는 투자를 받아 가능한 한 빨리 원금을 불리는 일에 도전의식을 느끼고, 복리는 이를 위해 그가 사용하는 도구 중 하나이다.

자신의 탁월성을 알고 이를 활용해 믿을 수 없을 정도의 성공을 거둔 유명인의 또 다른 예로, 영화평론가 로저 에버트Roger Joseph Ebert를 들 수 있다. 에버트의 활동을 담은 다큐멘터리 〈인생 그 자체Life Itself〉에서 그는 암 투병 중에도 글을 쓸 때면 몰입할 수 있었다고 말한다. "글을 쓸 때면 내가 겪는 문제들이 눈앞에서 사라지고, 언제나 그랬던 것처럼 예전의 나와 같은 사람이 됩니다. 모든 게 좋죠. 글을 쓸 때에 진정한 제 모습이 됩니다." 그는 뛰어난 성취를 수없이 이루었지만, 그 같은 결과물은 글 쓰는 과정을 좋아하는 마음에 비교할 바가 못 된다. 에버트는 역사상 최고의 영화평론가가 되었지만, 그는 그저 자기가 좋아하는 일, 자기가 잘하는 일을 했던 것뿐이었다.

자신의 탁월성을 활용하고, 일의 과정을 즐겨야만 탁월성을 최대한 발휘할 수 있다. 성취감을 좇되, 성취중독자의 함정에 빠져서는 안 된다. 그러면 일시적인 승리만을 위해 살게 된다. 핵심은 성취만을 추구하는 마음과 탁월성 영역 안에서 일할 때 얻는 기쁨 및 도전의식을 정확히 구별해 내는 데 있다.

성취중독

성취중독자들은 성취하는 행위 그 자체에서 기쁨을 느낀다. 성취의 순간 느끼는 기쁨을 만끽하기 위해 (계약 성사, 승진, 투자 성공 등)자신을 한계까지 밀어붙이며 일하는 경향이 있다. 추구하는 목표에 따라 몇 주, 몇 달, 심지어는 몇 년 동안 보상을 받지 못해도 최종 성취의 기쁨을 위해 아껴

둔다는 생각으로 버틴다. 그러나 이것은 일에서 진짜 기쁨을 누리는 방식이 아니며, (통념과 달리) 성공으로 가는 길도 아니다.

물론 큰 부를 쌓고 크게 성공한 성취중독자들도 있다. 하지만 과정을 즐기지 못하면서 큰 성취를 이루려다 보면 엄청난 스트레스를 받게 되기 마련이다. 그 결과 건강, 인간관계 등 일을 제외한 삶의 다른 측면을 희생하게 된다. 우리 인생에는 일 외에도 중요한 것들이 많다. 그중 일부를 포기하면서도, 참고 버티고 노력하며 목표(큰 부)를 달성하는 게 과연 그만한 가치가 있는 일일까? 무엇보다도 '오로지 돈을 버는 것이 목적'이라고 생각하고 거기에서만 성취감을 얻는다면, 그는 정말로 동기부여에 관해 제대로 이해하고 있는 것일까?

심리학자 알피 콘은 잡지 〈하버드 비즈니스 리뷰Harvard Business Review〉에 다음과 같이 썼다.

"심리학자들이 외재적 동기부여 요인 중 하나로 보는 인센티브는 우리 행동의 기저를 이루는 태도를 바꾸지 못한다. 인센티브로는 어떠한 가치나 행동에 지속하는 노력을 기울이게 할 수 없다. 그보다는 단순히(그리고 일시적으로) 우리가 하는 행동을 바꿀 뿐이다. 생산성과 관련해 지난 30년간 적어도 24개의 연구에서 나타난 결론에 따르면, 과제를 마무리하거나 성공적으로 해냈다는 이유로 보상을 기대한 사람은 보상을 전혀 기대하지 않았던 사람만큼의 성과를 내지 못했다."

이러한 결론이 놀랍게 느껴질지 모른다. 직장인에게 가장 분명한 외재적 보상은 '돈'이다. 그래서 돈으로 직원에게 동기를 부여하려는 기업이 많다. 뛰어난 인재를 찾는 회사들은 끝없이 혜택이라는 당근을 흔들고, 실리콘밸리에 있는 회사들은 직원들을 위한 무료 혜택을 넘치도록 제공한다. 구글에서 일할 때 나 역시 그런 혜택을 받았고, 그 덕분에 회사를 좀 더 오래 다닐 수 있었다. 그러나 '그것이 과연 최고의 성과를 내도록 만들었을까?'라고 묻는다면, 전혀 그렇지 않았다. 이것이 바로 외재적 보상의 문제점이다. 외재적 보상은 우리의 마음을 끌지만, 동기를 부여해 주진 않는다.

다니엘 핑크는 〈타임〉지와의 인터뷰에서 이렇게 말했다.

"보상은 사람들에게 더 많은 보상을 원하게 만들 뿐입니다. 보상이 사라지면 멈추게 되죠. 반복적인 노동이 아니라, 창의적이나 분석적인 일을 하는 경우 보상은 사실 역효과를 낳습니다."

성취중독자는 외재적 보상을 얻는 순간의 활기찬 느낌에서 행복을 찾는다. 성취에서 행복을 느끼면, 성취하기 위해 계속해서 애쓰는 수밖에 없다. 그러다 보면 금방 지치게 되고 일을 지속하기가 어렵다.

성취중독자를 만나 보면 대부분이 자기 일을 좋아한다고 말한다. 그러나 대화를 이어나가다 보면 다음과 같은 사실을 알 수 있다. 그들이 정말 좋아하는 것은 일 자체가 아니라, 목표를 쟁취하는 행위다! 이들은 자신의 탁월성과 목적은 물론이고, 일의 과정 또한 고려하지 않는다. 이것이 성공한 사람 중 번아웃에 시달리거나 잠을 이루지 못하는 사람이 많은 이유다. 일하는 과정을 즐기지 않으면 오로지 의지력만으로 앞으로 나아가야 하는데, 그러다 보면 진이 빠지게 되기 마련이다.

한편, 오늘날 사람들은 소셜미디어의 영향으로 더 쉽게 성취중독의 함정에 빠지곤 한다. 럿거스 대학교 심리학과의 마우리시오 델가도^{Mauricio Delgado} 부교수에 따르면, 온라인 공간에 자신의 성취를 자랑하면 도파민 호르몬이 두 번 나온다고 한다. 성취 자체에서 한 번, 친구들과 그것을 공유하는 데서 다시 한 번. 이들은 성취감에 대해 이야기하기보다는 성취의 결과에 대해 말하기를 즐긴다. 예를 들면 이런 식이다. "이번 주는 정말 보람찼어. 지금 맡은 프로젝트를 해나가는 일이 정말 좋아."라고 말하는 것이 아니라 "이번 주는 정말 보람찼어. 프레젠테이션을 제대로 해냈고, 신규 고객 두 명을 확보했거든."이라고 말하는 것이다. 후자가 성취를 구체적으로 과시하기에 편리하기 때문이다. 문제는 이런 큰 목표를 매주 달성하기 어렵다는 데 있다. 큰 성취를 이루지 못하면 무엇으로 버틸 것인가?

내 대답은 '결과에 집착하기보다는 과정(일 자체)에 열중하라'는 것이다. 그러기 위해서는 마음속 깊은 곳에서부터 성취감과 활력을 얻을 수 있는 일을 찾아야 한다. 목표 달성만을 위해 일하는 것은 당신의 탁월성을 제한하고, 결국 삶을 비참하게 만들고 만다.

성취중독 경향을 억제하더라도 매일 맡은 업무를 처리하면서 활력과 즐거움을 느낄 수 있다. 성과 추적기를 써 나가면 매일 하는 일을 얼마나 즐기는지, 아니면 즐기지 않는지 추적할 수 있을 것이다. 또한 얼마나 자주 성취에 집착하는지도 확인할 수 있다. 핵심은 업무 처리 과정과 탁월성의 사용 여부에 관심을 기울이는 것이다. 일의 방향을 수정하고, 일상 업무에서 탁월성을 더 많이 사용하면 과정을 즐길 때와 그렇지 않을 때의 차이가 보이기 시작할 것이다.

목표 달성은 언제나 즐거운 일이지만, 즐거움의 원천을 성취에만 국한하지는 말자. 자신의 탁월성을 활용할 수 있는 일을 하면 일상 업무도 즐겁게 할 수 있다.

수행 능력을 저해하는 부정적인 생각

성취중독자의 논리는 악순환에 빠져있다. 목표 달성을 통해서만 즐거움을 얻다 보니, 행복해지기 위해서는 필연적으로 목표 달성을 해야만 한다. 이런 논리는 결국 자신에게 위협적인 환경을 초래한다. 마감을 놓치거나 목표에 도달하지 못할 때마다 자책하고, 실패했다고 여기게 되는 것이다.

≪승부의 세계 : 백전백승을 만드는 경쟁의 과학Top Dog: The Science of Winning and Losing / 물푸레, 2013≫의 저자 애쉴리 메리먼과 포 브론슨에 따르면, 자기 위협적인 환경에서 받는 스트레스는 성과에 부정적인 영향을 줄 수 있다. 이 책에서는 프린스턴 대학교 학생들에게 대학원 수학 자격시험인 GRE

지속적인 행복과 성과의 연관성

일터에서 행복을 느끼는 것을 그저 '좋은 일' 정도로 여길지 모른다. 그런데 사실 행복은 성공의 강력한(어쩌면 결정적인) 무기다. 당신이 일상 업무를 힘들게 견디면서 외재적 보상에 초점을 맞추고 있다면, 즐거움과 행복이 얼마나 성과에 영향을 미치는지에 관해 이야기해 주고 싶다.

≪행복의 특권The Happiness Advantage / 청림출판, 2012≫을 쓴 숀 아처는 행복을 느끼는 뇌가 훨씬 더 기능을 잘하고, 창의적이며, 문제 해결에 뛰어나다는 사실을 발견했다.

직원들은 행복할수록 효과적으로 협력하는데, 이 같은 협력은 오늘날 기업 환경에서 필수적인 요소이다. 그런 까닭으로 직원들의 행복에 투자하는 회사가 사업에서도 성공한다. 노엘 넬슨 박사는 저서 ≪직원을 행복하게 해서 더 많은 돈을 벌라Make More Money by Making Your Employees Happy / 국내 미출간≫에서 다음과 같이 설명했다. "회사가 자신의 관심을 기억한다고 느끼면, 직원들 또한 회사의 관심사를 기억하게 될 것이다." 이어 넬슨 박사는 설문조사 컨설팅 업체 잭슨 오거나이제이션Jackson Organization의 연구를 인용했다. 해당 연구에 따르면, 직원들의 가치감을 강화하기 위해 노력하는 기업은 그렇지 않은 기업에 비해 자기자본수익률과 자산이 3배 이상 높았다. 또한 1998~2005년 사이 전체 주식시장의 주가는 평균 6퍼센트 오른 데 비해, 〈포춘〉지 선정 '일하기 좋은 100대 기업'에 속하는 회사의 주가는 매년 평균 14퍼센트가 올랐다는 점도 짚었다.

문제를 내는 실험을 소개한다. 실험에 참여한 학생들은 두 그룹으로 나뉘어 '지적인 도전 문제'라는 제목의 시험지를 받았다. 시험 문제는 머리를 써서 풀어야 하는 퀴즈라는 식으로 설명했다. 한 그룹은 위협적인 분위기에서 시험이 진행됐는데, '이 시험은 학생의 능력을 알아보려는 것이며 진짜 프린스턴에 속할 만한 학생인지 판단할 근거로 삼으려 한다.'고 말했다. 반대로 나머지 그룹은 도전의식을 북돋우는 분위기에서 시험이 진행됐다. 최선을 다해 보라고 격려를 받았으며, 결과에 따라 학생을 재단하지 않는다고 덧붙였다. 실험 결과, 위협적인 분위기에 처했던 학생들은 72퍼센트의 정답률을 나타냈다. 반면, 도전의식을 북돋우는 분위기에서 시험을 치룬 학생들의 정답률은 무려 90퍼센트에 달했다.

이러한 결과는 무엇을 의미하는가? 도전의식을 불러일으키는 상태에서는 결과를 걱정하지 않아도 되므로, 지금 하는 일에 최선을 다할 수 있다. 반대로, 성취(결과)에만 초점을 맞추면서 위협적인 분위기를 조성하면 수행 능력에 부정적인 영향을 끼치게 된다.

일터에서 스스로를 위협적인 상황에 몰아넣는 경우가 많다. 예를 들어, 영업 목표를 달성하지 못했다는 이유로 해고를 걱정하며, 프레젠테이션 성과가 자신의 가치를 결정지을 것이라며 불안해하기도 한다. 동료가 성공하면 '상대적으로 나는 실패자로 보일지도 몰라.'라면서 넘겨짚는다. 우리는 걱정하고 두려워하면서 일에 신경을 쓰고 있다고 착각하지만, 실은 자신의 수행 능력을 온 힘을 다해 저해하고 있는 것이다.

도전의식을 불러일으키는 환경을 조성하는 방식으로 업무를 재구성하면 더 많은 것을 성취할 수 있다. 이렇게 업무 환경을 바꾸는 것은 마음속 관점을 바꾸는 일만큼이나 간단하다.

엄청난 스트레스에 시달리는 성취중독자들을 만나면, 대부분이 '일이란 원래 그런 것'이라고 여긴다. 이들은 일할 때 행복하지 않다고 느끼면서도 상황을 바꾸려는 행동은 아무것도 하지 않는다. 그들은 말한다. "지금 같은 생활수준을 유지하려면 돈이 많이 들어요. 그러려면 일에서 행복을 찾을 어유 따위는 없죠." "상황을 바꾸라고요? 그러면 직업적인 안정성이나 급여가 줄어들지 않을까요?"

이처럼 오로지 많은 급여를 위해 좋아하지 않는 일을 하며 버티는 상황을 '황금 수갑_{Golden handcuffs, 기업 인수 및 합병 시 주요 직원의 전직을 막기 위해, 높은 급여 및 인센티브 등을 지급하는 것. 일반적으로, 가치있게 여기는 어떤 것이 자유를 앗아갈 수도 있다는 상황을 의미}을 찼다'라고 표현한다. 나 역시 한때 황금 수갑을 찬 적이 있었다. 하지만 내 사업을 위해 그런 것들을 전부 포기하자, 물질적 과시가 더는 중요하지 않게 되었다. 행복의 원천을 물건에서 일 자체로 돌리자 나의 삶은 달라졌다. 좋은 영향력을 미치며 매일 도전의식을 불러일으키는 일에 완전히 집중하게 된 것이다.

성취중독자였던 타비사

영업사원인 타비사는 분기 말마다 엄청난 스트레스에 시달렸다. 판매 목표를 달성하지 못하면 그녀와 팀 전체가 크게 혼이 났기 때문이다. 언젠가부터 그녀는 목표 숫자를 채우는 데 너무나 집착한 나머지 목표 달성 여부로 자신을 정의하기 시작했다. 밤이 깊어도 푹 잠들지 못하며 항상 불안해했다. 타비사는 항상 저하된 컨디션으로 출근하고, 그 상태로 자신을 더 몰아붙였다. 잠을 줄인 채 더 많은 시간을 일하는, 거의 시한폭탄 같은 상태였다.

타비사를 처음 만난 날, 나는 그녀의 몸에 무슨 일이 일어나는지부터 설명했다. 스트레스를 받으면 코르티솔 호르몬의 분비가 늘어나고, 그로 인해 혈관이 수축하여 신체가 최적으로 기능하는 걸 막는다는 사실 말이다. 또한 위협 앞에서 자동적으로 나타나는 생리적 각성 상태인 '투쟁-도피' 반응이 일어나 몸은 물론 생각도 경직돼 성과에 영향을 미친다고도 설명했다.

나는 그 정도의 스트레스라면 그녀와 맞지 않는 일을 하는 것일 수도 있다고 말했다. 그러면서 영업은 보통 성취중독자가 많이 나타나는 분야지만, 세일즈 그 자체를 사랑하는 사람도 있다고 설명했다. 이런 사람들은 눈앞의 혜택을 위해서가 아니라 영업의 과정을 좋아한다. 자신에게 의미 있는 방식으로 자신의 강점을 활용해 일함으로써 실적을 올린다. 이들의 탁월성은 사람들과 이야기하며 관계를 쌓아나가는 데 있다. 판매 실적은 금상첨화 같은 것일 뿐이다.

사실 영업 과정은 타비사가 지닌 탁월성 영역과 완벽하게 일치했다. 타비사는 '협업 전략가' 타입이었고, 그렇다는 건 문제 해결을 위해 사람들을 모으는 일을 할 때 도전의식을 느끼고 힘이 솟는다는 의미였다.

실제로 타비사는 영업일을 하면서 특정 문제를 해결할 수 있도록 돕는다는 자신의 역할에 충실하게 고객과의 관계를 구축했다. 나와의 상담을 통해 그녀는 이런 일을 할 때 도전의식을 느끼고 힘이 난다는 걸 정확하게 깨닫게 되었다.

타비사의 목적은 사람들이 있는 그대로의 자신의 모습으로 받아들일 수 있게 하는 것이었으며, 이 목적을 종종 팀원들에게도 사용했다. 팀원들이 있는 그대로의 모습으로 기분 좋게 일하도록 돕고, 탁월성을 살려 일하는 법을 보여줄 때 성취감을 얻으면서, 자신이 영향력을 발휘하고 있다고 느꼈다. 하지만 영업팀의 환경 때문에 성취중독 경향이 두드러져 나타났다. 즉, 생각과 문제 해결 방식은 타비사에게 잘 맞는 일이었지만, 일하는 환경은 그렇지 않았다.

우리는 타비사가 탁월성 영역을 경력에 적용할 수 있는 많은 방법을 논의했다. 영업도 하나의 선택지였지만, 타비사가 지금 일하는 부서는 그녀에게 가장 잘 맞는 자리는 아니라고 생각됐다. 압박이 심한 환경은 스트레스를 높이고, 능력을 저해하기 때문이다.

나는 타비사에게 탁월성 영역을 알고, 그 안에서 일할 때 뛰어난 성과를 얻을 수 있으며, 또한 즐겁게 일할 수 있는 적절한 환경을 찾아야 한다고 설명했다. 그러면서 분기별 실적을 달성하지 않아도 되는 부서가 그녀에게 잘 맞을 것 같다며, 회사에서 프로젝트 기반으로 일하며 관리에 초점을 둔 자리가 어떨지 제안했다. 그 자리라면 타비사가 즐겁고 건강하게 일할 수 있을 터였다.

결국 타비사는 영업팀에 남기로 했지만, 부서 변경에 관해 진지하게 생각하기 시작했다. 스트레스가 덜한 다른 자리를 선택할 수 있다는 사실을 아는 것만으로도 타비사에게는 흥미로운 효과가 나타났다. 전보다 더 마음이 편안해진 것이다.

Q. 당신은 성취중독자인가?

아래 질문에 '예' 혹은 '아니오'로 답하세요.

- 일할 때 즐거움은 주로 목표 달성, 계약 성사, 아니면 성취와 관련한 일에서 얻는다. 성취에 이르기까지의 과정은 그렇게 즐겁지 않다.   ☐예 ☐아니오
- 목표를 달성할 때만 일이 즐겁게 느껴진다.   ☐예 ☐아니오
- 미래에 관해 어떤 일에서 성취감과 도전의식을 느낄 수 있을지보다, 무엇을 더 성취할 수 있을지를 기준으로 생각한다.   ☐예 ☐아니오
- 하는 일이 종종 지겹다.   ☐예 ☐아니오
- 업무에서 성취감을 느끼거나 지적인 도전의식을 느끼기 어렵다.   ☐예 ☐아니오

▶ '예'라고 답한 문항의 수를 세어 보고, 아래의 내용을 확인해 보자.

4~5개 당신은 성취중독자이다. 문제는 어느 시점이 되면 번아웃을 맞이하게 될 것이란 점이다. 하는 일에서 도전의식을 느끼거나 성취감을 얻지 못하고, 의지력에서 의욕을 끌어내고 있을 가능성이 큰데, 이것은 최적의 업무수행 방식이 아니다.

2~3개 당신에게는 성취중독 경향이 있다. 업무의 일부 측면은 좋아하지만, 좋아하지 않는 측면도 존재한다. 크게 성공하려면 업무에서 즐거운 부분

을 늘릴 힘이 있는지 확인하는 게 중요하다. 지금 자리에서 그렇게 할 수 없는 사람이라면 다른 자리를 찾아야 할지 모른다. 그런 조처를 통해 번아웃이나 더 심각한 일, 맞지 않는 자리에서 일하다 해고되는 사태를 피할 수 있다.

0~1개 당신은 성취중독자가 아니다. 성취를 이루었을 때 분비되는 도파민을 즐기지만, 금방 사라지는 기쁨은 그저 좋아하는 일의 일부일 뿐, 일에서 얻는 유일한 즐거움은 아니라는 걸 인식하고 있다. 당신은 탁월성 영역 안에서 활발하게 일하며, 일에서 실제 이룬 성취만큼 목표를 달성하는 과정도 즐긴다. 이상적인 장소에서 일하고 있으니, 지금 하는 일을 계속해라!

과감하게 업무를 조정해야 하는 이유

내 고객 톰과 케이트는 둘 다 성취중독자이다. 둘은 서로 모르는 사이지만, 공통점이 많다. 외부인의 시각에서는 두 사람 모두 성공한 사람들이다. 각자의 회사에서 두 사람은 슈퍼스타 직원으로 여겨진다. 케이트는 기술 회사의 고위 임원이고, 톰은 상대적으로 작은 회사이지만, CEO에게 직접 보고하는 자리에 있다. 두 사람 모두 높은 연봉을 받으며 훌륭한 생활을 영위하면서 승진을 거듭하는 중이다.

이렇듯 성공한 것처럼 보이는 그들은 사실 행복하지 않다.

톰은 일하면서 열중의 순간을 경험해 본 적이 없다. 대신 불안과 번아웃에 시달린다. 그는 더 열심히 일하면 행복해지리라는 확신을 가지고 있다. 케이트는 내일 해야 할 일이 걱정되고 두려워 깊은 잠을 자지 못하고, 불면증을 겪는다.

나는 두 사람에게 각각 일터에서 무엇으로 성취감을 얻는지 물었다. 대답은 같았다. "목표를 달성할 때죠." 이 둘은 탁월성 습관 개념을 이해하기 어려워했는데, 업무 만족도란 오직 성취를 통해서만 이루어진다고 믿고 있었기 때문이다. 업무 만족도를 높여달라며 톰과 케이트가 나를 고용했을 때, 나는 두 사람에게 말했다. "일에 관해 익숙해진 방식을 완전히 고쳐야 합니다. 그러면 장담하건대 지금보다 즐겁고 행복하게 일하게 될 겁니다." 이 둘이 그렇게 되기 위해서는 일의 성취보다 과정을 즐기는 방법을 배워야 했다. 어떻게 하면 되는지 방법은 보여 줄 수 있었지만, 그런 변화를 택하겠다는 선택은 그들 몫이었다.

톰은 내 제안을 시도해 볼 가치가 있다고 판단했다. 그는 진심으로 행복해지고 싶어 했다. 일을 대하는 톰의 성향을 재구성할 수 있을지 확인하기 위해 성과 추적기를 이용했다. 과연 톰은 목표 달성만큼 과정을 즐길 수 있게 되었을까? 의도는 좋았지만, 톰은 개인적인 목표를 우선시하는 태도를 바꾸지 않았다. 계속해서 터무니없이 많은 업무량을 맡으면서, 앞서 나가기 위해서는 어쩔 수 없다고 불평했다. 톰은 '일은 재미없는 것'이란 단단한 고정관념에 사로잡혀 좀처럼 벗어나지 못했다.

케이트는 회사의 문화가 자신과 잘 맞는 편은 아니라는 걸 알고 있었다. 하지만 회사를 떠나 소득이 줄어드는 건 원치 않았다. 내 코칭을 받은 후에도 케이트는 끝없이 불안과 걱정을 안겨주는 현재 자리에 머물기로 했다. 일에 대한 불만을 표할 때마다 회사는 그녀의 연봉을 인상해 줬다. 케이트는 성취중독 성향 때문에 자기에게 잘 맞지는 않지만, 어쨌든 보상을 받을 수 있는 자리를 유지했다.

위의 이야기는 성취중독 습관을 버리기가 얼마나 어려운지 보여준다. 하지만 그렇다고 그러한 습관을 고치는 게 전혀 불가능한 건 아니다. 다만 노력이 필요하고, 마음가짐을 완전히 바꿔야 할 뿐이다.

내 고객 중 한 명인 피터는 성취중독 성향을 제쳐 두고 탁월성에 초점을 맞추면서 완전히 다른 경험을 했다. 그는 내가 만난 고객 중에 가장 야심 차고, 추진력이 강한 사람이었다. 대학에서 프로 야구선수로 지명을 받기도 했던 그는 경쟁만을 생각하며 몰두하는 타입이었다. 피터는 그 자신이 생각하는 꿈의 자리에 올랐을 때 나를 찾아왔다. 작은 회사의 CEO가 된 것이다. 피터는 말했다. "CEO 자리에 오르는 건 제가 항상 원했던 일입니다. 이 일을 잘 해낼 수 있을지 확실히 해두고 싶어요." 피터가 탁월성 영역을 업무에 접목할 수 있도록 우리는 함께 일하기 시작했다.

그런데 몇 주 만에 피터가 꿈의 자리를 원했던 건 사실 성취중독 때문임을 알게 되었다. 피터는 최고의 자리에 오르고 싶어 했지만, CEO 자리에서는 피터가 가진 '기회 전도사Opportunity Evangelist' 타입의 탁월성을 충분히 활용할 수 없었다. 영업이나 투자자를 통해 수익 기회를 찾아내고, 회사를 다음 단계로 성장시킬 방법을 알아보는 데 많은 시간을 들일 수 없었기 때문이다. 피터는 회사를 운영하는 데 업무의 초점을 맞춰야 했지만, 그건 그가 잘할 수 있는 일이 아니었다. 그 결과 피터는 오랫동안 원했던 자리임에도, 진정으로 자신의 일을 즐길 수 없었다.

피터는 계약 맺는 일을 좋아했고, 그 일은 탁월성을 사용할 수 있는 완벽한 무대였다. 이러한 정보를 바탕으로 우리는 성과 추적기를 사용하고, 업무 과정에서 즐거운 순간(그리고 즐겁지 않은 순간)을 기록하는 데 집중했다. 일주일에 몇 개의 계약을 성사시키는지에 초점을 맞추는 게 아니라, 좋아하지 않는 업무 시간의 비중을 알아보는 데 중점을 두었다. 나는 피터에게 탁월성을 활용하지 않는 일을 할 때가 바로 성과중독 상태로 되돌아가는 때라고 설명했다. 우리가 발견한 바에 따르면, 피터는 업무 시간의 80퍼센트를 탁월성과 맞지 않는 관리 업무에 사용했고, 그래서 결과도 그다지 좋지 않았다.

우리는 또한 그의 생각을 바꾸는 작업도 했다. 강점을 활용할 수 없는 일에 시간을 들이기보다 다른 (그 분야에 탁월성이 있는)직원을 활용해 관리 업무를 맡길 방법을 논의했다. 피터는 회사의 CEO였기 때문에 업무를 위임할 힘이 있었다. 그래야 한다고 생각하지 않았을 뿐이었다. 나는 피터에게 업무 시간의 60퍼센트는 탁월성 영역의 업무를 하고, 40퍼센트는 일상 업무 확인 및 (강점에 맞는 일은 아니지만)해야만 하는 일을 하는 데 쓸 것을 제안했다. (내 고객들 대부분이 이처럼 6:4로 시간을 나누어 관리한다. 이 방법을 통해 탁월성과 목적에 맞지 않는 업무에 낭비했던 시간을 효율성 있게 쓰게 되었다.)

어떤 업무에 시간을 쓰는지 빨리 파악할수록 업무를 빠르게 탁월성 영역으로 이동시킬 수 있다. 달력에 적힌 대로 끌려가는 게 아니라, 능동적으로 자기 시간을 관리하는 건 훌륭한 리더십과 연관된 행동이다. 너무 무리하면 다른 사람을 이끌 수 없다. 그리고 효과적으로 일하는 리더는 강점에 맞는 일을 하면서 강점에 맞지 않는 일은 위임한다. 이런 식으로 일하면 다른 직원들 또한 빛날 수 있다. 리더가 자신이 가장 잘하는 일을 맡으니 조직에도 이득이 된다. 리더 그 자신이 팔방미인이 되려 하다 보면 직원들을 이끄는 좋은 리더십을 발휘하기 어려운 법이다.

자기가 맡을 프로젝트나 업무를 통제할 능력이 없는 사람이라면, 탁월성을 활용하는 시간을 더 늘릴 수 있도록 업무를 조정할 방법을 찾아보길 추천한다.

피터는 자신의 역할을 재창조해 자기에게 잘 맞게 만들었다. 피터는 CEO였기 때문에 자신의 탁월성과 맞지 않는 업무에 다른 직원을 활용할 힘이 있었다. 그래서 어떤 업무에 자신이 집중하고, 어떤 업무를 다른 직원에게 맡길지 정할 수 있었다.

현재 피터는 대부분 업무 시간에 계약을 맺는 일을 한다. 계약을 성사시키거나 투자자로부터 투자를 받아 회사 재정을 안정시키는 일을 하면서 고객을 발굴하는 데 초점을 맞추고 있다. 업무를 재창조한 결과 피터는 스트레스가 줄었고, 자신의 일을 진심으로 좋아하며, 여전히 목표도 성취한다. 그는 일터에서 윈–윈Win-Win 하는 상황을 만들 수 있다는 걸 깨달았다. 우리 또한 자신의 탁월성과 맞는 기술과 마음가짐을 활용함으로써 업무의 과정을 즐기고, 성과도 높일 수 있다.

성취를 기쁨으로 바꿔야 할 때

일터에서 목표와 성취에 집중하도록 훈련받은 건 우리의 잘못이 아니다. 그렇게 만든 사회의 잘못이 가장 크다. 하지만 스트레스의 순환고리에서 벗어나, 비단 결과뿐 아니라 업무의 과정을 즐기는 것은 우리의 몫이다. 더 나은 인생을 살기 위한 의무 말이다.

다음 질문의 답을 생각해 보자.

매일의 업무에서 즐거움을 찾아야 한다고 믿는가? 즐거운 일을 찾을 능력이 없거나 일은 즐거움을 느낄 대상이 아니라고 생각하는가? 아니면 자신을 즐겁게 할 일이 없다고 생각하는가? 그렇다면 한 번 생각해 보기 바란다. 우리의 발목을 붙잡는 건 부정적인 생각이다.

지금까지 살면서 성취중독 습관을 택했던 때를 짚어낼 수 있는가? 일의 결과가 아니라 과정에 초점을 맞춰라. 성취중독자이든 아니든 항상 즐거움을 우선순위에 둬라. 어려워 보이지만, 이는 업무의 처리 과정에 초점을 맞추는 것만큼 간단한 일이다. 업무 결과로부터 자신을 분리하려 노력하고, 스스로 질문해 보라. 당신은 당신의 일터에서 매일 마주하는 업무 과정을 즐기고 있는가? 그렇지 않다면 성과 추적기를 당장 꺼내 탁월성을 활용할 방법을 반드시 더 찾아야 한다.

CHAPTER 7

멘토와
이별하기

ACTION PLAN
조언은 걸러듣고, 탁월성 영역은 지원받으세요.

우리 모두에게는 성공으로 가는 경력 경로career path를 만들 능력이 있다. 다만 어려운 현실 상황에 치여 바로 눈앞의 길조차 보지 못하고 있을 뿐이다. 그래서 스스로 길을 찾는 대신 무엇을 하고, 어떻게 생각하고, 어떤 사람이 되어야 할지 다른 사람의 의견에 의존한다. 특히 경력을 쌓는 일처럼 거대하고 부담스러운 일일 때는 더욱 그렇다.

너무 많은 사람이, 너무 열심히 다른 사람의 조언을 구하고 들으려 한다. 마음속으로는 상대의 조언이 적합하지 않을 것임을 알면서도 말이다. 그리고 경력에 변화를 주라는 조언을 들으면, 자기와 맞지 않는다는 걸 알면서도 그 말을 따르려고 자기합리화를 하곤 한다. '연봉이 중요해.' '이력서

에 적으면 멋있어 보일 자리야.'

다른 사람의 말을 걱정하는 건 그만두고 자기 목소리에 귀 기울여야 할 때이다. 탁월성과 목적을 따르면 자기에게 맞는 결정을 내릴 수 있다. 단, 내면의 부정적인 소음은 걸러내야만 한다.

무엇이 내게 맞는 일인지 결정하는 타고난 능력을 활용하고, 그 결정이 탁월성과 목적에 맞는지 확인하는 것이 일터에서 기쁨과 성공을 경험하는 비결이라는 건 수없이 강조해도 모자라다. 자기 자신을 알고, 본능과 직감을 따르며, 자신 있게 명확한 결정에 접근하면 후회 없는 경력을 갖게 될 것이다.

이번 장에서는 조언을 조언으로 받아들이되, 로드맵이나 지시로 받아들이지 않는 방법을 알아보자. 그럼 조언을 구할 때는 누구를 찾아야 할까? 일단, 멘토 이야기부터 시작해 보자.

정말 멘토가 필요할까?

요즘에는 멘토가 없으면 성공 방정식의 중요한 조각이 빠진 것이라 생각하는 경향이 있다. 우선 '정말 멘토가 필요한가'라는 질문에 대답부터 한다면, 나는 이 논리에 동의하지 않는다.

어떤 이가 멘토가 될 수 있는지, 또 멘토는 어떤 역할을 할 수 있는지부터 분명히 해보자. 멘토는 대개 돈을 받지 않고 우리의 경력을 지원해 주는 일종의 자원봉사자이다. 대기업에서는 리더십을 발휘할 기회로 멘토 역할을 정해 주기도 하며, 임원이 시간을 내서 직원들을 지도하기도 한다. 사실 누구든 멘토가 될 수 있다. 단순히 나이나 경력이 많아서, 혹은 그 분야의 권위자라서 멘토가 되는 건 아니다. 친구나, 인맥을 쌓다가 알게 된 누군가가 될 수도 있다. 나의 고객 중에도 멘토 덕분에 성공을 이룬 사람들이 있다. 그들의 성공 방정식에서는 멘토가 필수적인 부분을 차지했다. 아주 운이 좋은 사람들이다. 그러나 멘토를 구하기란 쉽지 않다. 이제 막 경력을 쌓기 시작한 사람이라면 더더욱 그렇다. 멘토-멘티 관계는 대개 멘토의 기회 제안으로부터 이루어지는데, 이러한 유기적 관계는 마치 마법처럼 느껴질 만큼 쉽게 주어지지 않기 때문이다.

나 또한 진정한 멘토가 있으면 좋겠다고 항상 생각했지만, 그런 멘토를 찾는 건 어려웠다. 물론, 나를 도우려고 정말 의미 있는 어떤 일을 제안해 준 사람들은 여러 번 만났다. 도움을 받은 순간에는 정말 믿을 수 없을 정도로 감사했다. 하지만 그저 한 번의 호의에 가까운 일이었다. 진짜 멘토, 즉 여러 달 혹은 여러 해에 걸쳐 기댈 수 있는 누군가가 있었던 적은 없다.

그 결과 나는 (경력을 위한 대부분 도구와 마찬가지로)멘토가 있으면 좋지만, 성공하기 위해 꼭 갖춰야 할 요소는 아니라는 것을 알았다. 나는 장기적인 멘토가 없다고 해서 경력상 어려움을 겪었던 적이 없다. 여러분도 마찬가지다.

핵심은 멘토가 없다고 자책하지 않는 것이다. 멘토에 딱 맞을 것 같은 사람이 기꺼이 멘토 역할을 맡아주었다면, 감사하는 마음으로 자신 있게 관계를 만들어 가면 된다. 단, 멘토의 존재가 경력상 성공을 보장해 주지 않는다는 것만 기억하라. 멘토 또한 하나의 도구일 뿐이며, 만약 있다면 지혜롭게 잘 활용함으로써 마음속에 그리는 경력의 길을 걸어가면 되는 것이다.

멘토 관계에서 효과를 얻기 위한 조건

나에게도 멘토를 만날 기회가 온 적이 있었다. 에버와이즈Everwise라는 회사를 통해서였다. 그들은 일종의 중매인으로서, 멘토 역할에 자원한 사람을 멘토가 필요한 사람과 이어주는 일을 했다. 당시 나는 특정 소프트웨어 회사와 파트너십을 맺는 일에 도움을 줄, 소프트웨어 산업에 정통한 누군가가 필요했다. 나는 에버와이즈를 통해 내가 찾던 바로 그런 경험을 가진 사람을 소개받았다. 우리는 내가 도움을 원하는 바로 그 주제에 관해서만 논의하기로 대화 주제를 제한했고, 매우 잘 짜인 짧고 성공적인 관계를 맺었다. 하지만 필요한 정보와 도움을 얻고 나서는 헤어졌다.

나는 그 관계가 오랜 노력을 들이거나, 내 전반적인 경력을 논의해야 할 관계는 아니라고 보았다. 정확히 원했던 바를 얻었고, 멘토 관계는 단기간에 끝났으나 멘토에게는 감사한 마음이었다.

하지만 누가 관계를 이끌어 나가는지, 아니면 누가 분명한 관계의 구조를 만들어야 하는지 혼란스러워하다가 멘토 관계에 실망하는 사람도 보았다. 그들은 멘토와의 간결한 대화를 이어나가지 못했고, 관계의 가치를 정확히 짚어 말하기도 힘들어했다. 멘토의 조언을 자신의 경력과 접목하는 데 어려움을 겪는 사람도 있었다. 멘토의 조언이 마음에 와닿지 않자 멘티가 조언을 잘 실행하지 않았고, 그 결과 멘토도 개입할 의욕을 잃어 관계가 무너졌다.

멘토와 멘티, 이 관계는 양쪽이 서로 잘 맞아야 할 뿐 아니라 두 사람 모두 관계의 목표 및 기대치가 명확해야 한다. 무엇보다도 서로에게 이익이 되어야지, 그렇지 않으면 모든 이가 흥미를 잃게 된다.

내게 맞는 멘토인지 확인하는 법

사람들은 멘토 관계에 접근할 때 보통 자기 자신의 모습을 생각하지 않는다. 누군가에게 멘토가 되어 달라고 부탁할 때는 다음 질문을 통해 멘토가 될 사람이 내게 맞는 인물인지, 내 탁월성과 경력 목표에 맞는 대상인지 확인하자.

멘토는 어떤 배경을 지닌 사람이며, 멘토의 경험이 나와 어떤 관계가 있는가?

경력 코칭을 훈련받은 사람이 아니라면, 멘토가 전하는 조언은 대개 자신의 경험에서 나오는 것이다. 그런 조언은 당신의 상황에 적용될 수도, 안 될 수도 있다.

완전히 객관적인 시각을 유지할 수 있는 사람인가?   이상적으로 보면 멘토는 우리의 결정에 영향을 받지 않고, 편견 없는 조언을 해주는 사람이다. 만일 멘토가 가족이나 친한 친구라면, 내게만 맞는 이야기보다는 가족 전체에 도움이 되는 이야기를 할 가능성이 높다.

관계가 끝나는 지점이 있는가?   멘토가 자원봉사 차원에서 일한다는 점을 생각해 만남의 기간을 정하는 것도 좋은 방법이다. 상대의 시간을 소중하게 여기며, 관계를 이용하려 드는 게 아니라는 점을 보여줄 수 있기 때문이다.

상호 이익이 있는가?   양측이 의도하는 바를 명확히 하고 함께하는 시간 동안 두 사람 모두 긍정적인 무언가를 얻을 수 있도록 해야 한다. 보통 멘토는 다른 사람을 돕는 데서 삶의 목적을 활용하려 하므로 멘토 활동을 하는 이유를 듣는 것도 좋다.

멘토와 코치의 차이점은 무엇일까?

코치는 우리가 목표를 달성할 수 있도록 구조가 잘 짜인 프로세스를 제공하고, 경험담을 들려준다. 이는 보통 유료로 이뤄진다. 빠른 이해를 위해 예를 들자면, 나와 같은 사람(성과 전략가)에게 상담을 받는 것을 떠올리면 된다.

멘토와 함께할 때는 원하는 결과를 얻게 해줄 구조를 만들기 위해 멘티 또한 도울 준비를 해야 한다. 멘토는 보통 자원봉사 차원에서 활동하기 때문이다.

나의 목표는 무엇인가? 멘티로서 가진 목표가 무엇이며, 무엇이 필요한지 멘토에게 알리는 건 항상 좋은 방법이다. 멘토가 유명한 사람일 경우 멘티의 목표를 알리는 게 특히 중요하다. 물론, 힘이 있고 경력이 많은 사람에게 의사를 분명하게 전달하는 건 겁나는 일일 수 있다. 그러나 바라는 목표를 분명히 해두면 생산적인 관계를 맺을 수 있고, 관계의 방향을 다시 바꿔야 하는 어색하고 불편한 상황을 피할 수 있다.

조언은 받으면 좋은 것, 지원은 반드시 필요한 것

조언Advice은 대개 정보나 조언하는 사람에게 효과가 있었던 전략, 혹은 조언하는 사람이 간접적으로 효과를 확인한 전략을 공유하는 것이다. 하지만 다른 사람의 경력 발전에 효과가 있었던 것이 나 자신에게는 효과가 없는 경우가 대부분이다. 같은 전략으로 같은 결과를 내려면 효과를 본 사람과 내가 비슷한 사람이어야 하고, 비슷한 탁월성 영역을 가지며, 비슷한 성격에, 비슷한 경력 비전을 가져야 한다. 경험상 이 정도로 모든 면이 일치하는 경우는 매우 드물다.

좋은 멘토는 조언을 준다. 하지만 위대한 멘토는 코치처럼 이끌어주고, 보통 지원Support을 제공한다. 다시 말해, 우리가 어떤 사람인지 본인의 시간을 들여 알아내고, 우리의 인생과 경력을 둘러싼 남다른 환경을 바탕으로 사려 깊은 지도를 제공한다.

그런데 문제는 리더 자리에서 멘토 역할을 맡는 사람들 대부분은 시간과 에너지, 혹은 지원을 제공할 전문성이 부족하다는 점이다. 그래서 지원 대신 다음과 같은 식으로 포괄적인 조언만 한다. "이게 내가 썼던 방법인데, 내게 효과가 있었으니 너도 이렇게 해야 해."

경력에 관한 조언을 구하는 일은 소개팅을 부탁하는 것과 여러모로 비슷하다. 주선자는 좋은 의도를 가지고 두 명의 솔로 친구를 생각한다. '그 친구도 솔로고, 이 친구도 솔로잖아. 두 사람을 이어줘야 해.' 문제는 주선하려는 친구가 두 사람 사이에 공통점을 솔로라는 상태, 한 가지만 고려했다는 점이다. 마찬가지로 누군가 좋은 의도에서 경력상의 조언을 해주지만, 그 사람은 당신을 둘러싼 일부의 조건만 볼 뿐, 당신만의 특정한 상황이 지닌 미묘한 차이를 알지 못한다. 그 결과 (어떤 산업이나 기업, 일정한 직함에서 효과가 있었던)조언이 당신의 상황에서는 효과를 나타내지 못한다.

우리가 알아야 할 사실은 경력을 만들어 나갈 때 절대적인 사실, 필수적인 움직임, 혹은 정해진 길 같은 건 없다는 것이다.

조언받은 행동을 거부하는 건 정말 힘든 일이다. 특히 조언해 준 사람이 내가 존경하는 사람일 때는 더욱 그렇다. 존경하는 사람이 우리에게 어떤 일을 해야 한다고 말하면 그 말을 들어야 하며, 듣지 않으면 그를 불쾌하게 만드는 것이라 생각하기 쉽다. 그러나 조언은 반드시 탁월성 영역이라는 렌즈를 통해 확인해 봐야 한다. 자기에게 맞지 않는다고 생각되면, 그 조언은 과감하게 흘려버리자. 설사 오프라 윈프리가 직접 건넨 조언이라 해도 말이다!

사실 우리가 정말 구해야 할 것은 조언보다는 지원이다. 지원을 제공하는 사람은 우리에게 답을 건네주는 게 아니라 스스로 결정을 내릴 수 있도록 해준다. 그들은 결코 무엇을 하라거나 "X를 하고 싶다면 Y를 해야 해."와 같은 말은 하지 않는다. 코치, 치료사, 혹은 경력 전문가 등은 지원을 얻을 수 있는 훌륭한 원천이다. 그들은 당신이 어떤 사람인지 시간을 들여 이해하고, 그렇게 얻은 정보를 이용해 올바른 결정을 내리도록 의사결정 과정에 도움을 준다.

멘토나 가족, 혹은 자신과 비슷한 어려움을 겪는 친구로부터 지원을 받을 수도 있다. 나는 처음 사업을 시작했을 때 친구인 다나와 캐롤로부터 받은 지원을 절대 잊지 못한다. 다나와 캐롤도 각자 작은 사업을 시작하는 중이었고, 우리는 매주 커피를 마시러 만나 서로 마주한 어려움과 기회에 관해 이야기를 나누었다. 나와 다나, 캐롤은 서로에게 조언을 기대하지

생각 더하기 조언 혹은 지원을 받아들일 때 확인해야 할 위험 신호

첫 번째, 위험 신호는 부정적인 메시지이다.

예를 들어 "당신이 하려는 일에서 성공한 사람은 거의 없어요." "경쟁이 정말 치열해요." "나라면 거리를 둘 겁니다."라는 식으로 조언의 내용이 몹시 부정적이라면 그 조언은 무시하라. 사실 획기적이고 큰 아이디어는 대부분 경쟁적인 환경에서 나온다. 도전 과제가 자기에게 맞는 것이라면 그 일에서는 자신이 최고가 될 것임을 확신하자.

두 번째, 위험 신호는 만병통치약 처방이다.

자기가 특정 프로세스를 통해 성공을 거두었으므로 그 프로세스만을 따라야 한다고 생각하는 사람, 혹은 스스로 경력 전문가라고 여기며 당신의 관심 영역을 우선으로 삼지 않는 사람과 대화할 때를 조심해야 한다. 기억하자, 그 제안은 그 사람에게 효과가 있었던 방법일 뿐이다. 제안을 받아들이기 전에, 나에게도 맞는지 확인해야 한다.

않았다. 다만 서로가 서로의 자문 역할을 해주었을 뿐이다. 나는 종종 떠오른 아이디어를 다나와 캐롤에게 이야기하고 그들의 피드백을 듣는 일을 사업만큼이나 즐겼다. 이러한 특별한 관계 덕분에 우리는 여전히 친구로 지내고 있다.

이상적으로 볼 때, 지원은 다음과 같은 사람으로부터 받는 편이 좋다.

- 내가 어떤 사람인지, 어떤 탁월성 영역을 지녔는지, 내게 무엇이 중요한지 이해하는 데 시간을 들이는 사람
- 따라야 할 공식을 주지 않는 사람
- 많이 말하기보다 많이 들어주는 사람
- 본능을 따르라고 격려해 주는 사람
- 자기 제안을 따르지 않아도 개인적인 감정으로 받아들이지 않는 사람. 사실상 자기 제안 가운데 원하는 것만 듣고, 맞지 않는 내용은 무시하면 된다고 말해 주는 사람
- 변화하는 세계에서 10년 전, 아니 심지어 5년 전의 일조차 더는 같지 않다는 점을 인식하는 사람
- 만병통치약과 같은 접근법에 묶여 있지 않은 사람

조언은 걸러 듣기, 탁월성 영역은 지원받기

조언을 걸러 듣는 가장 좋은 방법은 탁월성과 목적의 렌즈를 통해 확인해 보는 것이다. 다음 질문을 통해 자신의 본래 모습과 정면으로 모순되는 조언은 아닌지 쉽게 확인할 수 있다. 자신에게 맞지 않는 조언임이 분명해지면 그것을 따를 필요는 없다.

우선 탁월성에 초점을 맞춰 조언을 검토해 보자.

❶ 내게 맞는 조언으로 느껴지는가?

❷ 조언에 담긴 생각 덕분에 몹시 신나거나, 도전의식이 일어나는가?

❸ 내 탁월성을 사용할 수 있는 내용인가?

다음은 목적성에 초점을 맞춰 조언을 검토해 보자.

❶ 내 목적에 맞는 영향력을 발휘하도록 해주는가?

❷ 조언에 담긴 생각이 내 목적과 모순되지는 않는가?

가족들의 조언도 신중히 받아들여야 한다. 특히 경력에 관한 조언은 곧이곧대로 받아들여서는 안 된다. 모든 사람이 스스로 경력 전문가라고 생각하며, 특히 우리의 경력 성장에 투자한 부모님이나 다른 가족은 더욱 그렇게 생각한다. 부모님은 자신들에게 효과가 있었던 방법을 아이들도 따라야 한다는 가정 아래 움직이는 경우가 많다. 그런데 부모님은 자녀를 돌보고 몹시 사랑하기 때문에 완전히 객관적인 시각으로 자녀를 파악하기 어렵다는 점이 문제다.

또한 부모와 자녀 사이에는 세대 차이가 존재하는데, 대부분 부모들이 조언 시 그런 지점을 간과한다. 부모님이 여전히 활동적으로 사회생활을 하고 있어 업계에서 무슨 일이 일어나고 있는지 아는 게 아니라면, 구직 시장의 현실이나 자녀가 마주한 어려움과 기회에 관해 최신 지식을 갖췄을 가능성은 적다.

내 이야기를 다시 하자면, 한 번은 오빠가 "MBA경영학 석사 학위를 따지 않으면 사업을 시작할 수 없을 것."이라고 말한 적이 있다. 그러나 MBA에는 나를 신나게 하는 요소가 정말이지 아무것도 없었다. 학위를 받는 건 힘든 일인 것 같았고, 솔직히 말해 그 생각만으로도 피곤해졌다. 또 내게는 MBA를 받지 않고 기업가가 된 친구가 많았다. 그런데도 우리 오빠는 계속해서 내가 MBA를 받아야 한다고 우겼고, 한동안 나는 MBA가 없으면 사업을 시작할 자격을 갖추지 못한 거라고 믿었다. 그러나 결국에는 학위 없이 사업을 계속하겠다는 내 직감을 따라 '필수적'으로 보이지만 나를 즐겁게 하지 않는 단계, 즉 학교에 가는 일은 건너뛰기로 결심했다. 그리고 오빠의 조언을 따르는 대신 MBA에 드는 비용을 따로 모아두었다가 소득이 없을 때 썼다. 경영학 석사 학위를 받는 데 드는 비용보다 더 많은 돈을 쓴다면 내가 운영하는 사업에서 소득을 창출하지 못하는 것이고, 그때는 사업을 그만두고 취업을 할 생각이었다. 지금은 그런 일이 일어나지 않았다는 걸 알릴 수 있어 행복한 마음이다.

사실 성공의 비결은 자신이 어떤 사람인지 아는 것과 인생에서 성공할 방법은 수없이 많다는 걸 깨닫는 것이다. 우리가 해야 할 일은 자기에게 맞는 해결책, 환경, 회사, 그리고 장소를 찾는 것이다. 다른 사람이 건네는 조언에 귀 기울이는 건 그만두고 자기에게 맞는 일을 할 때, 자신의 탁월성을 극대화하는 탁월성을 사용할 수 있다.

피드백은 결코 나쁘지 않다

피드백에 애증의 감정을 느끼는 사람이 많다. 우리는 긍정적인 피드백을 듣는 건 좋아하지만, 부정적인 피드백은 두려워한다. 경력과 관련된 피드백도 마찬가지다. 지금 자리에 맞지 않는다는 걸 확인해 주는 부정적인 피드백이 두려운 나머지, 자기가 아닌 사람이 되려고 노력한다. 직업을 바꾸는 게 너무 두려워서 맞지 않는 자리에서 버티며 온갖 어려움을 감내한다.

이런 함정에 빠지지 않으려면, 피드백을 구하는 것만큼이나 피드백의 관리 방법을 아는 것이 중요하다. 피드백은 다른 사람이 나 자신과 나의 행동을 어떻게 인식하는지 보여주는 거울이다. 우리는 열심히 일하기는 해도 자신이 다른 사람에게 어떤 인상을 주는지 의식하지 않을 때가 많다. 이러한 상황에서는 피드백이 우리의 친구이다. 피드백을 통해 자신이 목적에 맞는 영향력을 발휘하고 있는지 확인하고, 탁월성을 사용하지 않을 때는 언제인지 알 수 있다.

부정적인 피드백을 감정적으로 분리하고, 이를 기회로 여기면 자신에게 도움이 되는 방향으로 사용할 수 있다. 심지어 부정적인 피드백은 탁월성 습관을 제대로 만들고 있는지 확인하는 데 도움이 된다.

단, 조언을 걸러 듣듯 피드백 또한 걸러서 들어야 한다. 누구로부터 받은 피드백인지 출처를 확인하라. 피드백을 전달한 사람은 누구인가? 피드백의 내용이 사실인가? 사실이 아니라면 어디서부터 잘못되었을까? 피드백으로부터 무엇을 배울 수 있을까? 이 피드백이 지금 내 상황에 관해 무슨 이야기를 하는 걸까? 이 같은 질문들에 차근차근 대답해 보라.

만약 공식적인 성과평가 프로세스나 정기적인 피드백을 얻을 방법이 없는 회사에 다니고 있다면 어떻게 해야 할까? 다른 무엇보다 우선 회사에서 피드백부터 구하길 권한다. 자신의 영향력이 어떤지 알고, 현재 근무하는 상황이 어떤 모습인지 파악하려는 건 언제나 좋은 생각이다.

부정적인 피드백에서 긍정적인 변화를 이끌어낸 매튜

나를 찾아왔을 때, 매튜는 대기업에서 고위 임원으로 새로운 일을 막 시작한 참이었다. 그는 약 200여 명의 직원이 속한 부서를 관리하고 있었고, 나는 그에게 새로운 자리에서 일을 시작하고 90일 동안의 성과가 어땠는지 동료과 상사로부터 피드백을 받아 보라고 제안했다. 그는 긍정적인 피드백과 부정적인 피드백을 둘 다 받았지만, 결과적으로 가장 유용하게 쓸 수 있었던 피드백은 부정적인 피드백이었다.

매튜의 팀에 속한 어느 직원은 그를 '거만하다'고 평가했다. 나는 그 피드백을 보고 충격을 받을 정도로 놀랐는데, 매튜는 내가 만난 사람 가운데 거만과 가장 거리가 먼 사람이기 때문이었다. 그러나 우리는 그 피드백을 무시할 수 없었고, 그 피드백을 따로 떼어내 어떻게 하면 잘 활용할 수 있을지 방법을 찾았다. 매튜는 피드백을 듣고 방어적으로 대응하는 대신, 회사 문화를 엿볼 기회로 삼기로 했다. 전혀 그런 사람이 아님에도 누군가에게 거만하게 비친 이유가 뭘까? 사실 그는 마음속 깊은 곳에서 회사 문화에 문제가 있으며, 업무 방식도 구식이라고 믿고 있었다. 이 같은 내면의 생각이 비언어적 행동을 통해 표출되었고, 몇몇 핵심 고위 임원들은 매튜의 그런 행동을 거만하다고 보았던 것이다.

피드백의 어느 부분부터 실제 그의 모습과 연결이 끊긴 건지 확인하고 나서 우리는 매튜의 마음가짐을 바꾸기로 했다. 좋은 소식이 있다면 매튜가 하는 일은 그가 가진 탁월성을 활용해야 하는 일이었고, 그가 이미 의미 있는 영향력을 발휘하고 있었다는 것이었다. 나는 부정적인 피드백에 방어적으로 대응하는 대신 내용을 있는 그대로 하나의 데이터로써 받아들일 수 있다는 점을 매튜에게 보여주었다. 그리고 아쉽지만 회사의 현재 문화를 받아들이고 회사 문화에 믿음을 가지도록 열심히 연습하라고 권했다. 비언어적 의사소통방식을 바꾸려면 그 길밖에 없었다. 비록 회사 문화와 완벽하게 맞지 않더라도, 맞추려고 노력하는 게 최선의 전략이라고 생각했다. 이런 노력을 몇 주간 기울이자 매튜는 동료들로부터 긍정적인 피드백을 받기 시작했다. 매튜의 변화가 보였던 것이다.

다음의 4가지 질문을 이용하자. 이 질문을 활용하면 자신은 모르고 있었지만 남들은 알고 있었던 나의 성과 관련 문제가 드러난다. 또한, 내가 어떤 사람인지 동료들이 얼마나 명확하게 아는지 알아볼 방법이기도 하다. 동시에 자신이 탁월성 영역에서 일하는 걸 다른 사람들이 인지하고 있는지 아닌지 알아볼 수도 있다. 함께 일하며 자신을 잘 아는 동료 가운데 몇 사람을 선택해 다음의 질문을 보내고, 대답을 부탁해 보자.

❶ 저와 함께 일하시면서 무엇이 가장 즐거웠나요?

❷ 제가 업무 역할에 접근하는 방식을 어떻게 설명하시겠습니까? 가능한 한 구체적으로 설명해 주세요.

❸ 저와 함께 일하시면서 업무 경험이나 사업 결과에 어떤 영향을 받으셨나요? 가장 큰 변화는 무엇이었나요?

❹ 저의 성과나 관리 혹은 리더십 스타일에 관해 건설적인 피드백을 해 주실 수 있나요?

직감은 대개 올바르다

직감은 살면서 배운 내용이 합해진 데서 나온다. 직업 심리학자 제라드 호지킨슨에 따르면 직감은 우리의 뇌가 정보를 저장하고, 처리하며, 불러오는 방식이 모인 결과이다. 우리의 뇌는 과거의 경험과 외부 신호를 이용해 즉석에서 결정을 내리며, 이로 인해 무언가 일이 잘 되거나 잘못되었다는 느낌을 받는다.

심리학자 게르트 기거렌처는 평생에 걸쳐 사람들이 직관을 이용해 올바른 결정을 내리는 방식에 대한 연구를 진행했다. 기거렌처는 '직감이란, 우리가 불확실한 세계를 살아가기 위한 도구'라고 보았다. 또한 직감을 경험에 바탕한 '무의식적인 형태의 지능'으로 여겼다. 그는 2014년 잡지 〈하버드 비즈니스 리뷰〉와 가진 인터뷰에서 다음과 같이 말했다.

"저는 대기업과 함께 연구를 진행하며, 의사결정권자에게 중요한 업무상 결정을 내릴 때 직감을 얼마나 자주 사용하는지 물어보았습니다. 제가 함께했던 기업들은 다국적 대기업이었는데, 그런 회사에서 내리는 결정의 약 50퍼센트가 결국 직감을 바탕으로 하는 결정이었습니다."

직감은 직장 생활을 하면서 이용해야 하는 지혜의 원천 중 하나다. 직감에 좀 더 관심을 기울이고, 이를 소중하게 대하자. 그러기 위해서는 자기 인식을 키우는 것부터 시작해야 한다. 자신의 직감을 신뢰해야 자기 자신이 지닌 지혜를 사용할 수 있게 된다.

나는 훌륭한 결정이 직감과 데이터의 조합으로 이루어진다고 생각한다. 그러한 개인 데이터로 우리는 탁월성 영역을 사용할 수 있다. 앞서 이야기한 바와 같이 탁월성과 목적을 염두에 두고 경력 결정을 내리면 그 결정이 우리의 진짜 모습, 그리고 우리가 하고 싶은 일에 맞는 결정인지 좀 더 쉽게 알 수 있다.

직감은 대개 올바르다. 자신이 내린 결정에 대해 좋은 느낌이 든다면, 그리고 결정을 통해 탁월성을 이용하고, 목적에 맞는 영향력을 발휘할 수 있다면 좋은 결정을 내린 것이다.

앞으로 나아가게 해줄 경험이 부족하다고 느낄 때, 언제 직감을 존중해야 할지 아는 것도 중요하다. 이 경우엔 이번 장에서 이야기했던 사항을 염두에 두고 다른 사람으로부터 지원이나 조언을 구해야 할 것이다.

직감을 소중히 여기고, 다른 사람으로부터 받는 피드백을 데이터 삼아 적절한 지원을 받을 때 자기 인식을 높이는 습관이 길러진다. 이처럼 자신에게 더 집중하는 것이 직장에서 진정한 기쁨을 찾는 방법이다. 무슨 일을 하든 자기 자신을 활용하기 때문이다.

자신을 신뢰하고, 외부의 자원에 지나치게 의존하기보다는 이를 도구로 사용하자. 이렇게 할 때 비로소 탁월성을 완전히 극대화할 준비를 갖추게 된다.

Q. 외부 지원을 받을 것인가, 내면을 들여다볼 것인가?

직감을 따를 것인지 아니면 외부로부터 도움을 받을 것인지 정해야 할 때 결정에 도움을 줄 질문들을 소개합니다. '예' 혹은 '아니오'로 답하세요.

● 전에 한 번도 해결된 적 없었던 문제나 해결책을 위한 도움이 필요한가?

☐예 ☐아니오

● 근본적인 문제가 자신감 결여인가? 당면한 문제를 처리할 방법이 떠오르지만, 생각대로 잘 해낼 수 있을 거란 믿음이 들지 않는가? ☐예 ☐아니오

● 자신이 지닌 지식의 가치를 저평가하며, 계속 외부에서 수업이나 학위 같은 지식의 원천을 찾는가? ☐예 ☐아니오

● 전문성이 부족한가? 특정 분야를 경험한 시간이 1,000시간 미만인가?

☐예 ☐아니오

● 회사를 다니는 주된 이유는 직업 안정성이나 혜택 때문이다. ☐예 ☐아니오

● 지금 맡고 있는 일상 업무를 처리하는 것보다 새로운 일을 찾는 것이 더 두렵다. ☐예 ☐아니오

● 자신의 아이디어를 완전히 확장해 새로운 무언가를 만들 때, 가면증후군 Imposter Syndrome(자신이 주변을 속이는 사기꾼 같다는 생각이 계속 드는 것)이 나타나는가? ☐예 ☐아니오

▶ '예'라고 답한 문항의 수를 세어 보고, 다음 장의 내용을 확인해 보자.

4~5개　　　　당신의 진짜 문제는 직감을 믿어도 될 만큼 자신이 유능한 사람임을 스스로 믿지 않는다는 데 있다. 당신에게는 아이디어와 경험이 있지만, 학위를 가졌거나 이 일을 더 오래한 다른 사람에 비해 자신의 그것은 가치가 떨어진다고 여긴다. 하지만 다른 사람의 도움이나 조언을 구하기 전에 기다려라. 자신이 지닌 지혜를 활용하고, 자기만의 남다른 관점에 믿음을 가지고, 위험을 감수하라. 혁신이란 그렇게 시작하는 것이다.

2~3개　　　　자신감의 문제가 다소 있지만, 진짜 당신의 발목을 잡는 문제는 새로운 길을 개척하는 것보다는 전술과 관련되어 있다. 이러한 상황에서 다른 사람에게 조언이나 지원을 요청할 때는 그들의 말을 반드시 걸러서 들어야 한다. 상대의 말이 마음에 와닿지 않으면 따르지 말라. 동시에 자신의 지혜와 전문성을 활용하라.

0~1개　　　　당신은 약간의 지원을 통해 이익을 얻을 수 있다. 자신감은 있지만, 직감에 의존하는 데 필요한 경험이 부족하기 때문이다. 대개 전문성을 막 쌓기 시작하는 때에는 지원을 받는 편이(다른 사람이 아이디어를 깊이 생각하는 걸 도와주거나 전술상 제안을 해주는 것) 도움이 된다. 다만 자기와 맞지 않는 것 같거나 자신의 본래 모습과 일치하지 않는 내용의 제안을 받으면 그 제안은 버리고 다른 사람으로부터 지원을 구해야 한다는 것만 기억하라.

직감을 중요하게 여겼던 제프 베조스

제프 베조스는 프린스턴 대학교에서 컴퓨터공학과 전기공학을 공부했고, 졸업 후에는 월스트리트에서 일했다. 1990년 베조스는 투자회사 D.E.쇼에서 최연소 수석 부사장 자리에 올랐다. 그리고 그로부터 4년 후에는 아마존닷컴에 대한 아이디어를 떠올렸다. 그는 머릿속으로 매장이 없는 서점을 그렸고, 온라인 서적 회사를 만들고 싶었다.

베조스는 자신의 상사를 정말 존경했다. 그래서 높은 연봉을 받는 자리를 그만두고 사업이라는 모험을 시작한다는 아이디어를 상사가 어떻게 생각하는지 조언을 구했다. 상사는 다음과 같이 대답했다. "일자리가 없는 사람에게는 훌륭한 아이디어겠지. 하지만 자네는 이미 번듯한 자리에서 일하고 있지 않은가." 상사의 말에 나쁜 뜻은 없었지만, 베조스의 생각을 지지하지 않음이 분명했다. 이 조언은 그를 망설이게 했다. 베조스에 따르면, 이때 아마존 창업을 다시 생각해 보게 되었다고 한다. 창업을 고민하던 그는 아내에게 상담했고, 아내는 사업이 잘 안 되면 언제든 금융업계로 돌아갈 수 있다고 하면서 한번 해보라고 제안했다. 베조스도 아내의 말에 동의했고, 가족은 뉴욕시를 떠나 시애틀로 이주해 차고에서 아마존닷컴을 시작했다. 그리고 그의 업적은 역사가 되었다. 이 이야기를 하면서 베조스는 그의 마음속에 창업 생각을 억누를 수 없는 무언가가 있었다고 했다. 꼭 한번 시도해 봐야만 한다는 느낌이 들었던 것이다.

베조스는 직감을 따랐고 뒤를 돌아보지 않았다. 그는 큰 위험을 감수하는 길로 나아갔다. 현재 아마존닷컴은 세계 최대 온라인 판매 회사가 되었다.

PART 4
마음챙김

어떻게
일터에서
나를
지킬 것인가

CHAPTER 8

칭찬이 아니라
자신감을 원해야 할 때

ACTION PLAN
성과의 출처는 자기 자신입니다. 성과 데이터는 나 자신에게 기초해야 합니다.

탁월성이 목적에 맞는 일에 적용된다면 긍정적인 업무 경험이 만들어지고, 이를 반복하기 더욱 쉬워진다. 자기 자신에 관해 더 많이 알수록 이런 경향은 강해진다. 끊임없이 반복하지만, 자신의 탁월성과 목적을 확인하는 것은 탁월성 영역에서 활동하기 위한 첫 번째 단계이다. 그다음 단계는 자신이 지닌 탁월성과 목적의 가치를 이해하고 인정하는 것이다. 바로 그 지점에서 자신감이 생긴다.

자신감은 일을 잘했다는 평가나 인정 혹은 칭찬에서 나오는 것이 아니다. 진정한 자신감은 자신이 최고라는 걸 알 때, 자기 내면에서 우러나오는 감정이다. 정확히 말해, 자기 자신이 어떤 사람인지 알고 내가 어떻게 이바지할 수 있는지 알 때 자신감이 생긴다.

내 이야기를 다시 해보자면, 캐피털 원의 분석팀에서 일할 때 나는 (많은 이들에게 인정과 칭찬을 받았음에도)자신감이 별로 없었다. 매우 분석적인 업무를 하면서 내가 아닌 다른 사람의 모습을 하려 애썼기 때문이었다. 반면, 지금의 나는 내가 지닌 탁월성과 삶의 목적을 알기 때문에, 매우 분석적인 수많은 사람에게 둘러싸여 있을 때조차 자신감을 느낀다. 특정 업무 능력은 내가 가장 잘하는 일이 아니라는 것 그리고 그래도 괜찮다는 것도 안다. 나는 다른 사람이 지닌 업무 능력을 높이 평가한다. 그런 사람들처럼 되려 하기보다는 상대의 강점을 진심으로 받아들이고, 동시에 나도 그에 상응하는 가치를 지닌 무언가를 제공하려 한다. 이처럼 자신에 대해 이해하면 주변에 어떤 사람이 있어도, 어떤 환경에 놓여도 본래의 자기 모습을 인정하고 소중히 여길 수 있는 자신감이 생긴다.

누구나 자신감을 가지고 싶어 한다. 자신감이 있어야 큰 성공을 거둘 수 있다고 여기기 때문이다. 하지만 우리는 자신감이라는 일면을 단순하게 분석하거나 심지어는 무시한다. 자신감의 중요성을 알고 있지만, 자신감을 키우려면 어떻게 해야 할지 여전히 어려워한다.

이 책을 자신감 근육을 기르기 위한 첫 번째 발판으로 삼아라. 그러면 실패를 두려워하지 않게 되고, 성공하기 위해 완벽할 필요가 없음을 알게 될 것이다. 나아가 탁월성을 일과 삶에 적용하기 시작하면, 이미 자신이 성공에 필요한 핵심 구성요소를 가졌음을 분명히 인식하게 될 것이다.

자신의 생각과 행동이 세상에 영향을 끼치는 방식을 통제할 힘은 외부가 아닌 자신에게 있음을 기억하자. 그러면 자기 인식이 깊어지고, 무엇에서 자신감을 느끼는지 알게 된다. 이게 가능해지면 언제든 이러한 긍정적 감정을 불러낼 수 있다.

지금부터는 마음속의 부정적인 소음을 없앰으로써 자신감을 키우는 방법을 알아보자. 비결은 '마음 챙김' 연습에 있다. 마음 챙김이란, 감정을 유발하는 계기가 나타났을 때, 자신의 반응을 이해하고, 그런 반응이 좀 더 의식적으로 이루어질 수 있도록 현재의 순간에 완전히 집중하는 능력이다. 실제로 반응하기 전에, 자신이 어떻게 반응할지 예상하면 자신감이 즉각 솟구친다. 잠재의식이 만들어내는 (부정적)행동에 좌우되지 않기 때문이다.

부정적인 마음의 소리는 종종 강한 감정적 반응을 불러온다. 하지만 부정적인 마음의 소리가 우리의 생각과 행동(그리고 직업상의 탁월성)에 미치는 힘을 인지하는 사람은 매우 드물다. '내겐 충분한 능력이 없어.' '나는 충분히 똑똑하지 않아.' '나는 충분히 알지 못해.' 부정적인 마음의 소리는 생각을 흐리게 하고, 가능하다고 생각하는 일을 제한한다. 결국 부정적인 마음의 소리는 우리의 가치에 대한 관점에 작용해 일과 삶 전반, 그리고 자신감에 영향을 미친다. 이런 상태에서 충분히 수면을 취하지 않는다거나 운동을 하지 않는 등 좋지 못한 건강 습관이 더해지면 부정적인 마음의 소리를 통제하기가 더욱 힘들다. 체력이 매우 좋은 상태가 아니라면 마음속 부정적인 기운을 다스릴 수 없다.

감정 촉발 요인이 자신감에 영향을 미치는 방식

자신감은 순식간에 사라지는 것이어서는 안 된다. 자신이 어떤 사람인지, 어떻게 일하는지에 관해 계속해서 긍정적으로 생각할 수 있어야 한다. 하지만 안타깝게도 그러기란 쉽지 않다.

나 자신을 정말 화나게 하는 무언가가 있다는 건 알지만, 화가 나는 이유는 정확히 알지 못한 적이 있는가? 아니면 주변 사람들이 전부 괜찮다고 하는데, 혼자만 다른 반응을 보인 일이 있었는가?

누구나 과거로 인한 마음의 응어리를 품고 있고, 여기에서 부정적인 감정과 생각이 나온다. 즉, 누구에게나 자신만의 **감정 촉발** 요인이 있다. 문제는 이런 요인을 인지하여 다스리기 힘들다는 것이다. 그래서 평소라면 하지 않았을 어떤 일(예를 들면, 직원들에게 고함치며 소리를 지르거나, 책상을 세게 치거나, 혹은 다른 방식으로 비이성적인 행동을 하는 일 등등)을 저지르면서도 그 이유를 제대로 알지 못한다. 부정적인 마음의 소리가 증폭된 나머지 패닉, 심한 불안, 극도의 걱정, 심지어는 발작으로 이어지기도 한다.

이는 결국 다음과 같은 문제로 이어지기 쉽다.

- 일의 상황이 내가 원한 방향이 아닌, 완전히 다른 국면으로 들어서게 된다.
- 되돌리기 어려운 잘못된 행동을 하게 된다.

대부분의 사람은 각기 몇 가지 감정 촉발 요인을 가지고 있다. 나는 6개쯤 있는데 그중 2가지만 이야기하자면, '책임감이 없을 때'와 '반응이 없을 때'이다. 앞서 말했듯, 나는 보이지 않는 사람 취급을 당했다고 생각되면 부정적 감정이 발현되곤 한다. 마찬가지로 누군가 책임 있게 행동하지 않거나 어느 정도 시간 안에 대답하지 않는 사람이 있으면 지나친 감정 반응을 보인다. 상대의 무반응은 보이지 않는 사람 취급당하는 걸 싫어하는 내 문제와 연관되어 있다. 누군가 대답하지 않는 사람이 있으면 나는 즉각 보이지 않는 사람이 된 것 같은 기분이 들며 거절당했다는 느낌에 빠진다.

자신의 핵심정서문제를 이해하고 나면, 감정을 발생시키는 여러 요인이 핵심정서문제와 맞닿아 있음을 알게 된다. 나의 경우, 보이지 않는 사람 취급당하는 걸 싫어하는 핵심정서문제와 아주 가까운 문제인 것처럼 말이다. 이런 문제는 종류를 막론하고 우리의 자신감을 저해한다.

잘 살펴보면 무엇이 자신의 감정을 유발하는지 쉽게 찾을 수 있다. 감정이 촉발되었을 때를 알고 그 요인을 인식하며, 거기에 이름을 붙이고, 감정이 올라오는 순간 좀 더 효과적으로 자신을 관리한다면 커다란 힘을 되찾을 수 있다. 이러한 과정 자체가 일종의 마음 챙김으로, 그 결과 다음번에는 좀 더 잘 대처할 수 있게 된다. 보다 이성적인 방식으로 문제에 접근하게 되므로 감정적 반응 속도도 느려져서, 원하던 나의 모습에 걸맞은 행동을 보일 수 있을 것이다.

준비되지 않은 상태를 싫어하는 애비

애비는 준비되지 않았다는 느낌이 들 때마다 화를 낸다. 그녀는 완벽주의자로, 회의를 준비할 때면 몇 시간 동안 보고서를 읽고 현재 시장 상황을 이해하기 위해 애쓰곤 한다. 가능성 있는 시나리오와 그에 대한 해결책을 전부 준비해 놓지 않은 채 회의에 참석하면 불안해지고, 심하게 자책하며, 자신감을 잃는다. 준비 못 한 질문을 받으면 회의실 밖으로 나와 몇 시간이나 자신을 책망하고, 생산적인 일을 하기보다는 부정적인 마음의 소리와 씨름한다.

나는 애비에게 머릿속에서 '준비 부족'이라는 감정 촉발 요인과 그 결과를 잇는 고리를 끊으려면, 우선 '무엇이 자신을 자극하는지' 알아내는 것부터 시작해야 한다고 조언했다. 애비의 감정 촉발 요인은 어린 시절 아버지의 태도에 있었다. 그녀의 아버지는 "너는 충분하지 않아. 이 정도는 잘하는 게 아니야."라고 입버릇처럼 말하곤 했던 것이다. 애비는 아버지로부터 칭찬받으려면 반드시 실패를 피해야 한다고 생각했고, 이러한 생각을 둘러싼 부정적인 마음의 소리가 끊임없이 '너는 충분히 잘하고 있지 않다.'고 그녀에게 속삭였다.

감정을 유발하는 계기를 확인하고 나서 우리는 부정적인 사고방식을 긍정적인 사고방식으로 바꾸는 작업을 시작했다. 우선 마음속에서 부정적인 소리가 시작될 때마다 사용할 대체 메시지를 함께 만들었다. 회의를 하다가 불안해질 때면 "나는 할 수 있는 만큼 준비했어. 준비가 부족하다고 해서 그게 내 가치를 반영하는 건 아냐."라고 말하는 습관을 길렀다. 단 한 가지 방식을 바꿨을 뿐임에도 부정적인 마음의 소리가 주는 영향이 줄어들기 시작했다. 이 같은 과정의 꾸준한 연습을 통해 이내 애비는 감정을 유발하는 계기에 맞서 자신을 보호하고 능동적으로 자신감을 키울 수 있었다. 애비는 말했다.

"현재 무엇이 내 감정을 건드리는지 분명히 알기 때문에 그 원인이 과거에 있다는 것도 알아요. 지금 저는 감정이 유발되는 순간에 차분하게 그리고 최선의 모습으로 대응할 수 있습니다. 내면에서 들리는 부정적 메시지를 바꿀 힘이 내게 있다는 걸 깨달았어요."

성과 데이터의 근거는 자기 자신이어야 한다

직장과 집에서 일어나는 일을 자세히 살펴보라. 스트레스, 불안, 자신감 결여를 경험한 순간을 목록으로 만들고, 다음 내용을 스스로 물어봐라. 이때 무엇이 그런 감정의 순간을 유발했는지, 어떤 부정적인 마음의 소리가 반응을 일으켰는지 주의를 기울여야 한다. 힘들겠지만 스트레스, 불안,

자신감 결여를 경험할 때마다 그 순간을 관찰하고 현재에 집중하는 연습을 2주간 해보자.

우선 자신에게 다음 내용을 물어보자.

❶ 이 일이 과거에 경험한 부정적인 사건과 비슷한 점이 있을까?

❷ 무엇이 감정을 일으켰을까?

❸ 이 일과 내 핵심정서문제가 연관되어 있을까?

❹ 연관되어 있지 않다면, 과거 유년 시절의 다른 어떤 사건이 이번 반응을 일으킨 요인일까?

마음속 부정적인 메시지가 어디서 오는지 확인할 수 있으면, 부정적인 메시지와 반대되는 긍정적인 메시지나 일종의 주문을 만들어 마음속 생각이 자신의 강점을 향하도록 할 수 있다.

감정이 발생할 때 부정적 행동이 나타난다는 걸 인식하고, 반응 속도를 늦추며, 현재에 집중하는 연습을 하자. 그러면 감정 촉발 요인을 더욱 잘 파악할 수 있고 그 결과 자기 자신에 대한 이해도 높일 수 있다. 이것이 마음 챙김 연습의 본질이다. 부정적인 마음의 소리 때문에 일을 망치는 대신, 이를 알아차리고 무시하는 것이다. 부정적인 마음속 대화 패턴의 반복을 멈추면 즉각 자신감이 높아지는 강력한 효과를 볼 수 있다.

섣부르게 판단하고 남 탓부터 하지 않는가?

직장에서 무언가 일이 '잘못된 것 같다'는 느낌을 몇 번이나 받는가? 이런 느낌이 드는 순간, 문제의 근본 원인을 찾기보다(사실 원인은 자기 자신이다.), 순간적으로 외부 요인을 원인으로 지목하기 쉽다. 하지만 이러한 때야말로 감정이 자극받았음을 정확히 알 수 있는 순간이며, 성과 추적기를 사용하기에 정말 좋은 때이다. 무언가 일이 잘못되었다는 느낌을 받으면 자신의 내면을 향해 시선을 돌리자. 자신의 성과나 상사와의 관계에 관해 섣부를 판단을 내리기 전에 내 안의 감정을 잘 살피는 것이 중요하다.

자신감의 차이 : 남자 대 여자

남자와 여자는 자신감을 대하는 방식에서 큰 차이를 보인다. 2014년 〈디 아틀랜틱The Atlantic 〉에 실린 '자신감 격차The Confidence Gap'라는 기사에 따르면 여자는 남자보다 자신감이 부족한 경향이 있다. 이로 인해 일터에는 여성 노동자의 숫자가 더 많음에도, 남성이 더 빨리 승진하고 급여도 더 많이 받는 관행이 계속되고 있다. 해당 기사는 유리 천장을 깨려는 시도가 계속 실패하는 현상을 여성의 '극심한 자신감 부족'이라는 렌즈를 통해 살핀다. 기사를 쓴 캐티 케이와 클레어 시프먼은 저서 ≪나는 왜 자꾸 눈치를 볼까The Confidence Code for Girls / 리듬문고, 2019 ≫에 다음과 같이 썼다.

"수십 명의 여성들과 이야기를 나누다 보니, 모든 여성이 많은 걸 성취하고 자격을 갖춘 사람들이었음에도 우리가 정확히 파악할 수 없는 어두운 구석이 계속 나타났다. 그건 분명 여성들의 발목을 잡는 존재였다.

성공한 투자은행가인 여성이 엄청난 특별 승진을 했음에도 '나는 승진할 자격이 없다.'라는 말을 왜 하는 걸까? 수십 년간 업계에서 개척자로 일해 온 엔지니어 여성은 인터뷰 자리에서 '회사의 신규 대형 프로젝트를 자신이 담당하는 게 정말 최선의 선택인지 모르겠다.'라고 했는데 그건 무슨 말일까? 우리의 경험에 따르면, 여성들은 충분히 능력을 발휘하고 있음에도 남성과 비교해 자신이 승진할 준비가 되었다고 생각하지 않으며, 시험을 망칠거라 예측하는 등 일반적으로 스스로의 능력을 과소평가한다."

이들이 인용한 연구에는 놀라운 내용이 담겨있다. 카네기 멜론 대학교 경제학과 린다 밥콕 교수의 연구에 따르면 남성이 여성보다 연봉 협상을 4배 더 자주 제안하며, 여성이 연봉 협상에 임할 때는 자신감 부족으로 비슷한 조건의 남성에 비해 연봉을 30퍼센트 낮게 제시한다고 한다. 여성과 대조적으로 남성은 지나치다 싶을 정도의 '진정한 자기과신honest overconfidence'을 드러내는 편이다. 진정한 자기 과신은 남성이 자신의 성공을 부풀리는 타고난 일관적 능력을 묘사하기 위해 컬럼비아대 경영대학원 어네스토 루벤 교수가 만든 표현이다. 루벤 교수는 다음과 같이 말한다.

"남성은 자신의 성과가 실제보다 30퍼센트 더 낫다고 인식하며, 정말로 그렇게 생각합니다. 반면 여성은 자신의 과거 성과를 일반적으로 실제보다 겨우 약 15퍼센트 높게 평가합니다.”

핵심은 남성과 여성이 자기 능력에 대한 믿음에 있어 뚜렷한 차이를 보인다는 점이다. 이 연구 결과를 보고 놀랐던 건, 나 또한 여성으로서 이러한 현상을 겪고 있으며 대부분 여성이 그러한 차이를 인식하지 못한다는 사실이었다. 자신감은 여성이 남성에게서 자극받아야 할 부분이다. 세상에는 우리가 통제할 수 없는 것이 많지만, 자신과 자신의 능력을 바라보는 생각은 통제할 수 있다. 여성들이 자신감을 대하는 남성과의 차이를 알고 자신감 부족을 떨치도록 노력했으면 한다.

가면증후군 : 우리는 자신이 진짜라고 믿지 않는다

가면증후군은 다른 사람들이 보기보다 자신에게는 능력이 없고, 언젠가 무능함이 밝혀지진 않을까 걱정하며, 그렇기에 실패할 가능성이 크다고 생각하는 현상을 말한다. 즉, 자신이 이뤄낸 업적을 스스로 받아들이지 못하는 심리적 상태이다. 가면증후군은 남녀 전체에 걸쳐 만연해 있다.

탁월성 영역을 이해하면 가면증후군을 극복하는 데 도움이 된다. 탁월성 영역에서 일하면 문제를 해결하는 데 이바지할 생각과 영향력이 자신에게 있다는 걸 인정하게 된다. 또한, 자신의 탁월성이 일을 처리하는 데 필요한 능력이 아닐 때를 확인하고, 해당 업무에 맞는 탁월성을 지닌 다른

사람을 찾아 협력하거나, 심지어는 그에게서 배울 수 있다

가장 중요한 첫걸음은, 성공하기 위해서는 (일하면서)배움이 필요함을 인정하는 것이다. 어떤 일을 할 때 항상 정답을 알고 있어야만 하는 건 아니다. 위험을 감수하고 미지의 대상을 두려워하지 않는 자세를 가지는 것이 실제 전문가인지 아닌지 보다 더 중요하다. 실제로 시대가 변할수록 '리더라면 모든 걸 다 알아야 한다.'라는 생각이 사라져 가고 있다. 누구나 쉽게 접근하고 활용할 수 있는 정보 및 플랫폼이 정말 많기 때문이다. 즉, 오늘날에는 문제 해결의 과정이 사실fact 그 자체보다 더욱 중요해지고 있다.

'거짓으로 살고 있다.'라는 생각이 핵심정서문제와 관련되어 있는 경우, 가면증후군 또한 비슷한 계기로 유발될 수 있다. 어떻게 고쳐야 할까?

이는 자신감을 키우는 일과 마찬가지이다. '인식'을 높여야 한다. 이런 느낌을 알아차리는 것이 첫 번째 단계이다. 감정이 자극받는 정확한 순간을 알고 있는가? 끊임없이 느껴지는 감정인가? 이사회 회의, 팀 회의, 아니면 발표를 할 때처럼 특정한 상황에서만 나타나는 감정인가? 아니면 마감을 지켜야 하거나 분석 작업을 할 때인가? 이처럼 감정이 나타난 상황을 추적해 보면 언제, 어떤 식으로 그 감정에 빠지는지 알게 되고, 자신감을 되찾는 작업을 시작할 수 있다. 당신이 아는 자신감 넘치는 사람들 또한 보이지 않는 곳에서 마음속 생각을 바꾸려 열심히 애썼다는 점을 기억하라. 가면증후군을 극복하려면 노력이 필요하다.

실패를 성공의 일부로 삼은 일론 머스크

자신감 근육을 키우는 궁극적인 목표는 외부 세계에서 발생하는 일과 상관없이 자신감을 유지하기 위해서이다. 좌절과 실패는 인생의 일부이지만, 그것이 우리를 망치도록 둘 수는 없다. 진짜 자신감이 있다는 건 무슨 일이 생기더라도 자기 자신을 알고, 믿으며, 회복할 힘을 갖춘 상태로 실패를 마주한다는 뜻이다. 테슬라의 CEO 일론 머스크가 완벽한 예이다.

1995년　인터넷 기업 넷스케이프에 지원했지만 탈락함. 당시에는 대단한 기업이었지만, 지금 넷스케이프는 어디에 있을까?

1996년　자신이 세운 회사 집투Zip2의 CEO 자리에서 내쫓김. 집투는 신문사에 온라인 도시 가이드 소프트웨어를 제공하는 회사였다.

2000년　신혼여행을 간 사이 페이팔에서 쫓겨남.

2001~2002년　스페이스엑스를 시작하기 위해 러시아 로켓 구매 시도했으나 계약에 실패.

2006년　스페이스엑스의 첫 로켓 발사 실험이 폭발로 끝남.

2008년　테슬라와 스페이스엑스, 두 회사 모두 파산 직전의 위기에 놓임.

2013~2015년　추가 로켓 폭발.

2014년　테슬라 모델 5 배터리 자연 발화 문제가 터짐.

2018년　일론 머스크의 사업은 완벽하다고 할 수 없지만, 기업 가치는 148억 달러에 달함.

머스트는 때로 엄청난 실패를 겪었지만, 실패는 그가 앞으로 나아가는 걸 막지 못했다. 머스크는 결코 포기하지 않았고, 모든 실패에서 배움을 얻었다. 머스크는 이렇게 말한다. "실패는 당연히 따라오는 것입니다. 실패하지 않으면 혁신이 충분하지 않은 겁니다." 머스크는 또한 이런 말도 했다. "평범한 사람도 비범해지기 위한 선택을 할 수 있다고 생각합니다." 나도 머스크의 말에 동의한다.

성장 마인드셋 가지기

스탠포드대의 사회 및 발달 심리학자인 캐롤 드웩 교수는 "마인드셋(마음가짐)이 모든 것을 결정짓는다"라고 했다. 마인드셋은 완전히 통제할 수 있는 대상으로, 생각을 구조화하고, 세상 속에서 살아가는 방법이다. 또한, 마음과 마음속 대화의 내용을 관리하는 방법이기도 하다. 우리는 마인드셋을 통해 자신감을 키우는 습관을 만들고, 직장과 삶에서 더 큰 평화와 기쁨을 느낄 수 있다.

드웩 교수는 자신의 저서 ≪마인드셋Mindset / 스몰빅라이프, 2017년≫에서 대비되는 2가지 마인드셋을 묘사했다. '고정 마인드셋'을 지니면 변화라는 호사를 누릴 수 없다. 이들은 이미 자신의 모습 그대로인 것이다. 하지만 '성장 마인드셋'을 가진 사람은 도전 과제에 맞서 변화하고 성장한다. 다시 말해 성장 마인드셋이란, 가지고 있는 현재의 자질은 성장을 위한 일종의 출발점이며, 노력을 통해 얼마든지 길러낼 수 있는 믿음에 바탕을 둔다.

드웩 교수는 바꿀 수 있다고 믿는다면 지능도 높일 수 있다고 말한다. "마인드셋을 가진다는 건 새로운 세상에 들어가는 것이다. 고정된 특성을 지녔다고 믿는 세상에서 성공은 똑똑하다거나 재능이 있다는 사실을 증명하는 일이다. 그저 자신을 확인받는 것이다. 하지만 사람의 특성이 바뀐다고 생각하는 세상에서 성공은 새로운 것을 배우기 위해 손을 뻗는 것이다. 자신을 발전시키는 일인 것이다."

그에 따르면 고정 마인드셋을 가진 학생은 우울감이 크고, 자신의 문제와 단점에 관해 깊이 생각한다. 또한 단점이 있다는 건 능력이 없거나 가치가 없다는 뜻으로 받아들이고 자기 자신을 괴롭힌다. 이런 학생에게 실패란 꼬리표가 붙는 일이고 성공과 멀어지는 길이다. 하지만 성장 마인드셋을 가지면 일론 머스크처럼 실패를 긍정적인 방향으로 받아들이고, 실패

성장 마인드셋 + 탁월성 영역 = 자신감

어떤 단점이 있든 자기 자신을 믿고, 업무에서 자기 기술에 대한 자신감을 잃지 않는 동시에, 어떤 일과 나는 맞지 않는 면이 있다는 걸 인정할 수 있어야 한다. 그래야 성장 마인드셋과 탁월성 영역을 합칠 수 있다. 자신이 어떤 사람인지 그리고 어떤 사람이 아닌지 받아들일 때, 진정한 자신감을 갖췄다 할 수 있을 것이다.

에서 배움을 얻는다.

학생이었을 때 나는 항상 모범생이었지만, 좋지 못한 성적을 받으면 실패로 여겼고, 내가 부족한 사람인 게 아닐까 걱정했다. 과거의 나는 고정 마인드셋을 지닌 학생이었다. 우리의 교육체제는 고정 마인드셋을 촉진하도록 만들어져 있으므로 그리 놀랄 일은 아니다. 100점짜리이거나 그렇지 않거나, 재능이 있거나 없거나 하는 식으로 학생을 나눈다.

나는 사업을 시작한 후 내가 지닌 탁월성 영역을 발견하고 나서야 실패를 기회로 보기 시작했다. 그제야 실패를 환영하고, 실패에 부정적으로 대응하는 대신, '다음번에 더 잘하려면 무엇을 할 수 있을까?' '노력, 탁월성, 집중은 어떤 역할을 맡게 될까?' 등 다른 요소에 관해 생각하게 되었으며, 성장 마인드셋을 가질 수 있었다.

"나는 똑똑하지 않아"라는 말은 이제 그만!

자신이 똑똑하지 않은 사람이라고 생각하기는 정말 쉽다. 특히 학교에 다닐 때나 어린 시절에 다른 아이들보다 똑똑하지 않은 아이라는 꼬리표가 붙은 적이 있었다면 더욱 그렇다. 주변 다른 사람과 동일한 지적 능력을 가지지 못했다는 소리를 들었다면, 이는 자아상自我像에 영향을 주고, 마치 자기충족적 예언미래에 대한 기대와 예측에 부합하기 위해 행동하여, 실제로 기대한 바를 현실화하는 현상과 같은 이야기가 된다.

그런데 흥미로운 사실이 있다. 타고나길 똑똑하다는 칭찬을 받고 자라더라도 부정적 이야기를 듣고 자랐을 때와 똑같은 손상이 가해진다는 것이다. 똑똑하다는 칭찬을 받으면 더 좋은 성과를 내는 데 도움이 될 것 같지만, 드웩 교수는 그렇지 않다고 말한다. 그녀는 간단한 실험을 통해 비판과 칭찬 모두가 어려움에 대처하는 우리의 능력을 저해할 수 있음을 증명했다.

드웩 교수는 어린아이들이 퍼즐을 푸는 두 차례의 실험을 진행했다. 동일한 퍼즐 문제를 가지고 진행한 첫 테스트에서 대부분 아이가 별다른 어려움 없이 퍼즐을 풀었다. 첫 실험이 끝난 뒤 한 그룹의 아이들에게는 '정말 똑똑하고 능력이 있는 아이'라며 '지능' 위주로 칭찬해 주었고, 나머지 그룹의 아이들에게는 그들이 한 '노력'을 중심으로 칭찬해 주었다. 이후 진행한 두 번째 실험에서는 아이들이 어려운 퍼즐과 쉬운 퍼즐 중 한 가지를 선택하게끔 했다. 그 결과 능력 및 지능을 중심으로 칭찬받은 아이들의 약 70퍼센트가 쉬운 문제를 선택했다. 반대로 노력을 중점으로 칭찬받은 아이들의 90퍼센트가 어려운 퍼즐을 풀겠다는 의욕을 보였다.

누구나 똑똑하다는 소리를 들으면 좋아할 것 같으나, 사실 그런 말이 꼭 도움이 되는 건 아니었던 것이다. 똑똑하다는 칭찬을 받으면 궁극적으로 자신감을 키우는 데 방해가 되는데, 실패했다 느끼면 '나는 남들이 기대하는 만큼 똑똑하지 않다.'는 의미로 받아들이기 때문이다. 그러나 노력

자체를 칭찬받고 그것에 더 의미를 두는 사람은 실패하더라도 금방 회복한다. 원하는 목표에 도달하지 못한 것은 고정된 능력 혹은 지능의 문제가 아니라 노력의 문제이므로, 앞으로 충분히 좋아질 수 있다고 생각하기 때문이다.

경력을 키워나감에 따라, 자기가 지닌 기술에 '꼬리표'가 붙는 경우를 마주하게 된다. 관리자는 성과를 바탕으로 직원들을 분류하면서 종종 '누구는 똑똑하다'거나 '누구는 똑똑하지 않다'라고 말한다. 이는 직원을 위해서도 회사를 위해서도 전혀 도움이 안 되는 말이며, 정확한 이야기도 아니다.

심리학자 하워드 가드너는 다중지능이론 주장을 통해, 지능은 단일하지 않고 다양한 영역으로 구성되어 있으며, 사회적·문화적·환경적 상호작용을 통해 발달한다고 봤다. 그만큼 지능 측정에는 많은 측면이 고려되어야 하므로, 어느 한 가지 면만 보고서 똑똑하다거나 그렇지 않다는 걸 아는 건 불가능에 가까운 일이다. 다른 사람에게 똑똑하다, 느리다, 혹은 다른 식으로 꼬리표를 붙이는 건 그 사람의 전체 지능을 전부 고려하지 않은 단편적인 평가이다. 다시 말해, 사람에게 꼬리표를 붙이는 건 누군가를 정확하게 평가하는 실질적인 방법이 전혀 아니라는 것이다. 그저 자신이 관찰한 바를 바탕으로 (잘못된)가정을 하고 있는 것뿐이다. 이러한 인식은 자신의 편견과 자신이 생각하는 지능의 정의를 바탕으로 삼았으므로 다른 사람의 인식과는 다를 수 있다.

누군가(자기 자신 포함)를 똑똑하다거나 똑똑하지 않다고 추측하는 대신 좀 더 유념해서 판단하자. 천천히, 그리고 자신이 관찰한 바를 보다 세세하게. 예를 들어, 두 사람이 함께 일을 잘 해내는 모습을 본다면 협력을 잘하는 사람들이라고 말해준다. 상대방에게 주의를 더 기울이고, 독선적인 꼬리표를 붙이는 대신 노력을 존중해 주는 것이다. 나아가 보다 자세하고 정확한 피드백을 제공하면 상대방이 자신감을 키우는 데 도움이 될 것이다.

지적으로 자신감을 가지고 싶다면 탁월성 영역에서 일할 방법을 적극적으로 찾아라. 탁월성 습관을 계발하기 시작한 뒤로 나는 업무에서 탁월성을 사용할 방법을 찾았고, 그랬더니 자신감이 더 커졌다. 나 자신이나 혹은 내 능력을 정의하는 꼬리표에 신경 쓰지 않는다. 스스로 내 강점과 약점을 분명히 알고 있고, 업무와 강점을 맞추려고 노력하기 때문이다. 또한, 내게는 전문성을 계속 높이기 위해 배우고, 성장하고, 새로운 기술을 익힐 능력이 있다는 사실에 초점을 맞춘다. 그렇다고 해서 시간이 흐름에 따라 탁월성 영역이 바뀐다는 뜻은 아니다. 탁월성 영역을 적용하는 하는 방법과 전문성의 깊이가 변화하는 것이다. 이처럼 탁월성을 사용하는 데 능숙해지면서 전문성이 깊어졌고, 내가 지닌 탁월성으로 한층 복잡하지만 보람 있는 문제에 도전할 용기를 얻었다.

어떤 마인드셋을 가지고 있는가

드웩 교수에 따르면 우리는 자신의 모습이 변하지 않을 거라고 생각하는 고정된 세상 속에 살거나, 아니면 반대로 끝없는 개인적 성장을 이룰 수 있다고 믿으며 살아간다. 고정 마인드셋을 가졌는지, 아니면 성장 마인드셋을 가졌는지 확인하기 위해 다음 질문에 답해 보자. 당신은 어느 쪽 마인드셋에 더 동의하는가? 2가지 마인드셋을 섞어 있을 때도 있지만, 대부분은 하나의 마인드셋 쪽으로 기운다.

질문지

Q. 당신은 어떤 마인드셋을 가졌는가

'동의' 혹은 '비동의'로 답하세요.

❶ 나의 탁월성은 일하는 방식에 있어 매우 기본적인 것이다. 따라서 큰 변화를 주기 어렵다. ☐동의 ☐비동의

❷ 새로운 기술은 배울 수 있지만, 지능을 높일 수는 없다. ☐동의 ☐비동의

❸ 특정 업무를 위한 적성을 얼마나 갖추고 있든, 노력으로 어느 정도 개선할 수 있다. 심지어는 지능까지도 개선의 여지가 있다. ☐동의 ☐비동의

❹ 탁월성은 더욱, 상당히 깊어질 수 있는 것이다. ☐동의 ☐비동의

▶ ❶❷에 동의했다면 고정 마인드셋　　▶ ❸❹에 동의했다면 성장 마인드셋

성장 마인드셋으로 자신을 극복한 스티브

스티브는 자신감 문제로 나를 찾아왔다. 그는 대기업의 컨설턴트로 지금의 일을 좋아했지만, 자신의 회사를 차리고 싶었다. 직접 고객의 업무를 처리하기보다는 컨설턴트 팀을 관리하는 쪽으로 변화를 주고 싶어 했으며, 전형적인 컨설팅 문화에 권태를 느꼈고, 더 새롭고 활기찬 직장을 만들길 꿈꿨다. 하지만 그저 아이디어 단계에만 머물러 있었는데, 그건 스티브가 자기 의심이 많은 사람이었기 때문이다. 스티브는 가면증후군에 시달렸다. 아직 자기 사업을 시작할 준비가 되지 않았다는 생각과 더불어, 마음속에서 '내가 사장이 될 수 있겠어? 나 같은 사람이 정말 꿈을 이룰 수 있을까?'라는 목소리가 계속 들린다고 말했다.

우리는 스티브의 핵심정서문제가 어린 시절 방치되고 종종 무시당하며 자랐기 때문이라는 걸 알았다. 방치당했던 고통으로 인해 스티브의 삶의 목적은 분명해졌다. 그는 다른 사람이 혼자라고 느끼지 않도록 문제가 생겼을 때 해결하도록 지원해 주거나, 멘토링 해주며 돕는 걸 좋아했다. 스티브의 목적은 컨설팅 일과 완벽한 조화를 이루었고, 자기 사업을 시작하겠다는 꿈도 스티브의 탁월성과 잘 맞았다. 우리는 스티브의 탁월성에 '창의적인 가능성 신봉자Creative Possibilitarian'라는 이름을 붙였다.

스티브에게는 사업을 시작하면 경쟁에서 남들과 다른 모습을 보일 수 있는 아이디어가 많았고, 아이디어를 실현할 경험도 있었다. 스티브는 모든 직원이 각자의 탁월성에 맞는 업무를 하는 문화를 만들고 싶어 했다. 당시 스티브가 일하는 회사의 문화와는 아주 반대되는 상황이었다. 그곳에서는 대부분 직원이 과로하는 중이었고, 번아웃 상태였으며, 방치되고 있었다.

우리는 스티브의 자기 의심을 꺾기 위해 성과 추적기를 사용해 스티브의 자신감이 떨어지는 순간을 추적했다. 그 결과 2가지 주요 원인을 확인할 수 있었다. 첫째는 업무량이 너무 많아서 압도되었을 때였다. 일상 업무가 바빠질수록 창업을 준비할 시간이 적어졌다. 스티브는 바쁘면 불안해졌고, 자기 사업에 쏟을 시간이나 힘이 절대적으로 모자라리란 생각에 시달렸다. 둘째는 고객을 잃을 때였다. 명확한 이유 없이 고객이 사라지면 스티브는 자기 의심의 소용돌이에 빠졌다. 이는 자신은 사업을 시작할 능력이 없다는 생각으로 이어졌다.

스티브의 자신감을 떨어뜨리는 원인을 확인하고 나서 우리는 스티브가 부정적인 마음의 소리에 대응해 자기에게 말할 새로운 긍정적인 메시지를 만들었다.

첫 번째는 '나는 사장이 될 수 있고, 능력 있는 사람이야.'였다.

두 번째는 스티브의 자신감을 상실하게 만드는 첫 번째 원인에 대응하고 자기 사업을 시작하겠다는 목표를 달성하기 위한 것이었다. '꿈의 직장을 만드는 일로부터 나를 멀어지게 하는 일은 맡을 수 없어.'

세 번째는 스티브의 자신감을 상실하게 만드는 두 번째 원인에 대응하려는 것이었다. '고객이 떠나는 건 내 능력과는 전혀 상관없는 일이야. 그저 서로 맞지 않았다는 뜻이야.'

우리는 또한 성장 마인드셋을 개발하려는 노력도 했다. 스티브는 매주 성과 추적기에 내용을 적었고, 스스로 자기의 능력에 믿음을 가져야 한다는 걸 상기했다. 문제를 기회를 바꾸어 생각했다. 2달 정도 그런 자기 의심을 없애려는 노력을 기울이자 스티브는 새 사람이 된 듯한 기분을 느끼기 시작했다. 마침내 자기 사업을 시작할 준비가 된 것이었다.

마음 챙김과 자신감 향상을 위한 주문

자신감을 떨어뜨리는 특정 원인에 대응해 긍정 메시지를 만드는 건 중요한 일이지만, 쉽지만은 않다. 그러나 기억하라. 당신뿐 아니라 많은 사람이 비슷한 문제로 어려움을 겪는다. 많은 사람이 동일한 핵심정서문제를 겪고 있으며, 누구나 살면서 가면증후군으로 힘든 시기를 보낸다.

이와 관련해 도움이 될 몇 가지 주문을 다음에 소개한다. 마음에 와닿는 주문이 있다면 자유롭게 골라 쓰기 바란다.

- 나는 원하는 성공을 이룰 수 있다.

- 나에 관한 다른 사람의 의견은 그저 그들의 인식일 뿐이다.

- 실패는 성장하고, 배우고, 더 나아질 기회이다.

- 나는 내가 지닌 탁월성의 영역을 존중하며, 내가 가치를 더할 수 있는 사람이라는 걸 안다.

- 내 마음 속 부정적인 소리는 사실이 아니다.

- 자신감은 나의 생득권(生得權)이다.

- 자신이 거짓이라고 느껴지는 건 올바른 길로 가고 있다는 표시이다.

- 탁월성의 영역을 사용할 때 나는 내 총명함을 활용한다.

- 부정적 피드백은 내게 맞는 일을 찾는 데 도움을 주는 데이터에 불과하다.

- 나는 꿈의 직업을 손에 넣을 능력이 있다.

마음챙김은 생각하는 방식에만 국한된 게 아니다. 신체적 건강에 관한 매일의 선택에 관한 것이기도 하다. 신체적 건강은 업무에 직접적인 영향을 준다. 다음 장에서는 힘찬 기운을 유지하는 습관이 비단 기분뿐 아니라 생각하는 방식에도 영향을 주는 이유에 대해 배울 것이다.

CHAPTER 9

일터에서
활력을 느끼는 비결

ACTION PLAN
시간과 안위를 희생하는 삶에서 그 반대의 삶으로 방향을 바꾸세요.

여기까지 읽었다면, 아마도 자신이 지닌 탁월성에 어느 정도 자신감을 얻었을 것이다. 자신의 탁월성을 업무에 어떻게 적용할지, 얼마나 더 효율적으로, 더 즐겁게 탁월성을 의식하며 일할지 상상하고 있을지도 모른다.

일상에서 탁월성을 더 자주 사용할수록 자신감은 커진다. 역량이 부족했던 영역을 자신 있는 영역으로 대체하기 때문이다. 이렇게 되면 정신적 에너지가 훨씬 더 많이 생기므로 한 단계 높은 수준의 업무 성과를 낼 수 있다.

모든 일을 뛰어나게 잘하겠다는 건 좋지 않은 전략이다

우리는 일반적으로 업무 혹은 경력의 모든 영역에서 뛰어난 모습을 보이려 노력하는 것을 성공의 비결로 본다. 더 많은 편이 항상 더 좋다고 배워온 탓에 대부분 사람들은 끊임없이 더 많은 것을 추구한다. 이를테면 더 많은 정보, 더 많은 교육, 더 많은 자격과 같은 식이다. 하지만 사실 모든 일을 잘하려 애쓰는 건 좋지 않은 전략이다. 당연한 말이지만, 모든 일을 완벽하게 잘하려 애쓰면 에너지가 엄청나게 소진되며, 완벽을 추구하다 보면 무리하게 된다.

내 고객 중 많은 수가 '최고의 자리에 오르기 위해 지나칠 정도로 준비했다.'라고 말한다. 이론상으로는 훌륭한 전략인 것 같지만, 지나치다 싶을 정도로 준비하기 위해선 많은 시간이 소모되며, 이는 특별히 효율적인 방식은 아니다. 그럼에도 사람들은 탁월성을 가장 잘 사용할 수 있는 일을 우선으로 한 뒤, (나머지 일은 위임하는 방식이 아니라)모든 방면에서 전문가가 되려고 많은 힘을 들인다. 이런 식의 잘못된 성공 전략을 추구하는 사람들은 성공에 필요하다고 생각하는 모든 일을 하기 위해 안위와 에너지, 건강을 기꺼이 희생한다.

모든 일을 잘하기 위해 몸과 마음에 부담이 가는 것보다 더 나쁜 건, 지나치다시피 준비하는 행동이다. 그 기저에는 '나는 아직 부족해.'라는 부정적 자기 메시지가 담겨 있다. 이는 자신감이 부족하다는 분명한 표시이다. 전문성을 높이고 탁월성과 연결된 일을 하는 대신, 모든 면에서 전문가가 되어야 한다는 생각에 집착하게 되면, (자신의 탁월성을 가장 잘 살리는 방식으로)업무의 우선순위를 정하지 못할 것이다. 또한 항상 자신이 부족하다는 생각이 들 것이다. 팔방미인이 되려 애쓰기보다 자기가 가장 잘 할 수 있는 일에 집중하는 것이야말로 스트레스를 줄이고 자신감을 높일 수 있는 방법이다.

캘리포니아 대학교 버클리 캠퍼스의 캐머런 앤더슨 조직행동학 교수는 이를 뒷받침하는 연구를 진행했다. 앤더슨 교수는 한 학기 동안 250명의 학생들에게 간단한 문제를 반복해서 냈는데, 실제와 허구의 역사적 인물 및 사건을 구분하는 테스트였다. 실험 결과, 허구(오답)의 이름을 골랐음에도 자신의 선택에 자신감을 보인 학생 대부분이 동기들 사이에서 높이 평가되는 학생들이었다.

이러한 실험 결과는 실제로 아는 게 적더라도 많이 아는 것처럼 보이는 사람이 승자라는 걸 알려준다. 사람들의 인식에 영향을 주는 건 자신감이 능력보다 위에 있다는 것이다. 이는 능력을 키울 필요가 없다는 게 아니라, 사람들이 '자신감'에 끌린다는 점을 아는 게 중요하다는 뜻이다. 능력 있는 사람으로 보이려고 자신이 아닌 다른 사람의 모습을 하려 애쓰다가는 역효과가 날 수 있다.

혹시 나도 번아웃?

번아웃 상태를 무시하는 건 놀라우리만치 쉽다. 이는 마감 일자를 꼭 맞춰야 한다거나 목표를 반드시 달성해야 한다는 생각이 너무 강해서, 무언가 심각하게 잘못되고 있다는 위험 신호와 경고 표시를 놓치는 것이다. 몸이 하는 말을 의식하지 않으면 무언가 잘못되었다는 걸 알아차리기도 전에 벽에 부딪히게 된다.

다음은 기운이 빠지고 있다는 위험 신호이다. 당신은 몇 가지나 해당되는가? 다른 항목보다 더 와닿는 항목이 있을 수도 있고, 전혀 해당하지 않거나 아니면 이미 번아웃 상태인데 눈치조차 채지 못하고 있을 수도 있다. 다음 경고 신호 가운데 익숙하다는 생각이 드는 항목이 있는가?

- 마음을 졸이거나 심장이 뛰어 한밤중에 자다가 깬다.
- 항상 수동적이다.
- 미래를 계속 걱정한다.
- 자주 짜증이 나거나 쉽게 화낸다.
- 몇 주 동안 하루에 5시간 이상 자지 않았다.
- 기쁘다는 기분이 어떤 것인지 잊었다.

좋은 소식이 있다면, 번아웃 상태를 피하거나 뒤집을 수 있는 생산적인 행동 방식이 있다는 점이다. 탁월성 영역에서 일하면 마감 일정이 촉박해도 스트레스를 덜 받을 수 있다. 자신의 장점을 이용해 효율적으로 일하고, 좋아하는 업무 방식을 택하기 때문이다. 번아웃은 보통 즐겁지도 않으면서 엄청난 에너지를 쏟아야 하는 일에 시간을 쓸 때 찾아온다. 타고나길 잘하는 일(예를 들어 탁월성 영역에 해당하는 일)이라, 일하는 과정 자체를 즐긴다면 일할 때 진이 빠지는 게 아니라 되려 힘이 솟는다.

물론 항상 그렇지만은 않다는 건 나도 안다. 하지만 시간을 사용하고 에너지를 쏟을 방식을 정할 선택권은 누구에게나 있다. 진짜 슬픈 일은 스스로 선택하지 않았다고 생각하는 삶을 사는 것이다. 우리는 스트레스가 적은 쪽을 선택할 수 있다. 그리고 나름대로의 성공 기준도 세울 수 있다. 능동적으로 살고 자신의 인생을 통제하는 데 드는 에너지와 좋아하지 않는 삶을 살면서 짜내야 하는 에너지의 근원은 같다. 기왕이면 더 행복해지는 쪽에 에너지를 사용하는 게 낫지 않을까? 그러려면 에너지의 레벨을 통제하고, 유지하며, 높여야 한다.

수면 부족이 흡연이나 마찬가지인 이유

기업 세계에서 수면은 약점이나 심지어 부끄러움과 깊이 연관된다. 나는 누가 누가 적게 자나 직원들이 서로 자랑하듯 으스대는 분위기의 회사를

스트레스로 인한 손실

스트레스 반응은 코르티솔cortisol 호르몬이 나올 때 시작된다. 코르티솔은 스트레스 상황에서 불필요하거나 해가 된다고 여겨지는 기능을 억제하고, 기분, 동기부여, 두려움을 통제하는 뇌 영역에 영향을 준다. 스트레스 반응 시스템이 장기간 활성화되면(그에 따라 코르티솔에 과도하게 노출되면) 불안, 우울, 소화 불량, 두통, 심장병, 수면 장애, 체중 증가, 기억력 및 집중력 장애를 포함한 수많은 건강문제를 야기한다.

스트레스가 줄이고 즐거움을 느끼는 일을 하고 싶은가? 그렇다면 선택은 쉽다. 하기 싫은 일을 그만두는 것이다.

많이 보았다. 수면 과학자 매슈 워커는 이렇게 말한다. "사람들은 잠자는 걸 게으르다고 낙인찍습니다. 다들 바빠 보이고 싶어 하는데, 바쁨을 표현하는 하나의 방법이 얼마나 잠을 적게 자는지 보여주는 것입니다."

성취중독자는 사무실에서 늦게까지 야근하고 잠을 포기하면서 업무 세계에서 성공을 거둔다. "매일 밤 11시까지 사무실에 있었습니다."라는 말은 명예로운 훈장과도 같다. 일부 사람들은 이렇게 일하는 게 효과적인 방식이라 생각한다. 사무실에 앉아 있는 시간을 전부 제대로 쓰지 못했다 하더라도 말이다. 심지어는 오래 일하는 직원이 일을 잘하며, 충실한 직원이라는 생각을 회사 문화로 받아들인 곳도 많다.

존 펜 카벨 스탠포드 대학교 교수는 연구를 통해 주당 근무시간 50시간을 초과하면 직원의 생산량이 떨어지고, 55시간을 초과하면 급격히 감소한다는 사실을 발견했다. 그보다 더 안 좋은 결과는 일주일 내내 야근하는 직원이라면 말 그대로 시간을 낭비한다는 점이었다. 연구 결과에 따르면 주당 70시간 근무하는 직원은 55시간 근무하는 직원과 생산성에 아무런 차이가 없었다.

나는 중소 규모의 모임에 강연을 갈 때마다 사람들에게 잠을 충분히 자는지 물어보는데, 그렇다고 답하는 사람은 전체 모인 사람 가운데 겨우 몇몇에 불과하다. 자기 분야에서 최고의 자리에 오르기까지 일 중독자로 살았던 사람의 이야기는 수없이 많다. 하지만 그 자리까지 오르기 위해 그들이 인간관계, 가족, 기쁨, 수면을 포함한 모든 것을 희생했다는 사실에 관해서는 별로 듣지 못한다.

반면 잠을 충분히 자면서도 업계 최고의 자리에 오른 사람의 이야기는 어떠한가? 그런 사람이 분면 존재함에도 왜 이런 사람들의 이야기는 전혀 듣지 못하는 것일까? 아침에 사무실로 출근해 "그래 맞아, 난 어젯밤 8시간을 꼬박 잤어!"라고 말하는 것이 우리의 업무 문화가 아니기 때문이다. 이런 문화는 바뀌어야 한다.

아리아나 허핑턴은 자신의 첫 저서 ≪제3의 성공 : 더 가치 있게 더 충실하게 더 행복하게 살기Thrive / 김영사, 2014≫에서 번아웃을 겪었던 자신의 경험을 이야기했다. 2007년 허핑턴은 〈허핑턴 포스트〉 웹사이트를 구축하기 위해 하루에 18시간씩 일하고 있었다. 그러던 어느 날 집에서 전화를 받으며 이메일을 확인하다가 정신을 잃고 쓰러졌는데, 깨어나 보니 주위가 피바다였다. 광대뼈가 부러지고 눈에는 상처가 나 있었다. 이후 몇 주 동안 검진을 한 뒤 마침내 의사의 진단이 나왔다. 그녀가 너무 지쳐 있다는 것이었다.

뼈 빠지게 일하는 건 성공으로 가는 길을 보여주는 하나의 모델이지만, 가장 성공적인 방식의 모델은 아니다. 허핑턴은 두 번째 책 ≪수면 혁명 The Sleep Revolution / 민음사, 2016≫에서 수면 부족이 얼마나 해로운지 이야기했다. 적절히 잠을 자지 않으면 사람의 인지 기능은 손상된다. 인지 기능의 손상을 보여주는 일면으로 정서 지능이 저하되어 과잉반응을 보이고 쉽게 짜증을 내게 된다. 이 외에도 수면 부족과 연관된 건강 문제는 수없이 많아서, 수면 부족은 위급한 공중보건 문제로 여겨질 정도다.

허핑턴은 밤늦게까지 일하면 얻을 수 있으리라 생각되는 이익을 '현대의 망상'이라 부르며, 이렇게 썼다. "4시간, 5시간, 6시간만 자면서 7~8시간을 잤을 때와 똑같이 일할 수 있다는 근거 없는 믿음이 계속되고 있다."

≪빠른 회사Fast Company / 국내 미출간≫의 저자 리나 라파엘에 따르면, 수면 부족은 직원의 기분과 식욕을 해할 뿐 아니라 생산성, 창의성, 의사결정

능력도 저해한다. 대부분의 일에서 지친 사람은 대개 보통 이하의 결과를 낼 수밖에 없으며, 의료나 교통 분야에서는 수면 부족이 죄 없는 행인의 삶과 죽음을 좌우하기도 한다.

진정으로 성공하고 싶은 사람이라면 질 좋은 수면을 우선순위로 삼아야 하는 게 분명하다. 낮을 힘차게 보낼 방법을 찾고 있다면 잠을 잘 자는 일부터 시작하라.

매슈 워커는 저서 ≪우리는 왜 잠을 자야 할까 : 수면과 꿈의 과학Why We Sleep / 열린책들, 2019≫에서, 꿈을 꾸면 마음이 안정되는 효과가 있다고 이야기한다. 과학자들은 자는 동안 기억이 강화된다는 사실을 오랫동안 이야기해 왔다. 그런데 워커는 자는 동안 기억을 잊기도 한다고 말한다. 잠을 자면서 일상에서 고조된 감정을 비활성화시켜 다음날을 맞이할 준비를 수월하게 한다는 것이다. 잠을 잘 자지 않으면 사무실로 다시 출근하는 게 견디기 어려운 일이 될 수 있다.

워커는 믿을 수 없을 정도로 수면을 중요하게 여긴다. 우리도 그렇게 해야 한다. 그는 다음과 같이 말한다. "저는 매일 밤 타협의 여지없이 8시간씩 잡니다. 그리고 잠자리에 드는 시간도 매우 규칙적입니다. 제가 사람들에게 딱 한 가지만 말해야 한다면 무슨 일이 있어도 매일 같은 시간에 잠들고 일어나라고 이야기하고 싶습니다."

수면 패턴을 개선하는 일은 생각보다 간단할 수 있다. 그보다 더 개선하기 어려운 문제는 스스로 문제가 있다는 걸 깨닫는 일이다. 경력에 크게 도움이 되지 않는 업무 활동을 하는 것보다 수면을 우선시하는 편이 장기적으로 훨씬 나을 것이다.

시간을 쓰는 방법이 전부이다

수면 연구의 선구자였던 네이선 클라이트만은 50년도 더 전에 기본 휴식 활동 주기basic rest-activity cycle라는 것을 발견했다. 기본 휴식 활동 주기란, 먹고 마시고, 심장을 뛰게 하고 산소를 소모하고, 집중을 요구하는 과제 수행 등의 다양한 활동과 휴식의 주기를 말하며, 이는 대략 90분이다. 그는 우리 몸이 낮에도 밤과 마찬가지로 90분간의 리듬 안에서 움직인다는 사실을 알아냈다. 밤에는 뇌 활동이 차분해지는 비렘수면 단계가 90분 정도 지속되다가, 활동적인 렘수면 단계가 20분가량 유지된다. 반대로 낮에는 90분 활동과 20분 쉼으로 이뤄진 사이클이 작동하는데, 90분간 집중하고 나면 총명함이 떨어지는 20분이 찾아온다. 이렇듯 깨어 있는 동안 우리의 각성 상태는 높은 수준에서 낮은 수준으로 움직인다. 이러한 주기를 '초주일 리듬ultradian rhythm'으로 부르기도 한다.

우리 몸은 정신적 혹은 육체적 휴식이 필요하다는 신호를 보냄으로써 이 주기에 반응한다. 우리는 몸이 보내는 신호를 알아차리기만 하면 된다.

초조함, 배고픔, 졸림, 집중력 저하 등이 그런 신호이다. 90분 이상 쉬지 않고 일하면 신체는 스트레스를 받으면서(스트레스 호르몬인 코르티솔이 분비된다.) 긴급 비축 에너지를 사용하기 시작해 계속 일할 수 있도록 약간의 아드레날린을 공급한다.

문제는 이 스트레스 반응에 중독되는 사람이 많다는 점이다. 심지어 우리는 힘을 내도록 인공적인 방법(카페인, 당분이 많이 든 음식, 단순당, 심하게는 운동도 여기에 포함된다.)을 사용하면서 몸이 보내는 신호를 무시하도록 무의식적으로 훈련받아 왔다.

몸의 주기를 고려하면, 일반적인 믿음과 달리 아침 9시부터 오후 5시까지 내내 책상 앞에 앉아 있어서는 최적의 생각을 해낼 수 없다는 것이 분명하다. 비즈니스 전문 작가 토이 슈워츠는 '에너지 프로젝트'라는 실험을 통해 우리가 가진 에너지를 추적 관찰하고 휴식을 취하는 일의 가치에 관해 글을 썼다. 그는 아침 9시부터 오후 5시까지 일하는 방식이 우리의 뇌와 잘 맞지 않는 방식이라는 이야기를 자주 한다. 나와 마찬가지로 슈워츠도 장시간 일하는 건 생산적이지 않으며, 종일 애쓰면서 일한다고 해서 반드시 최고의 아이디어가 나오는 것은 아니라고 주장한다. 즉, 생산량과 업무 결과물의 품질을 최적화하기 위해서는 휴식을 취해야 한다는 것이다.

일반적인 회사원들은 업무 시작과 종료 시간이 엄격하므로, 자기만의 근무 시간을 정할 수 없을 것이다. 이럴 경우 사고력과 생산성을 극대화하기 위해 일하지 않는 시간에 반드시 충분히 자고, 자신의 안위를 최우선으로 삼자. 일에서 벗어나는 시간을 가지고 심신에 힘을 불어넣는 차분한 일상 활동을 더하면 된다.

하지만 이와 반대로 사는 사람이 많다. 이들은 퇴근 후 사람들과 어울리고 밤늦게까지 깨어 있는다. 자유롭게 즐길 시간이 그때뿐이기 때문이다. 하지만 그러고 나면 다음날 일하기 위한 에너지는 최소한의 수준밖에 남아 있지 않다. 내가 관찰한 바에 따르면, 이런 사람들은 직장에서 기쁨을 얻거나 자신감을 키우지 못한다. 그리고 이 점이 자유 시간이 더욱 소중해지는 또 다른 이유가 된다. 다시 말해, 퇴근한 이후에만 자유롭다고 느끼는 것이다.

우리는 대부분 주행 속도 유지 장치를 장착한 차에 탄 듯 살아가고 있으며, 생활양식이 직장에서의 성과에 어떤 영향을 주는지 인식하지 못한다. 하지만 탁월성 영역에서 일하기 시작하면 낮에 일하는 동안 기쁨을 찾게 되고, 밤에는 푹 쉬면서 필요한 수면을 취하게 된다. 자기가 좋아하는 일을 하면 에너지 사용의 우선순위를 일로 삼아 업무에 집중하기가 쉬워지고, 근무 시간 동안 최선을 다해 일할 수 있다.

나의 고객인 스탠은 파티에 참석할 때마다 다음 날 직장에서 평소처럼 일할 수 없다는 걸 알았다. 피곤했기 때문이었다. 그런 날은 생각을 명확하게 할 수 없었다. 좋지 못한 습관이 계속되는 기분이었다.

나는 스탠에게 성과 추적기를 사용하라고 했고, 성과 추적기는 스탠이 행동을 바꾸는 데 정말 도움이 되었다. 한 주를 마무리할 때마다 스탠은 성과 추적기에 술을 마신 날과 그 다음날 성과에 대한 평가를 적었다. 그랬더니 패턴이 나타났다. 스탠은 술을 2잔 이상 마실 때마다 다음날 직장에서 머릿속이 뿌옇다고 느꼈고, 정서가 불안정해졌다. 불안감이 커졌고 피곤해지기도 했다. 또한 스탠은 그런 날 아침일수록 자신이 커피를 더 많이 마신다는 걸 알게 되었는데, 커피의 카페인 때문에 마음이 초조해지고 불안은 더욱 심해졌다.

성과 추적기에 적은 자료를 확인한 결과 스탠은 깨달았다. 그리고 자신에게 되새겼다. '주중에는 술을 그만 마셔야겠어. 맑은 정신으로 일하고 싶어. 전날 술을 마시면 다음 날 일할 때 최상의 사고력을 발휘하는 데 영향을 줘. 주말이라 해도 나는 술을 좀 줄이고 싶어. 그러니 이제 술은 2잔 이상 마시지 않겠어.'

자기 삶이 하루 일과에 좌우된다고 느끼는 사람이 많지만, 나는 스케줄을 능동적으로 조정할 수 있다고 생각한다. 사람들은 선택지가 있다는 사실을 고려하지 않은 채 규칙에 얽매인다. 날이면 날마다 같은 일을 하고, 주변 다른 사람이 하는 일을 그대로 하는 습관에 빠진다.

만일 자기에게 맞는 다른 해결책이 있다는 걸 안다면 목소리를 내보자! 자신이 얼마나 유연하게 일할 수 있는지 알면 놀라게 될 것이다.

나는 종종 관리자급의 고객들에게 초대받은 회의에 전부 참석하지 말 것을 제안한다. 일단 회의에 초대받으면 무조건 참석해야 한다고 생각하는 사람이 많다. 그러나 안건을 확인한 후 회의에 진정으로 기여할 바가 있을지, 다른 사람에게 위임할 수는 없을지 생각해봐야 한다. 이런 작은 변화만으로 일주일에 6시간, 8시간, 심지어 12시간의 추가 업무 시간을 확보한 경우도 있다.

만약, (회의에 빠질 수 없는)직급이 낮은 사람이라면 상사와 상의해 보자. 회의에 얼마나 참석할지 시간을 계획하고, 회의에서 어떤 가치를 얻을 것인지 정하자. 회의에 들이는 시간에 비해 가치 있는 결과를 얻을 수 없고, 회의에 참석하지 않을 때 더 많은 일을 할 수 있음을 입증한다면 불참 승인을 받을 수 있을 것이다. 물론 이렇게 하기 쉽지 않다는 것을 안다. 그러나 시간과 에너지를 어떻게 사용할지 스스로 결정할 능력이 있는 사람임을 보여줄 수는 있을 것이다.

이상의 전략은 전부 다른 사람이 좌우하는 나에서 '나는 나 자신이 책임진다'는 식으로의 생각 전환을 보여준다. 여전히 많은 직장인이 가능한 긴 시간 근무해야지만 생산성 높고 가치 있는 직원으로 평가받으리라 여긴다. 그리고 자신의 안위는 우선순위 밖으로 밀어 놓는다. 이러한 생각을 바꾸려면 자기 시간, 자신의 삶에 주인 의식을 가지는 연습을 해야 한다. 지금부터 그 같은 연습을 하는 몇 가지 방법을 소개하겠다.

이상적인 업무일과를 만드는 법

나는 고객들에게 이상적이라고 생각하는 업무 일과에 관해 물어보곤 한다. 그러면 아주 구체적인 요구가 들어 있는 대답을 하는 경우가 많다.

"오전에 2시간 정도 오늘 하루에 관해 생각하는 시간이 있으면 정말 좋겠어요. 그러고 나서 2시간은 회의를 하고요. 이상적으로는 회의에서 분명한 결과가 나왔으면 좋겠고, 이후 저희 팀과 회의를 몇 번 하고 싶어요."

"이상적으로는 아침에 회의를 다 끝냈으면 좋겠어요. 최대 4번 정도 할 수 있을 겁니다. 오후에는 방해받지 않고 2시간 동안 혼자 생각하고, 이메일을 확인하는 시간을 따로 가지고 싶습니다."

"이상적인 저의 하루는 운동으로 시작합니다. 그러고 나서 2시간 동안 집에서 업무를 생각하고 이메일을 확인하는 시간을 가지고요. 상쾌한 기분으로 저희 팀, 그리고 동료들과 회의할 준비가 된 상태로 사무실에 출근하고 싶어요. 그러고 나서 마지막 한 시간은 다음 날 해야 할 일의 우선순위에 관해 혼자 생각하는 시간을 가지면서 하루를 마무리하고 싶어요."

이러한 대답을 듣고 난 뒤 나는 묻는다. "이상적인 일과와 지금의 하루는 얼마나 다른가요?"

대부분 고객의 진짜 하루는 자신이 원하는 하루의 모습과 완전히 다르다. 가장 많이 이야기하는 불만은 '생각할 시간이 없다'는 것과 '회의에 참석하는 시간이 너무 길다'는 것, 그리고 새로운 업무가 계속 쏟아지기 때문에 '수동적인 자세로 업무를 대하는 것 같다'는 생각 등이다.

내 일은 고객이 이상적인 일과를 보내도록 돕는 것이다. 즉, 고객이 수동적으로 업무에 반응만 하는 게 아니라 생각할 시간을 더 가지거나 보다 힘차게 지낼 수 있는 하루를 구성하도록 하는 것이다.

사무실에서 잠시 벗어나 카페에서 일하거나, 한 시간 늦게 출근해 집에서 생각할 시간을 가지는 아주 간단한 변화만으로 원하는 바를 이룰 수 있다. 회사가 허락할 경우 일주일에 한 번 재택근무를 하는 것도 방법이다. 이것이 불가능하다면, 식사 시간이 아닐 때 회사 카페테리아에 가서 방해받지 않고 앉아 일할 수도 있다. 아니면 기운을 북돋우기 위해 산책하면서 회의를 하자고 제안하는 것도 가능하다.

아리아나 허핑턴은 미팅 시 산책을 함으로써 일의 즐거움이 크게 달라졌다고 이야기했는데, 이는 일하는 동안 신선한 공기를 마실 수 있는 좋은 방법이기도 하다. 이처럼 작은 변화를 주었더니 사무실에 있을 때 느끼는 전체적인 활기와 안정감이 크게 달라졌다고 이야기하는 고객이 많다.

작은 스타트업 회사의 CFO최고재무책임자인 토냐는 사무실을 벗어나 일할 수 있다는 생각을 해본 적이 없었다. 자신이 사무실에 종일 있든 없든 사업은 계속 성장하고, 앞으로 나아간다는 걸 깨닫기까지는 3년이 걸렸다. 이제 토냐는 금요일 오후에는 카페에 가서 업계 관련 최신 자료를 읽는다.

그녀는 내게 작은 변화만으로도 활기가 다르게 느껴지고, 자신에게 집중하는 시간이 생겼으며, 금요일 오후 시간은 일주일 가운데 가장 좋아하는 시간이 되었다고 말했다.

한편, 메리는 신입 사원 직급이었는데, 다른 직원들이 항상 그녀의 자리로 와서 질문을 하거나 수다를 떠는 통에 업무에 집중하기가 어려웠다. 그러다 메리는 일주일에 한 번 어느 오후에 다른 층에 있는 작은 회의실을 예약하면 거기서 방해받지 않고 우선순위가 낮은 일을 끝마칠 시간을 확보할 수 있다는 걸 알았다. 또한 책상 위에도 작은 표시판을 만들어 자유롭게 이야기를 나눌 수 있는 때와 집중해서 일하고 있는 때가 언제인지 알렸다. 이러한 2가지 전략 모두 메리가 스스로 일과 시간을 통제한다고 느끼는 데 도움이 되었다.

각자 스스로 이런 방법을 연습해 보자. 나의 하루가 정말 어떤 모습이기를 바라는지 생각해 보고, 그런 모습이 되려면 무엇을 해야 할지도 생각해 보자. 이것이 바로 자신의 안위를 우선하기 위한 첫 번째 단계이다. 그저 몇 가지 작은 변화만으로도 이상적인 하루를 만들 수 있을 것이라 확신한다. 아니면 적어도 이상적인 하루의 모습에 몇 걸음 더 가까이 갈 수 있을 것이다.

운동은 탁월성의 수준을 높인다

운동은 전반적인 체력을 기를 뿐 아니라, 두뇌의 힘을 높이는 방법 중 하나이다. 운동을 하면 뇌에서 엔도르핀endorphin 호르몬이 분비된다. 엔도르핀은 '뇌 속의 마약'이라고 불릴 만큼 강력한 진통 효과를 가지고 있는데, 기분을 좋게 하고, 스트레스 상황에서 과잉반응을 막아주는 정신적 탄력성을 부여한다. 정기적인 운동은 자신감을 높이고, 약한 우울감과 불안 등의 증상을 감소시키며 수면의 질 개선에 도움을 준다.

운동의 긍정적 효과와 중요성은 아무리 강조해도 부족하다. (이는 다른 책이나 미디어에서 수없이 이야기하고 있으니, 이쯤 해두는 것으로 하자.) 운동을 하지 않았더라면, 나는 지금의 내 모습을 만들 수 없었으리라 확신한다. 나는 운동이 탁월성 영역에서 일하는 능력의 핵심 파트너라고 생각한다.

재미있어서 자꾸 하고 싶어지는 운동을 찾아라. 운동의 종류에는 끝이 없고, 자신의 성격, 나아가 탁월성에 맞는 운동도 많을 것이다. 만약 지금 운동을 하고 있지 않다면 더더욱 자신에게 맞는 운동 찾기에 열중해라.

예를 들어, 내 탁월성은 통찰력 발굴자이기 때문에 나는 운동을 하면서 데이터를 모을 방법을 찾았다. 스마트워치의 운동 데이터에서 내 패턴을 찾다 보면 운동이 더 재미있게 느껴지곤 한다.

내성적인 사람이라면 체육관에서 단체 수업을 듣는 것보다 혼자 운동하는 편이 더 좋다. 운동 시간을 지키기 어렵거나 다른 사람과 운동하길 좋아하는 외향적인 사람이라면 트레이너를 고용하거나, 책임감을 갖고 도와줄 운동 친구를 찾아라.

설사 운동 일정을 잡기 어렵다 해도, 운동이 기운을 북돋우고 두뇌에 원하는 활력을 불어넣을 가장 쉽고 좋은 방법이라는 것을 염두에 두기 바란다.

한동안 운동하지 않았다면, 운동이 가진 힘을 잊기 쉽다. 내가 이 책에서 제안하는 모든 것과 마찬가지로 운동에 접근하라. 반드시 나 자신 그리고 내 몸에 맞는 운동, 재미있고 도전의식을 북돋우는 운동을 선택해야 한다.

명상은 선물이다

의료기기 회사인 메드트로닉의 전前 최고경영자이자 하버드 경영대학원 교수인 빌 조지는 다음과 같이 썼다. "명상은 비즈니스에 도움을 준다. 주된 효과로는 완전히 현재 업무에 집중하게 되어 리더로서 효과적으로 일할 수 있고 더 좋은 결정을 내리게 된다는 점을 들 수 있다."

조지 교수의 말에 나도 동의한다. 탁월성 습관 또한 현재에 집중하는 문제와 관련이 있다. 현재 업무에 집중할수록 성장에 필요한 변화가 무엇인지 알게 된다.

명상은 불안과 엄청난 스트레스에 시달리는 사람이 배우면 정말 좋은 기술일 뿐 아니라, 탁월성 습관을 키우는 데도 효과적인 기법이다. 생각의 속도를 늦추고, 생각을 인지하는 능력을 미세하게 조정하는 데 도움이 되기 때문이다. 나는 명상이란 두뇌를 체육관에 데려가는 일이라고 생각한다. 하나의 주문에 집중하는 행위(한 단어를 계속 반복해서 말하는 일반적인 명상 연습)는 우리의 뇌를 생각에 집중하도록 훈련시킨다. 그렇다고 명상이 쉽다는 뜻은 아니다. '훈련'이라고 부르는 데는 이유가 있는 법이다. 어려워도 해나가다 보면, 이윽고 우리 머릿속에 불필요한 분노가 얼마나 많은지 깨닫게 될 것이다. 이 능력은 계속 열중하며 초점을 유지하는 데 중요하다.

≪제3의 성공 : 더 가치 있게 더 충실하게 더 행복하게 살기≫에서 아리아나 허핑턴은 이렇게 말했다. "명상은 초점에 집중하는 데 도움이 될뿐 아니라, 주의가 흐트러진 뒤에 다시 초점을 맞추기 위해서도 중요하다. 기술로 둘러싸인 우리 삶에서 주의가 흐트러질 위험은 점점 흔하게 나타나고 있다."

나는 명상 코치인 안드레 엘카인드로부터 명상법을 배웠다. 엘카인드 코치는 아유르베다식 명상법을 이용하는데, 이 방법에는 주문이 포함된다. 그는 명상으로 최적의 결과를 얻으려면 15분씩 하루 2번 명상하라고 제안한다.

만약 명상에 그렇게 긴 시간을 들일 수 없다면 전혀 안 하는 것보다는 단 10분, 하루 한 번이라도 하는 편이 좋다. 명상을 도와줄 도구가 필요하다면 헤드스페이스Headspace와 같은 애플리케이션을 찾아보자. 유튜브에 올라와 있는 명상 영상을 이용하는 것도 좋은 방법이다. 이를 통해 차근차근 자신에게 맞는 명상법을 훈련해 보자.

선을 그으면 에너지를 아끼는 데 도움이 된다

지금까지 우리의 기운을 고갈시키는 것이 무엇인지 알았고, 힘을 다시 불어넣을 방법도 확인했다. 이제 새로운 방법을 실천하기 위한 시간을 확보하는 게 중요하다. 나를 위한 습관을 들여서, 그것이 빨리 사라지지 않도록 소중히 여기고 생활의 일부가 되게 해야 한다. 그러기 위해서는 '선線을 긋는 것'이 좋은 방법이다.

잠을 잘 자고, 운동과 명상을 위한 시간을 만들었다면, 이미 선을 긋고 자신의 필요를 우선순위에 둔 셈이다. 이에 더해 어떤 '특정한 선'이 나를 나답게 만든다고 생각되면 그 선을 지키도록 하자. 또한 그 선을 지키는 이유를 다른 사람에게 분명히 이야기한다면 방해받는 일을 줄일 수 있을 것이다.

예를 들어 보자. 컨설팅 사업을 하려면 고객과 직접 만나야 한다고 생각하는 사람이 많다. 하지만 1년이 넘는 기간 동안 고객을 직접 만나고 난 후, 나는 고객을 직접 만나는 것이 고객에게나 내게 최선의 방식이 아니라는 결론을 내렸다. 고객을 만나기 위해 나는 특정 방식으로 옷을 차려 입어야 했고, 근사한 사무실이 있어야 했으며, 가까이 살지 않는 사람과는 일할 수 없게 되었다.

반면, 고객과 원격으로 일하면 내가 지닌 탁월성을 완전하게 사용할 수 있다는 사실을 알게 되었다. 전화로 이야기할 때면 생각의 집중을 방해하는 시각적 요소를 배제할 수 있었으며, 고객이 말하는 바를 집중해서 듣고 그 안에서 패턴을 찾기에도 용이했다. 그에 비해 누군가와 직접 만날 경우 나의 집중력은 초점이 흐트러지곤 했다. 결론적으로, 내가 최선을 다해, 가장 깊이 생각한 내용을 전할 수 있는 환경에서 일하는 것이야말로 고객을 위한 그리고 나를 위한 일임을 깨달았다.

고객과 전화로 상담하는 방식은 내가 바라는 생활 양식에 맞을 뿐 아니라 더 좋은 결과를 가져다줬다. 고객이 "저는 누군가와 만나서 일하는 방식이 정말 좋아요."라고 말하면 나는 내 생각을 이야기해준다. 그러면 대개 내 의견을 따르곤 한다. 어떤 조건에서 자신이 가장 힘을 얻고 최상의 결과를 낼 수 있는지 알 때 나오는 힘이다. 자기 일에서 분명 최고인 사람이 나를 위해 일하는데 그 사람의 제안을 누가 거절하겠는가?

탁월성 영역은 우리에게 어떤 선을 그어야 할지 알려준다. 탁월성 영역을 알면 자신에게 가장 잘 맞는 일이 무엇인지 자신 있고 분명하게 이야기할 수 있다. 또한 본래 모습과 맞지 않는 일이 무엇인지도 알 수 있다. 자신이 가장 잘하는 일을 분명하게 이야기할 수 있다면, 그 일을 더 많이 받게 될 것이다. 이를 알리기 위한 대화는 자연스레 이루어지는 건 아니지만, 반드시 해야 할 일이다.

업무의 우선순위를 정할 책임은 대개 상사에게 있다. 그러나 상사에게는 팀 내 모든 부하직원의 탁월성을 파악할 정도의 시간이 없다. 자신의 선을 알리는 건 스스로 해야 한다. 다음의 질문을 통해 자신의 안위를 얼마나 우선시하는지 확인해 보자. 자신의 안위를 우선시하고 있지 않다면, 하루 중 스스로를 돌보기 위해 노력할 시간을 확보해라.

나아가 높아진 자신감과 활기를 바탕으로 이제는 마지막 행동에 나서야 할 때이다. 그것은 바로 '인내'이다.

Q. 일의 지향점을 바꾸기 위한 질문

자신의 시간과 안위를 희생하는 대신,
최고의 성과 도출을 우선으로 삼기 위해 다음의 질문들에 관해 생각해 보세요.

- 사무실에서 오래 일하기 위해 자신의 안위와 노동 시간을 바꾸는 일을 얼마나 자주 하는가? 그럴 때 어떤 기분이 드는가?

- 일주일에 55시간 이상 일하면 높은 가치의 결과물이 나온다고 생각하는가? 수면 부족이나 번아웃에 가까운 상태에서 최선의 결과물을 낼 수 있다고 생각하는가?

- 자신의 안위에 초점을 맞출 수 있을 때 어떤 기분이 드는가? 업무 결과물의 질이 높아졌음을 확인할 수 있는가?

- 잠을 얼마나 충분히 자는가(방해받지 않는 상태로 8시간 동안 자는가)? 충분히 자고 있지 않다면 왜 그렇게 되었으며, 충분히 자기 위해 어떤 일을 할 수 있는가?

- 운동이 생활의 일부인가? 그렇지 않다면 어떤 운동에서 재미를 느끼는가? 적어도 일주일에 3번 재미있다고 생각하는 운동을 시작할 수 있는가?

- 자신의 안위를 우선순위에 두고 있지 않다면 왜 그렇게 하지 않는가? 자신의 안위를 위해 지금 할 수 있는 한 가지 일은 무엇일까?

어떻게 원하는 일을 가질 것인가

CHAPTER 10

호기심을 가지고,
그릿을 키우는 비결

"실패의 두려움을 어떻게 떨칠 수 있을까요?"

ACTION PLAN
탁월성에 호기심과 그릿을 더하세요.

"인생에서 의지할 수 있는 유일한 것은 변화뿐이다."

이 말이 일터만큼 사실로 적용되는 곳도 없다. 외부적 변화의 예를 들어보자. 맡은 일을 즐겁게 하고 이튿날 출근했더니 회사가 매각되어 하루아침에 해고될 수 있다. 아니면 일을 잘했다고 인정받아 승진했는데, 새로 맡은 일이 나의 탁월성과 정말 맞지 않다는 걸 알게 될 수도 있다. 한편, 변화는 내면에서도 일어난다. 수년간 매일 같은 일을 비교적 성취감을 느끼며 해오다가, 갑자기 일이 재미 없어지고 변화를 원하게 되기도 한다.

이처럼 일터에서 경력상 어려움을 마주하게 될 시나리오가 수백 개는 된다. 일터에서 새로운 도전 과제는 필연적으로 나타나지만, 그런 어려움을 기회로 삼느냐 아니냐는 자신에게 달려있다. 어려움을 기회로 삼으면 게임체인저가 되어 인생의 판을 바꿀 수 있다는 걸 기억하자.

힘든 시기에 인내심을 가지고 버티기 위해서는 2가지 핵심 행동이 필요하다. 그건 바로 '그릿Grit, 심리학자 앤젤라 더크워스가 개념화한 용어로, 성공과 성취를 끌어내는 데 결정적 역할을 하는 투지 또는 용기를 뜻한다. 즉, 재능보다는 노력의 힘을 강조하는 개념이다.'과 '호기심'이다. 그릿은 무슨 일이 있어도 포기하지 않게 하며, 호기심은 변화와 새로운 아이디어에 마음을 열게 한다. 그릿과 호기심은 혁신적 사고로 이어지는데, 혁신적 사고는 새로운 기회를 만들고 역경에 대처하기 위한 최고의 방법이다.

역경은 성공의 필수적인 부분이다

대부분 사람에게는 실패 경험 목록이 있다. 만약 한 번도 실패해 본 적이 없는 사람을 만난다면, 나는 그의 인내력과 안전지대 밖으로 벗어날 수 있는 능력을 의심할 것이다. 얼마나 자주 실패했는지, 혹은 왜 실패했는지는 중요하지 않다. 중요한 건 '실패에 대처하는 법'이다. "나를 죽이지 않는 일은 나를 강하게 만드는 일"이라는 말을 들어봤는가? 종종 우리는 너무 깊은 어둠 속에 빠져 희망의 빛을 찾기 어려운 나머지 걸음을 멈춘다. 하지만 그런 일도 배움의 기회라는 점을 기억해라. 역경은 기회를 만든다.

역경이 닥쳤을 때 우리에게는 선택권이 있다. 포기하고 패배감을 맛보거나, 이를 통해 무엇을 배울 수 있을지 궁금해하며 앞으로 나아가거나. 이처럼 호기심을 가지고, 인내를 통해 새로운 해결책을 찾는 것은 성공에 꼭 필요한 행동 패턴이다.

호기심을 가질 때 우리는 탐험가가 된다. 호기심은 끊임없는 발견의 원천이다. 이는 창의적이고 혁신적인 방향으로 마음의 기어를 돌리는 데 도움이 된다. 조지 메이슨 대학교 심리학과 교수이자 웰빙증진센터 수석 과학자, 그리고 ≪다크사이드The Upside of Your Dark Side / 한빛비즈, 2018≫의 저자인 토드 카시단 박사는 "진정으로 호기심을 가질 때 우리의 마음은 놀랄만한 준비를 한다."라고 썼다. 특정한 한 가지 답이나 반응을 가정하지 않고, 다양한 선택지를 완전하게 받아들일 준비가 된 것이다.

호기심을 가지면 가능성에 귀기울이게 되고, 이러한 마음가짐은 역경에서 벗어날 방법을 배양한다.

새로운 접근법이 떠올랐다면, 인내를 위한 또 다른 강력한 도구인 그릿을 키울 수 있다. 안젤라 더크워스는 자신의 책 ≪그릿Grit / 비즈니스북스, 2019≫에서 집중, 인내, 열정이 성공의 핵심 요소임을 보여 주었다. 더크워스는 다음과 같이 썼다. "열의는 흔하다. 하지만 참을성은 드물다." 그릿을 지닌다는 건 무슨 일이 생겨도 계속 전속력으로 달린다는 뜻이다. 환경 때문에 노력을 줄이지 않는 것이다. 포기하고 싶지만 포기하지 않고 견딜 때 그릿이 생긴다.

탁월성 습관을 기르면 적은 노력으로 많은 성취를 이룰 수 있다. 따라서 탁월성 영역에서 일하는 것이 그릿을 기르기 위해 먼저 해야 할 일이다. 힘들고 부담되는 매일의 업무에 계속 지쳐 가는 게 아니라, 자신의 본래 모습에 맞는 일을 한다면 어려움에 맞서기가 훨씬 쉽다.

종종 어려움을 겪을 때마다, 나는 내가 마라토너이며 경기의 마지막 한 구간을 뛰고 있다고 생각한다. 푹푹 발이 빠지는 모래 늪에서 한 걸음 한 걸음 사투를 벌이며 40킬로미터를 뛰어왔는데, 눈앞의 마지막 몇 킬로미터를 뛰는 게 무슨 대수일까? 다만 성공할 준비를 갖추어야(실제 달리기라면 에너지를 보충할 물과 스낵) 마지막 구간을 달리기가 쉬울 것이다. 탁월성 영역에서 일하는 것은 완벽한 조건에서 뛰는 것과 마찬가지고(노력이 필요하지만 불리한 조건일 때와 비교해 최소한의 힘만 필요하므로), 회복력을 가지고 역경을 마주할 수 있으며, 궁극적으로는 이미 지친 상태일 때와 비교해 더 오래 인내할 수 있게 된다.

나는 탁월성 습관이 그릿을 키우는 상황을 직접 경험했다. 사업을 시작하고 첫 2년이 지나자 일에 큰 변화를 주고 싶었다. 작은 가게를 운영하는 고객들과 일하는 대신, 비즈니스 세계에서 신규 고객을 유치하는 일에 집중하고 싶었던 것이다. 나 자신이 11년간 기업에서 일했고, 관련 인맥이 두터웠던 점을 생각하면 자연스러운 진행 방향이었다. 하지만 사업의 초점을 새로운 고객층으로 옮기는 건 벅찬 일이었다. 거의 사업을 새로 시작하는 것이나 마찬가지였다. 내가 처음으로 고객을 유치한 회사는 캐피털 원이었다. 캐피털 원과의 계약은 아주 빨리 이루어졌기 때문에, 나는 다른 회사 또한 그 정도의 계약 시간이 소요될 것이라 짐작했다. 맙소사! 그건 잘못된 생각이었다. 얼마 지나지 않아 예약을 받기까지 3개월에서 길게는 3년의 시간이 걸릴 수 있다는 걸 알아차렸다. 내 사업의 파이프라인이 말라가기 시작했다. 캐피털 원은 고객을 얻을 수 있는 좋은 거래처였지만, 6개월마다 소수의 고객만 유치할 수 있을 뿐이었다. 사업의 성패가 좌우될 만한 상황이었다. 나는 2가지 선택의 기로에 놓였다. 엄청난 문제 상황에 압도되어 포기하거나, 아니면 더 단호히 밀어붙여 실행 계획을 세우거나. 그리고 후자를 선택했다.

우선 나는 영업 프로세스를 새로 만들었다. 이전에는 고객의 예약을 받기 전까지는 영업에 집중하다가, 예약을 받은 후에는 영업을 멈추고 해당 고객의 일에 집중했다. 하지만 새로 세운 계획에 따라, 영업을 지원해줄 전문 직원을 고용해 체계적인 영업 프로세스를 설계했고, 덕분에 고객의 일에 집중하고 있을 때도 다른 새로운 고객 유치를 위해 영업을 계속할 수 있었다. 기대 수준도 재조정했다. 기업 고객을 더 많이 유치하려면 시간과 노력이 더 필요했다. 나는 대형 고객과 계약을 맺기 전까지는 지출 비용도 줄이며 노력했다. 내 목표는 하나의 대기업마다 적어도 한 명의 고객을 얻는 것이었다. 어떤 한 직원이 성취를 이루는 모습을 보면, 다른 직원 또한 우리 회사의 서비스에 관심을 가질 터였다.

위와 같은 변화는 호기심과 그릿을 발휘한 결과였다. 나는 외부 회사를 고용하는 기업 리더들과 천천히 인연을 맺기 시작했다. 하나의 문이 열릴 때마다 20개의 문이 닫혔지만 절대 포기하지 않았다. 나는 함께 일하고 싶은 회사에 근무하는 직원들에게 개인 소셜미디어를 통해 계속 연락을 취했다. 서로 간 팔로우에 성공하면 그 사람과 관계를 쌓아나갔다. 팔로우 맺은 사람들과 실제 함께 일하기까지는 1년이 걸릴 수 있다는 걸 알고 있었기에 〈Inc〉, 〈포브스〉, 〈패스트 컴퍼니〉 같은 잡지에도 글을 기고하기 시작했다. 성과 관리 전문가로서 내 브랜드를 쌓기 위해서였다. 잡지에 기고한 글은 내게 더 많은 기회를 가져다 주었다. 나는 기사에 잘 알려진 특정 기업 임원의 이야기를 실으려고 애썼다. 덕분에 기업 리더들과 인연을 맺을 수 있었고, 몇몇과는 돈독한 관계를 쌓게 되어 자연스레 내 고객이 되는 일도 있었다.

이처럼 스스로 기능할 수 있는 영업 프로세스를 만들면서 나는 탁월성과 연결된 재미있는 일(잠재 고객을 인터뷰하는 일)에만 집중할 수 있었고, 기업 고객 목록을 만들어 낼 수 있었다. 돌이켜보면 신규 고객을 찾는 강력한 영업 프로세스를 만든다는 도전 과제를 훌륭히 해냈지만, 많은 노력이 요구되었던 것 또한 분명하다. 일을 즐기고 활기로 가득 찬 상태가 아니었다면 어려운 도전에 결코 성공하지 못했을 것이다. 일상의 업무 프로세스에 탁월성 습관이 배어 있었던 결과, 어려운 상황을 지나 새로운 성공의 영역으로 들어갈 에너지와 인내심을 얻을 수 있었다.

혁신으로 이어지는 호기심의 힘

오늘날 혁신적인 새로운 해결책은 다양성을 포용하는 데서 나온다. 연구 결과에 따르면, 다양한 노동인구 구조는 개별 직원에게 도움이 될 뿐 아니라 전반적인 회사의 기능도 좋아지게 한다. 간단히 말해 다양성을 갖춘 팀이 더 좋은 아이디어를 떠올린다는 것이다.

학술지 〈혁신 : 경영, 정책 & 실천Innovation: Management, Policy & Practice〉에 실린 연구 결과를 보자. 여성 직원의 비율이 높은 기업이 그렇지 않은 기업에 비해 새로운 혁신을 이룰 가능성이 컸다. 또 다른 학술지 〈경제 지리학 Economic Geography〉에 실린 연구에서는 문화적 다양성을 높이는 방법이 혁신을 위해 꼭 필요하다는 결론을 내렸다. 연구자들은 런던 연례 비즈니스 설문조사London Annual Business Survey에 참여한 7,615개 기업에서 자료를 얻었다. 조사 결과 문화적 다양성을 갖춘 경영진이 운영하는 기업이 문화적으로 동질적인 경영진이 운영하는 기업보다 신제품을 개발할 가능성이 더 크다는 사실이 밝혀졌다.

하지만 안타깝게도 다양성 포용 정책을 실행하는 데 어려움을 겪는 기업이 많다. 인간의 뇌는 차이를 두려워하는데 이를 '암묵적 편견implicit bias'이라 부른다. 즉 아무리 좋은 의도가 있어도, 사람들은 자기와 같아 보이거나 같은 생각을 하는 사람과 함께하고 싶어 한다는 것이다. 이와 비슷한 무의식적 편견이 서로 다른 성별, 연령, 다양한 소수 집단을 향해서도 존재

한다. 이러한 편견은 우리의 뇌가 복잡함 속에서 패턴을 찾고, 세상을 더 쉽게 단순화하여 받아들이기 위해 사물을 분류하기 때문이다. 누군가를 만날 때마다 우리의 뇌는 상대방이 친구인지 적인지 알아내려 빠르게 움직인다. 그리고 해당 정보를 확인하기 위해 나와 같은 외모, 행동(여기에는 의식적·무의식적 행동이 모두 포함된다.) 및 움직임을 하나의 신호로 사용한다. 당신의 SNS 피드를 보라. 나와 다른 사상을 가진 사람을 팔로우하고 있는가 아니면 도덕적, 정치적, 심지어 예술적으로도 자신의 현재 생각과 비슷한 사람들을 팔로우하고 있는가?

대부분 사람은 처음 차이를 접하면 두려움, 판단, 비판을 내세워 대응한다. 하지만 이러한 행동 패턴은 우리를 위해서나 회사를 위해서나 도움이 안 된다. 혁신을 위해서는 나와는 다른 외모, 생활 방식, 사고방식 등을 가진 사람과 효과적으로 일할 수 있어야 한다. 그러므로 변화나 차이 앞에서 마음을 닫지 말고, 상대방은 왜 나와 다르게 생각하는지, 아니면 왜 나와 다른 모습을 보이는지 이유를 탐구하는 데 호기심을 가지기를 권한다.

역경을 딛고 올라선 제리

제리는 모든 걸 다 가진 것처럼 보이는 사람이었다. 아이비리그의 명문 대학을 졸업했고, 이력서에는 소비재 업계의 여러 대기업에서 훌륭한 직책을 맡아 일했던 경력이 가득했다. 게다가 아주 좋은 사람이었다.

우리가 함께 일하기 시작한 건 제리가 대기업을 떠나 작은 기술 회사의 인사 팀장이 되었던 때였다. 제리의 문제는 2가지였다. 첫째, 업무 자체가 면접 때 들었던 내용과 상당히 달랐다. 둘째, 회사의 문화가 그와 잘 맞지 않았다. 회사의 CEO는 고압적인 성격의 사람이었고, 제리는 그런 사람에게 익숙하지 않았다. 그는 '공동 비전 전략가Collaborative Vision Strategist' 타입이었다. 제리는 다른 사람과 협력을 통해 아이디어를 얻고, 이를 통합해 비전을 세우며, 전체가 아닌 각 개인의 필요에 맞는 새로운 전략을 만드는 데 남다른 능력이 있었다. 전략적인 인사팀 업무와 잘 맞았지만, 회사가 아직 성장하는 중이었기 때문에 실제로 요구받은 업무는 신입 사원 구인과 채용 업무뿐이었다. 그가 면접 때 듣고 생각했던 것보다는 운영과 더 관련이 깊었다. 제리는 그러한 업무가 만족스럽지 않았다. 하지만 스타트업에서도 성공할 수 있다고 스스로 증명해 내고 싶었다. 다른 많은 사람이 그렇듯, 그 또한 그만둔다는 생각을 하기 힘들어했다. 이제 막 새로 일하기 시작했기에 더더욱 그랬다. 하지만 날이 갈수록 맞지 않는 업무라는 게 분명해졌고, 회사 문화와도 맞지 않아 불안과 좌절을 느끼게 되었다. 그다지 놀라운 일도 아니지만 회사 측에서 결단을 내렸다. 제리에게 해고는 실망, 그 이상의 것이었다. 마음속 깊은 곳에서는 자기에게 맞지 않는 일이라는 걸 알았음에도, 해고는 그의 자존심에 큰 타격을 입혔다.

나는 엄청난 불행처럼 보이는 일이 사실은 기회일 수 있다며 제리의 사고 전환을 도왔다. 이를 계기로 제리는 자기에게 맞는 일을 찾을 수 있으며, 자기의 강점을 살리며 탁월성 영역에서 일할 수 있게 된 것이다.

우리는 그의 탁월성에 부합되며 충분한 성장 가능성이 있는 자리를 찾는 데 집중했다. 이렇게 전략적 구직 활동을 시작하는 한편, 전 직장에서의 경험을 바탕으로 피해야 할 회사 문화의 목록을 만들었다. 이번에야말로 제리는 자기에게 맞는 조직인지 아닌지 구별할 수 있을 터였다. 또한 제리가 면접에서 사용할 구체적인 표현도 만들었다. 회사별로 그리고 회사가 마주한 도전 과제에 따라 다양한 선택지를 만들어 제리가 회사에 무엇을 줄 수 있는지 분명하게 전하고, 어떻게 이룰 것인지 방법을 제시하도록 했다. 나는 제리에게 다음과 같은 표현을 알려 주었다.

"저는 사람들이 인정받는다고 느끼도록 할 때 정말 큰 성취감을 느낍니다. 리더십을 통해 직원을 인정하는 제 인사관리 방법에 관한 기사가 잡지에 실린 적도 있습니다. 이러한 전문성을 귀사에 보태고 싶습니다."

"임원진을 하나로 묶을 인사팀 리더가 귀사에 필요하다는 걸 알고 있습니다. 제 핵심 강점이 바로 그런 일을 하는 데 있습니다. 한 명씩 사람을 만나 상대의 이야기를 잘 듣고, 모든 이의 필요를 반영해 목표와 계획을 세우는 것이 제 전문입니다. 귀사의 어려움에 제가 도움을 드릴 수 있다고 생각합니다."

제리는 해고되었다고 해서 자신의 본래 모습을 바꿀 필요가 없음을 깨달았다. 오히려 다음 기회를 위해 자신이 어떤 사람인지 더욱 대담하게 드러내게 되었다. 3개월이 안 되어 그는 다른 기술 회사에, 자신에게 훨씬 더 잘 맞는 직무를 찾아 취직했다. 그 회사는 성장 중이었으며, 인재를 개발해야 할 필요를 느끼고 그 방법을 찾을 전략 담당 인사팀 리더를 원하고 있었다. 나는 여러 고객의 취업을 도왔지만, 제리는 내가 도운 고객 가운데 가장 빨리 재취업에 성공한 사람이었다. 제리는 같은 업계에서 일한 바 있었고, 자신이 어떤 유형의 인사팀 리더인지 정확히 파악했으며, 자신의 탁월성을 알고 있었기에 새로운 자리에서 자신이 (회사와 조직에)제공할 수 있는 가치를 분명하게 표현했다.

제리에게 해고라는 역경은 큰 기회가 되었다. 그는 포기하지 않는 그릿을 보여주었고, 벌어진 상황에서 배움을 얻었으며, 더 좋은 기회를 찾기 위해 노력했다. 이것이 바로 그릿의 마술이다.

안전지대에서 벗어나기

"안전지대에서 벗어나야 한다." 모두가 이렇게 말한다. 그런데 안전지대에서 벗어나라니 그게 무슨 뜻일까? 학창 시절 수학 배우기를 포기했는데 회계사가 되기 위한 시도라도 해야 한다는 걸까?

안전지대를 벗어나라는 말의 진짜 의미는, 지금 일터보다 한 단계 위에서 자신의 탁월성을 발휘할 방법을 찾아보라는 것이다. 이는 역경을 대하는 접근법에도 적용된다. 포기하지 말고 그릿을 발휘하며, 혁신하고, 어떻게 나아가야 할지 호기심을 가지라는 뜻이다. 당연히 자신의 탁월성 영역을 염두에 두면서 말이다.

성과 추적기를 사용하면 정체기에 들어섰을 때를 확인할 수 있다. 그러고 나서 능력을 키울 기회를 능동적으로 찾는 건 각자의 몫이다. 나는 고객들에게 능동적으로 안전지대 밖으로 손을 뻗으라고 이야기한다. 이것은 역경이 닥쳤을 때 불편한 일을 해야 하는 상황에 대한 연습이기도 하다. 핵심은 자신의 탁월성과 목적을 확대할 기회를 찾고, 두려움 없이 기회를 잡는 데 있다.

나는 성과 추적기를 통해 내가 안전지대에 머무르고 있다는 걸 알아차릴 때면, 시간을 따로 내서 안전지대 밖으로 나갈 방법을 목록으로 만든다. 그런 후 새로운 기회에 에너지를 집중한다. 인내심과 그릿을 높이려면 '절대 포기하지 않는' 근육을 키울 연습용 시나리오를 적극적으로 만들고, 새로운 목표가 탁월성 영역과 일치하는지 확인한다.

사실 나는 사람들 앞에서 발표하는 일을 굉장히 두려워한다. 발표해야 하는 일이 생기면 몹시 긴장해서 며칠이나 잠을 이룰 수 없었다. 생각만 해도 땀이 나고, 손이 축축해진다. 그럼에도 전문 강연가가 되는 것은 나의 오랜 꿈이었다. 그것이 내가 원하는 영향력을 발휘할 좋은 방법임을 알고 있었기 때문이다. 게다가 나는 늘 강연을 들으러 가는 걸 좋아했다. 뉴욕에서 열렸던 초창기 TEDx 행사에 참석하기도 했다.

TEDx 강연의 연사로 선발되는 과정이 어렵고 경쟁이 치열하다는 것은 익히 들어 알고 있었다. 그런데 TEDx 행사 기획 위원회에서 일하던 친구가 내게 연사로 지원해 보라고 제안했다. 좋은 소식은 내가 연사로 뽑혔다는 것이었고, 나쁜 소식은 강연을 준비할 시간이 한 달밖에 없다는 것이었다. 그걸 깨닫자 온몸에서 땀이 나기 시작했고, 속이 울렁거렸다. TEDx에서 강연하면 다른 좋은 강연 기회도 많이 생길 터였다. 반드시 해내야만 했다.

나는 만족스러운 강연문을 쓰기 위해 글쓰기 전략가를 고용했다. 그리고 2주 동안 하루에 3번씩 매일 연습했다. 더는 연습할 수 없을 때까지 연습했다. TEDx 강연을 하는 동안에는 메모를 볼 수 없고, 텔레프롬프터무대 위에서 대사 등이 보이게 하는 장치도 없으며, 항상 카메라가 연사를 촬영한다. 그리고 인터넷에 공개되는 영상은 무편집본이다. 그렇기에 한 번에 모든 걸 완벽하게 해내야만 했다. 신경이 몹시 곤두서서 발표 전 3일 동안 밥도 먹을 수 없었다. 대신 호흡 연습과 명상을 했다.

마침내 내 발표 차례가 되자 무엇을 해야 할지 알 것 같은 기분이 들었다. 무대 위로 걸어 올라가는데 다리가 떨렸다. 하지만 말을 시작하자마자 연습했던 내용이 되살아났다. 정말 두려워했던 일을 실제로 하게 되자 아드레날린이 솟구쳤고, 활기가 넘쳤다. 강연이 끝났을 때, 나는 정말 놀라움을 느꼈다. 내가 해냈다는 걸 알 수 있었다.

TEDx 강연이라는 도전에 응한 내가 무척 자랑스럽다. 강연을 하기까지 모든 걸음이 나를 한계로 밀어붙이는 것 같았다. 하지만 이제는 안전지대 밖으로 자신을 밀어붙일수록 할 수 있는 일을 더 많이 찾을 수 있음을 안다. 나는 TEDx 강연 이후로 다양한 환경에서 발표할 기회를 얻었다. 안전지대 밖으로 손을 뻗었더니 발표 능력에도 자신감이 생겼고, 강연을 한 번 할 때마다 이전보다 더 발표가 쉽다고 느끼고 있다.

잠시 내 이야기를 예시로 들었지만, 이처럼 호기심을 느끼고 안전지대 밖으로 나설 기회를 만드는 건 쉽지 않은 일이다.

두려움이 느껴지는 기회를 적극적으로 찾아 그 두려움에 정면으로 맞서야 한다. 자신이 지닌 기술을 다음 단계로 성장시킬 수 있도록 우선 다음 질문에 답해 보자.

❶ 하고 싶다고 언제나 남몰래 생각하지만 막상 하려고 하면 두려워지는 일은 무엇인가? 목록을 만들어 보라.

❷ 그중에서 탁월성이나 목적과 연관된 일은 무엇인가?

❸ 위에 적은 일 중에서 중대한 한 걸음을 떼기 위해 지금 시작할 수 있는 일은 무엇일까? 그리고 어떻게 책임지고 해낼 수 있을까?

❹ 첫 번째 일을 해내고 나면 다른 일을 어떻게 할지 생각해 본다. 지겹거나 현실에 안주하는 느낌이 든다면 안전지대를 벗어나 손을 뻗을 방법을 찾을 때 이 목록을 참조한다.

집중력을 강화하고 전문가가 되는 법

위기가 닥쳤을 때 어디에 집중해야 할지 모르는 사람이 많다. 야망을 가지고서도 어떻게 집중해야 할지, 무엇에 집중해야 할지 몰라 정작 아무것에도 손을 대지 못하는 사람이 얼마나 많은지 셀 수 없을 정도이다. 이들은 어려움을 극복하려고 시도하면서 여러 방향으로 에너지를 분산시키는 방법을 택한다. 여러 아이디어를 벽에 던지며 하나라도 붙기를 바라는 마음으로 말이다. 이처럼 집중력이 결여되면 일이 벅차고 효과적으로 이루어지지 않는다.

이런 경우에 탁월성이 도움이 된다. 자신이 지닌 탁월성을 바탕으로, 자신이 잘하는 문제 해결 방식 한 가지를 가지고 문제에 맞서는 것이다. 문제가 생길 때마다 같은 기술을 사용하면 자연스럽게 전문성이 생긴다. 그러고 나면 예상치 못한 문제가 생겼을 때 자신의 가치, 자신의 모습, 혹은 무엇을 해야 할지 의문을 품을 필요가 없다. 잘 연마된 탁월성을 이용해 그저 문제 해결에만 집중하면 된다.

≪1만 시간의 재발견Peak / 비즈니스북스, 2016≫의 저자 앤더스 에릭슨에 따르면, 어떤 분야의 전문가가 되기 위해서는 평균 1만 시간 동안 의식적으로 집중하는 연습을 해야 한다. 나는 고객들에게 자주 이렇게 물어본다. "탁월성 영역과 맞지 않는 일에 1만 시간 이상 즐겁게 투자할 수 있을까요?"

나는 의식적인 연습(여기에는 연습을 하고 결과를 추적하기 위해 구조화된 체계를 만드는 일도 포함된다.) 기간이 즐거운 여정이 되어야 한다고 생각한다. 에릭슨 박사는 테니스 선수가 의식적으로 연습하는 방법을 하나의 사례로 소개한다.

테니스 실력을 키우는 비결은 다양한 선수를 상대로 많은 경기를 하는 것이 아니다. 승리를 가져다주는 건 반복적인 훈련과 연습이다. 정체기에 접어들 때마다 자신을 밀어붙이고 안전지대 밖으로 나가야 한다. 하지만 애초에 연습이 즐겁지 않다면, 즉 도전 자체가 자신의 탁월성에 맞지 않는다면 다음 단계로 성장하는 데 시간을 쏟을 수 없다. 반대로, 처음부터 즐거운 일을 하면서 그릿을 키우면 집중적으로 전문성을 키울 수 있다. 또한 시간을 들임으로써 그 일을 가장 잘하는 사람이 될 수 있다.

좋아하는 일에 집중하면 전문가가 된다는 보상이 따른다. 내가 그렇게 천직을 찾았기 때문에 이에 대해서 확실하게 말할 수 있다. 나는 **통찰력 발굴자**라는 나의 탁월성을 **성과 전략가**라는 직업에 활용함으로써 다른 사람들이 직장에서 존재감을 얻도록 돕고 있다. 그리고 내 일이 내가 어떤 사람인지, 어떤 모습의 사람이 되고 싶은지에 관한 생각을 확장하는 방법이라고 느낀다.

인내와 호기심을 가지고 역경에 맞서 그릿을 키우고 싶은가? 다음과 같은 것들을 생각해 보자.

❶ 마지막으로 크게 실망한 일은 무엇이었나. 그 일을 탁월성 영역에서, 스스로에게 진실된 모습으로 다루었는가, 호기심을 가지고 대했는가? 문제를 헤쳐 나가는 동안 그릿을 발휘했는가? 그랬다면 그 일을 통해 무엇을 배웠는가? 다음번에 역경을 마주할 때를 위해 어떻게 하면 호기심을 많이 가지거나 그릿을 더 키울 수 있을까?

❷ 마지막으로 안전지대를 벗어난 때는 언제였으며, 이후 힘이 솟는 걸 느꼈는가? 당시에 탁월성을 사용했는가? 다시 한번 안전지대를 벗어나기 위해 같은 행동을 하거나 같은 사고방식을 취하려 할 때 이를 막는 건 무엇인가?

❸ 안전지대 밖으로 자신을 끌어낼 만한 업무 관련 프로젝트를 열거할 수 있는가? 각 프로젝트를 시작하려면 무엇이 필요한가?

❹ 자신의 그릿은 어느 정도라고 생각하며, 얼마나 더 가지고 싶은가?

그릿을 키울 기회로 위기를 활용한 헌터

헌터는 인생의 위기 한복판에서 나를 찾아왔다. 그는 막 직장에서 해고된 참이었고, 과거에 겪던 알코올 중독 문제로 회사에서 차별받았다고 느끼고 있었다. 실제로 회사에서 내세우는 해고 이유는 사소한 일이었고, 그는 그것이 타당하지 않다고 생각했다. 헌터는 20년 동안 소매 영업팀의 팀장으로 일했으며, 수년에 걸쳐 여러 번 승진하며 회사에서 인정받은 훌륭한 직원이었다. 그는 변호사를 고용했다. 변호사는 헌터의 해고가 직장 내 차별을 잘 보여주는 사례라고 생각했다. 또한 변호사는 그에게 새 직장을 찾아보라고 제안했다. 헌터는 선택해야 했다. 자기 연민에 빠져 잃어버린 일자리를 애석해하거나 아니면 앞으로 나아가 그릿과 인내심을 키우거나. 헌터는 후자를 선택했고 나를 고용했다.

헌터와 함께하면서 내가 세운 주된 목표는 그가 역경을 기회로 바라보도록 만드는 일이었다. 우리는 헌터가 새로운 일자리를 찾는 데 집중할 방법을 의논했다. 헌터의 새 일자리는 그가 안전지대를 벗어나 도전하며, 동시에 집중력을 개선할 수 있는 곳이어야 했다. 나는 헌터에게 같은 문제를 겪고 있는 사람들의 대변인이 되어보길 권했다. 즉 알코올 중독 직원을 배척하기보다 그들을 지원하며 함께 나아갈 수 있는 방법을 기업에 알려주는 일을 하는 건 어떨지 제안했다. 헌터는 실직을 기회로 활용하자는 이야기를 듣고 매우 기뻐했다. 대변인이 된다는 생각은 헌터에게 활기를 불어넣었고, 자신에 대한 믿음도 커졌다. 그가 포기하지 않기로 결심했음을 분명히 알 수 있었다.

그의 탁월성은 다른 사람이 틀에서 벗어난 생각으로 결과물을 개선하도록 돕는 데 있었다. 그가 지닌 삶의 목적은 '불가능한 일을 가능하게 만드는 것이었다. 헌터는 구직 조사 단계에 호기심을 가지고 접근했고, 다양성과 포용성 담당은 인사 업계에서 빠르게 성장 중인 하위 분야라는 걸 알게 되었다. 불리한 일을 당할까 두려운 나머지 직장에서 자신의 진짜 모습을 감춰야 한다고 생각하는 소수 집단이나 부당한 대접을 받는 직원들의 문제를 기업이 해결할 방법을 찾는 데 도움을 줄 기회는 수없이 많을 터였다.

우리는 행동 계획을 세웠다. 헌터는 중대형 기업 중에 다양성과 포용성 담당자 자리가 있는 곳에 지원하거나, 그런 자리가 필요해 보이는 기업에 필요성을 어필하기 시작했다. 우리는 기업의 다양성과 포용성 담당자 자리가 어떻게 헌터에게 완벽하게 맞는 자리인지 알리는 한편, 그가 새로 생긴 이 자리에서 어떻게 하면 자기만의 남다른 관점을 활용해 가치를 헤아릴 수 없는 자원 역할을 할 수 있을지 구상했다.

헌터는 자신의 경력을 스스로 챙기면서 위기를 넘겼고 자신감도 되찾았다. 그는 인생이 이상적이라 여겼던 방향으로 흘러가지 않아도, 자신은 생각보다 회복력이 큰 사람이라는 사실을 알게 되었다.

CHAPTER 11

불확실한 상황 받아들이기

"일을 그만둬야 할까요?"

ACTION PLAN

구직 활동의 닌자가 되세요.

직장에서 행복하지 않다면 불만족의 근본 원인을 찾아야 한다는 걸 기억하라.

앞서 파트 1을 통해 업무에서 성과를 내지 못하고 있다면 맞지 않는 일을 하고 있을 가능성이 크다는 점을 배웠다. 하는 일이 자신의 탁월성 영역과 맞는다는 확신이 드는가? 그렇다면 업무에서 어려움을 겪더라도, 일에서 도전의식을 느끼고 성취감을 얻을 기회가 아직 남아있을 것이다. 그와 같은 자신감은 업무를 계속 파고들며 인내를 기르는 바탕이 된다.

물론 직장에서의 행복에는 업무 그 자체 외에도 여러 변수가 있다. 업무는 잘 맞지만 회사 문화와 잘 맞지 않을 수도 있고, 동료 직원이 끔찍할 정도로 별로거나 자신이 바라는 자율성을 부여하지 않는 회사가 문제일 수도 있다. 혹은 '이 길이 정말 나의 길인 걸까?'라는 생각이 드는 순간이 들수도 있다. 만약 떠나고 싶다는 마음이 든다면, 그 원인이 무엇인지를 분명하게 확인함으로써 떠날 때인지 아닌지를 판단해 보자. 원인을 파악하면그릿을 발휘해 계속 버티면서 문제를 해결해야 할지, 아니면 절대 해결할수 없는 문제인지 알 수 있다.

다음은 싸우고 버티기보다 직장을 떠나는 것이 합리적인 이유들이다.

회사의 문화와 잘 맞지 않는다　　회사의 문화는 바꾸기 어렵다. 인사팀장이거나 최고인사관리자가 아니라면 그릿만 가지고 이 문제를 해결할 수는 없다. 인사팀장이나 최고인사관리자라 해도 여전히 전체 임원진을 설득해야 한다. 그런 경우가 아니라면 회사 문화를 바꾼다는 건 현실성 있는시도가 아니다.

상사나 동료가 힘들다　　함께 일하는 사람이 업무 환경을 좌우한다. 함께 일하는 사람 대다수가 함께 있을 때 즐겁지 않거나, 어울리기 힘들면직장을 옮겨야 할 수 있다. 다만 자신의 무의식적 편견은 아닌지 확인하고, 회사 사람들과 갈등이 생겼을 때 해결하려는 노력을 기울이는 건 중요하다. 갈등은 보통 자기 자신, 그리고 나와 다른 남에 관해 더 많이 배울 수 있는 기회이기 때문이다. 그러나 당신이 갈등을 해결하려 노력하는 데도 상사나 동료가 마음을 열고 함께 갈등을 해결하려 하지 않는다면 그때는 직장을 옮겨야 할 때다.

괴롭힘 혹은 부당한 일을 겪고 있거나, 심리적 안정이 보장되지 않는다 심리적 안정이 보장되어야 업무에서 부정적인 결과가 발생해도 두려움 없이 자신의 모습대로 지내며 문제를 해결할 수 있다. 그러나 자신의 모습대로 지낼 수 없다면, 괴롭힘이나 혹은 부당한 일을 겪고 있다면, 생각할 필요도 없이 행동에 나서야 할 때이다. 어떤 형태로든 직장에서 학대받은 경험이 있다면 인사팀에 이야기하고, 적절한 조치가 빨리 취해지지 않는다면 회사를 옮겨야 한다.

회사가 자신의 경력 비전과 반대되는 방향으로 움직인다 회사의 경력 전망이 자신의 비전에서 벗어나기 시작하면 행동에 나서야 한다.

경력 비전을 눈에 띄게 유지하라

자신의 경력을 지도처럼 마음에 그려보자. 그러면 원하는 곳으로 가는 길을 계획할 수 있고, 길에서 벗어났을 때 경로를 수정할 수 있다.

나는 경력상 성공을 거두려면 반드시 비전이 있어야 한다고 생각한다. 비전을 진화시키는 비결은 자주 그리고 다시 경로(비전)를 확인하는 것이다. 특히 중요한 성취를 이루고 난 후에는 비전을 반드시 재확인해야 한다. 오늘날 비즈니스 세계에서 발생하는 변화의 양을 생각하면 융통성 없는 장기 비전은 실망으로 이어질 뿐이다. 하지만 탁월성 영역 안에서 집중해서 일한다면 비전을 더 빨리 달성할 가능성이 크고, 그렇게 되면 계속 더 큰 그림을 그릴 기회가 생긴다.

새로운 일을 맡을 때마다 비전은 약간씩 달라진다. 같은 회사 내에서 자리만 바뀌었을 때도 마찬가지이다. 예상치 않게 구직 활동을 하게 되었다면 전반적인 비전을 재검토할 기회로 여겨라. 탁월성 영역과 비전이 잘 맞을수록 회복력이 커지고, 좋아하는 일을 할 수 있는 새 일자리를 찾기가 쉬워질 것이다.

다음의 질문에 답하고 한 걸음 물러나 답 속에서 자신의 비전을 찾아보자. 단기 비전을 만들어야 그 후 장기 계획을 세울 수 있다. 장단기 비전을 모두 갖추는 일은 재미있을 뿐 아니라 자신이 바라는 바와 가려는 길을 유지하는 데 도움이 된다.

기억하라, 우리는 비전을 자주 재검토하고 바꿀 것이다. 그러니 완벽한 비전을 만들려고 매달리지 말라. 비전은 우리에게 영감을 주고, 신나며, 진실되게 느껴져야 한다.

Q. 경력 비전을 위한 질문

① 지금 경력에서 어떤 점이 도움이 되는가? 도움이 되지 않는 점은 무엇인가?

② 가정생활의 비전은 무엇이며, 업무 시간과 비교해 가족과 보내는 시간은 어느 정도인가?

③ 현재 몸담은 조직이나 업계에서 어떤 유산을 남기고 싶은가?

④ 언제 은퇴하고 싶은가?

⑤ 은퇴는 자신에게 어떤 의미인가? 은퇴하는 날의 모습은 어떠할 거 같은가?

⑥ 돈을 더 벌고 싶은가? 자신이 바라는 생활양식은 어떠한가?(외부적인 요소가 성취감이나 행복을 제공하지 않는다는 것을 알았으니, 이 질문의 답은 신중하게 생각해 보자.)

⑦ 자유란 자신에게 어떤 의미인가?

⑧ 권위가 더 필요한가?

⑨ 어느 정도의 영향력을 발휘하는 것이 중요한가? 업무상 큰 족적을 남기기를 바라는가, 아니면 작은 족적을 남기기를 바라는가?

⑩ 어떤 사람과 함께 일하고 어떤 사람을 위해 일하고 싶은가?

⑪ 전직을 고려하고 있다면 절대적으로 반드시 있어야 하는 조건은 무엇인가?

이제 다음 질문에 답해 보자.

- 나의 단기 비전(3~5년)은 무엇인가?
- 나의 궁극적인 장기 비전(전체 경력상의 목표)은 무엇인가?

구직 활동에 탁월성 습관 적용하기

평생 같은 일터 혹은 같은 업계에 머물던 시절은 지나갔다. 직업을 바꾸지 않으면 좋아하지 않는 일자리에 지나치게 오래 머물러야 하는 위험을 안게 된다. 그건 근로의욕과 경력 궤적을 망치는 일이다.

자기에게 맞는 새 일자리를 찾으려면 이른바 '구직 활동의 닌자'가 되어야 한다. 구직 활동의 닌자는 변화를 꾀하는 걸 두려워하지 않고, 자신의 가치에 자신이 있다. 그래서 현재 직장이 이상적이지 않다는 게 분명해지면 계획을 세워 구직 활동을 시작한다. 이직에 대한 두려움을 줄일수록 비전을 향해 경력을 이끌고, 원하는 방향으로 나아갈 힘이 커진다.

구직 활동이 겁나서 좋아하지 않는 일임에도 계속하는 사람들을 많이 보았다. 새 직장을 구한다는 생각만으로도 두렵고 힘들기 때문이다. 특히 요즘처럼 불안정한 고용시장과, 계속 발전하는 기술 및 소셜미디어가 바꿔놓은 기업들의 채용 방식은 구직을 더욱 어렵게 한다. 이들은 구직 활동에서 항상 따라오는 거절이나 어떤 자리를 찾아야 할지 결정하는 고된 작업을 마주할 준비가 되어 있지 않다. 자신이 어떤 사람이며, 어떤 가치를 더할 수 있는지, 또 무엇을 찾고 있는지에 관해 말할 방법도 분명하지 않다.

자신이 지닌 탁월성 영역을 알면 탐험의 가능성이 무한해지지만, 때로 넓은 가능성 때문에 구직 활동이 힘겨워지기도 한다. 이럴 땐 구직 활동에서도 탁월성과 목적을 활용해 검색 범위를 줄일 수 있다.

우선 자신에게 일할 의미를 주는 조직이나 일의 종류를 정하는 것부터 시작하자. 사람들에게 자신의 목적에 맞는 영향력을 직접 발휘할 기회가 있는 일인가? 자신의 목적과 연결된 방식으로 제품을 제조 혹은 전달하거나 사람들을 돕는 회사인가? 이에 대해 만족스러운 답이 나오지 않는다면 다른 회사를 계속 찾는다.

목적에 잘 맞는 업무 분야나 회사를 찾았다면, 탁월성을 살릴 수 있는 자리인지, 확실하게 일할 자리(업무)와 잠재적으로 맡을 가능성이 있는 역할을 살펴라. 자신이 가장 잘할 수 있는 생각과 문제 해결 방식을 이용해 자신의 탁월성과 취업 자리를 비교하라. 탁월성을 살릴 기회가 전혀 없는 자리라면 그건 나와 맞지 않는 자리이다.

마지막으로 면접을 보러 가게 된다면, 회사 문화가 어떤지 감을 잡으려고 노력해라. 면접은 당신이 평가받는 자리기도 하지만, 당신이 회사를 평가할 수 있는, 더 많은 선택지를 보도록 시야를 넓혀 줄 좋은 기회임을 기억하라. 면접을 통해 일하게 될 팀에 내가 잘 맞는 사람인지, 업무에서 탁월성을 얼마나 자주 사용할 수 있을지 정보를 구할 수 있다.

단순히 이력서에 쓰면 보기 좋을 것 같다고 생각해서 일을 수락하는 사람이 많다. 새로운 일자리를 찾아 나설 때까지 너무 오래 기다린 탓에, 혹은 현재 맡은 업무에서 번아웃을 느낀 나머지 제안받은 자리를 바로 수락하는 사람도 있다. 하지만 이 같은 섣부른 선택은 다시 처음의 상태(불행하다고 생각하고 빠져나갈 방법을 궁리하는 상태)로 되돌아가게 만들 수 있으니 주의하길 바란다.

내게 맞는 기회가 찾아올 거라는 믿음을 가지고, 그때까지 구직 활동의 과정을 파고들어 열심히 노력하라. 전 직장을 그만두었는데 새 일자리를 구하지 못해 절망하며 찾아오는 고객들이 있다. 그런데 알고 보면 일주일에 기껏 2~3개 정도의 기업에 지원하고 있다. 10개, 15개, 20개 혹은 그 이상을 목표로 삼아야 하는데 말이다. 지금 일하고 있는 게 아니라면 구직 활동이 종일제 업무가 되어야 한다. 직장을 아직 그만두지 않은 상태라면 매일 조금씩 일하는 시간을 줄이고 자신에게 맞는 일자리를 찾는 과정에 시간을 더 들이자.

생각보다 구직 활동 기간이 길어진다면 절망하기보다는 우선 그 이유에 호기심을 가져보자. 지원 혹은 면접 과정 중에 개선할 수 있는 부분이 있을 것이다. 이를테면 자신을 나타내는 방법이라든지 잠재 고용주를 철저하게 확인하는 방법 등이다.

구직 활동 과정을 이용해 그릿을 키우고, 절대 포기하지 말라. 기회는 끝없이 많다. 구직 활동 과정을 하기 싫은 일이 아니라 모험으로 받아들이자. 자신을 잘 표현하는 솜씨가 생긴다면 절대 가능하리라 생각하지 않았던 기회를 얻게 될 것이다.

모든 면접 자리에서 탁월성 영역을 활용하라

자신이 지닌 탁월성 영역과 이를 효과적으로 설명할 방법을 알면 자기 자신에 대해, 그리고 자신이 다른 사람에게 주는 가치에 관해 이야기할 수 있다. 면접을 보러 가서 "제가 지닌 탁월성 영역에 관해 이야기하겠습니다."라는 식으로 말하라고 권하고 싶지는 않다. 탁월성 영역이라는 용어 자체를 모르는 사람이 많을 테니 말이다. 하지만 자신이 사고하는 과정에 관해, 회사에 어떤 기여를 할 수 있는지에 관해, 자신에게 의미 있고 의욕을 불러일으키는 일을 찾아낸 방법에 관해서는 이야기할 수 있다. 다음의 내용을 분명히 설명할 수 있다면 고용주에게 깊은 인상을 남길 수 있다.

고용주는 의욕이 넘치고 일적으로 배고픈 사람을 찾는다. 자기 지식과 지원한 자리를 연결해 자신이 생각하는 바가 어떻게 근로 의욕을 불러일으키는지 보여주자. 자신을 회사의 자산으로 만들 수 있는 점이 무엇인지 어필하는 것이다. 이 정도 준비성과 자기 인식을 갖춘 지원자를 무시하기는 힘들 것이다.

면접장에서 다음과 같은 식으로 말하면서 이 주제를 꺼내는 걸 고려해 보자.

"저의 최대 장점은 자신을 잘 안다는 것입니다. 저는 능동적으로 일하고 맡은 일은 해낼 방법을 알고 있습니다. 또한 저는 제가 가장 잘하는 일이 무엇인지 알고 있습니다. 다른 누구보다 제가 잘하는 생각과 문제 해결 방식이 무엇인지 파악하고 있습니다. 그러고 보니 이건 이 자리에 꼭 필요한 강점인 것 같습니다. 이 일을 하게 되면 제게 끝없이 동기부여가 되리라는 것도 알고 있습니다. 이 회사가 발휘하는 영향력이 개인적으로 제게 의욕을 불러일으키기 때문입니다. 저는 스스로 경력을 관리하는 일도 편안하게 느낍니다. 제 성과를 관리하면서 정기적으로 제가 얼마나 잘하고 있는지, 무엇이 효과가 있는지 없는지 말씀드리겠습니다. 제가 팀을 관리하게 된다면 팀원들도 자신의 성과를 스스로 관리하는 습관을 기르도록 도울 것입니다."

단호하면서도 분명하게 말하는 건 어려운 일이다. 처음에는 자기 능력에 관해 그렇게 자신 있게 말하는 게 다소 어색하게 느껴질지 모른다. 하지만 자신을 위해 목소리를 내는 것도 탁월성 습관 중 일부이다. 이력서의 내용 가운데 이직 이력이나 경력 단절 기간 등 무엇이든 설명이 더 필요한 부분이 있다면 과거에 겪은 기회와 경험, 지금 지원하는 회사에 기여할 수 있는 부분, 자신이 지원하는 자리에 어떻게 가치를 제공할 수 있다고 생각하는지에 관해 분명하고 자신 있게 말하는 게 도움이 된다.

자기에 관해 이야기할 때마다 면접관의 반응을 관찰하라. 자신이 이야기하는 내용을 면접관이 이해하고 제대로 인식하는 것 같은가? 당신의 탁월성을 면접관도 확인했는지 살펴보라.

나만의 브랜드 만들기

자신이 어떤 분야의 전문가인지(탁월성 영역)를 포함해 '나만의 브랜드'를 만들어 관리하면 구직 활동이 좀 더 편해진다. 실제 물건 판매를 위한 어떤 브랜드를 만들라는 것이 아니다. 나만의 가치를, 나만의 개성을 보여줄 수 있는 수단을 만들라는 것이다.

나만의 브랜드는 직장을 그만두었을 때나 한창 구직활동을 할 때뿐만 아니라 경력을 쌓는 내내 만들어야 한다. 아직 나만의 브랜드를 만들지 않았다면 어떤 식으로 타인에게 자신을 알리고 싶은지부터 생각하라.

브랜드 구축 과정을 시작하는 데는 여러 방법이 있다. 온라인에서 자기 브랜드를 공유하는 기본 토대는 링크드인LinkedIn 프로필이다. 이외에도 미디엄Medium, 텀블러Tumblr, 스퀘어스페이스Squarespace 등등의 사이트에서 자신의 전문성에 맞는 콘텐츠를 만들어낼 기회를 무한히 얻을 수 있다.

당신의 전문성을 보여줄 수 있는 콘텐츠(에세이, 기사, 사진, 영상 등등 여러 형태가 될 수 있을 것이다.)를 만들어 피드에 게시하고 다른 사람의 포스트에 댓글을 남기자. 이러한 활동은 당신이라는 브랜드의 정체성을 구축하고, 누구나 접근할 수 있는 가상 공간에 기회의 발자국을 남기는 방법이다. 다시 말해, 사람들이 당신 이름을 인터넷에 검색했을 때 당신의 온라인 활동 내용이 검색 결과에 나타나게 하라는 것이다. 가상 공간에 남긴 그 흔적

들을 보고, 사람들은 우리와 우리가 하는 일에 대한 첫인상을 정한다.

개인 브랜드는 자기 자신 및 맡은 업무를 이야기하는 방식을 통해서도 드러낼 수 있다. 당신은 새로운 사람을 만났을 때 자신이 하는 일을 어떻게 설명하는가? 말하는 내용과 자기를 표현하는 방식에 일관성을 갖추는 것도 브랜드를 강화하는 좋은 방법이다.

인맥 관리, 어떻게 해야 할까

내향적인 사람이라면 인맥 관리를 한다는 생각만으로도 등골이 오싹할 것이다. 그러나 직업 관련 인맥을 갖추는 건 새로운 일자리를 찾기 위해서 꼭 필요한 부분이다. 인맥 관리가 어려울 순 있어도, 괴로운 일이 될 필요는 없다.

지금의 비즈니스 세계에서 인맥은 자기에게 맞는 자리를 찾는 가장 확실한 비결이다. 왜 그럴까? 기술 덕분에 우리는 수많은 채용 기회에 접근하게 되었지만, 그 말은 또한 모든 자리에 전부 지원하는 사람이 많다는 뜻이기도 하다. 그래서 기업에는 지원자가 어떤 사람인지 진짜 내용은 알지 못한 채 산더미 같은 이력서만 넘쳐나는 상황이다. 일자리를 찾는 최상의 전략을 모르는 사람들은 온라인 상에서 이 회사, 저 회사로 다시 이력서를 내는 일만 반복한다. 안타깝게도 그런 방식으로 답을 얻는 경우는 드물다. 1,000명의 다른 지원자와 함께 일자리에 지원했다면 면접까지 가는 건 복권에 당첨되는 일이나 마찬가지다.

오늘날 이력서는 명함 정도에 불과하다. 그러니 무턱대고 이력서만 넣는 건 효과적인 방식의 구직 활동이 아니다. 대신 관계를 쌓는 노력을 기울여 자신이 서류더미 속 한 장의 이력서 이상의 존재임을 알리는 일이 꼭 필요하다. 이력서만 제출하고 이력서가 나를 이야기해 주기를 바라는 대신 인맥 관리를 통해 스스로를 알려야 한다.

인맥 관리를 미래의 경력으로 가는 기회의 문을 여는 일이라고 생각하라. 여기에는 새로운 일자리를 제시하는 사람뿐 아니라, 생각을 확장해 주는 사람을 만나는 일도 포함된다. 사람들은 대체로 직장을 그만둘 때까지 인맥을 관리하지 않는다. 비상 상황이 되어서야 어쩔 수 없이 인맥을 관리하는 방식은 그다지 효과적이지 않다.

고객과 함께 일할 때면 나는 고객이 지닌 탁월성 영역부터 파악한다. 그러고 나서 고객이 원하는 방향이 무엇인지, 지금 자리에서 무엇이 문제인지, 다음 기회에서 반드시 요구되는 조건은 무엇인지 알 수 있도록 비전을 세운다. 이 시점에서 나는 고객에게 일해 보고 싶은 흥미가 생기는 기업이나 단체의 목록을 만들라고 권한다. 그러고 나서 그 목록과 고객이 현재 가진 인맥을 이어 본다. 예를 들어 현재 SNS 상에서 팔로우되어 있는 기업

(사람), 혹은 예전 직장 동료 등이 해당된다. 여러분도 일하고 싶은 기업과 어떤 식으로든 관계가 있는 지인이 없는지 자신의 인맥을 확인할 수 있다.

그다음에는 안전지대 밖으로 나와 전혀 모르는 사람에게 연락해 본다. 관심 있는 기업에서 일하거나 일했던 사람에게 SNS 메시지를 보내는 것도 좋고, 채용 담당 부서의 관리자에게 이메일을 보내는 것도 좋다. 또는 함께 일하고 싶은 비즈니스 리더에게 연락하는 것도 방법이다. 사람들에게 연락할 때는 사려 깊고 전략적으로 행동하자. 그들에게 지원하는 자리에 관심을 가지는 이유를 이야기한다. 단, 이때 상대의 시간을 존중하고 당신의 목표를 분명히 해야 한다는 걸 기억하라. "제가 연락드린 이유는 바로 ㅇㅇㅇ입니다. 제가 말씀드리고 싶은 내용은 ㅇㅇㅇ이에요. 혹시 대화가 가능할까요?" 이들과 가능하다면 15분간 이야기를 나눠보자. 당신이 분명한 경력 비전을 가졌고, 스스로 어떤 전문성을 지녔는지 확실히 안다면 지원하려는 자리에 관해 그들이 어떻게 생각하는지 관점을 물어보거나 이야기를 나눌 수 있을 것이다.

자신이 일하는 조직 내에서 무언가 배우고 싶은 사람이 있다면 다음과 같이 말하면서 사교 자리를 만들어라. "안녕하세요! 지금 당신이 하고 계신 일에 관심이 있습니다. 그 업무에 대해 알고 싶은데, 잠시 이야기를 나눌 수 있을까요?"

이러한 인맥 관리의 과정은 분명 어렵고 어색하게 느껴질 수 있다. 그러나 동시에 어떤 지점을 얻어낼 좋은 기회라는 것을 다시 강조한다.

인맥 관리에 관심을 많이 쏟을수록 더욱 성공적으로 인맥을 관리할 수 있고, 상대방도 당신과 관계를 맺음으로써 얻을 수 있는 이익에 주목하게 된다. 인맥 관리의 목표는 우리가 도울 수 있는 사람과 계속 관계를 쌓아, 결국에는 상대방이 기꺼이 우리를 돕도록 만드는 것이다. 상대방에게 무엇을 제공할 수 있을지 생각해 보자.

'내가 어떤 기여를 하면 상대방이 나를 만나는 데 관심을 가지게 될까?'

자신의 브랜드에 관해 이야기할 때는 탁월성 영역을 시작점으로 활용하라. 탁월성과 삶의 목적을 렌즈로 삼으면 헤드헌터나 구직 전문가에게 자신이 원하는 자리를 정확하게 설명하기 쉽다.

내가 제안한 인맥 관리 방법이 상대방을 곤란하게 하거나, 자신이 귀찮은 존재가 되는 건 아닌지 걱정하는 사람도 있다. 하지만 관계를 쌓고 싶은 분명하고 눈길을 사로잡는 이유가 있으면 상대방도 호응을 보인다. 대학을 막 졸업한 사람이라면 더욱 호응을 얻기 쉽다. 이들이 먼저 다가가면 대부분 사람이 기꺼이 만나주고, 시간도 너그럽게 할애할 것이다. "최근에 대학을 졸업했는데 제가 가장 잘하는 일이 무엇인지, 제가 어떤 가치를 제공할 수 있는지 분명히 알고 있습니다. 선배님께서 바로 제가 하고 싶은 일을 하고 계세요. 그 일에 관해 제게 가르침을 주시면 정말 감사하겠습니다. 말씀을 들은 후에 어디에 지원해야 할지 알아보고 싶습니다."라고 이야기하기만 하면 된다.

이미 경력을 쌓은 사람이라면 인맥 관리는 먼저 손을 내미는 데 달려있다. 다만 창의적인 방법으로 접근하라. 지금까지 해온 일 가운데 흥미로운 일이 있었나? 관계를 맺고 싶은 사람이 대화를 나누고 싶어질 만한 주제로 어떤 이야기를 꺼낼 수 있을까?

탁월성 발전시키기

ACTION PLAN

탁월성이 발전하고 있는지 알아보기 위해 성과 추적기를 사용하세요.

우리가 가진 탁월성 영역은 결코 정체되지 않으며, 우리의 경력도 마찬가지로 멈추지 않는다. 업무에 열중하면 할수록 탁월성은 더 발전하고 전문성도 깊어진다.

예를 들어 나의 탁월성은 통찰력 발굴자로서, 나는 정보를 종합하는 데 뛰어나다. 내게 가장 잘 맞는 일에 이처럼 분명한 접근법을 사용함으로써 나는 전문성이 깊어진다는 걸 말 그대로 보고 느낄 수 있었다. 또한 내 능력은 사용할 때마다 더 빠르고, 더 효과적으로 작동하며, 답을 얻기까지 필요한 정보도 점점 적어지고 있다.

이미 변화를 확인한 사람도 있겠지만, 대부분의 경우 변화는 매우 점진적으로 일어나기 때문에 전문성이 깊어진다는 걸 실감하지 못하는 사람도 많다. 바로 여기서 성과 추적기가 작동한다.

성과 추적기를 사용하는 습관을 기르면, 자신의 발전을 좀 더 분명하게 포착할 수 있다. 언제 어떻게 탁월성을 사용하고, 성과 행동을 키우는지 체계적으로 확인할 수 있기 때문이다. 성과 추적기는 지나간 시간을 되돌아보는 수단일 뿐 아니라, 앞날을 계획하기 위한 도구이기도 하다(습관의 고리에서 반복 행동 부분을 수정해준다). 보상은 매주 반복 행동을 따르는 데서 나오는 새로운 인식이다. 그러한 인식을 바탕으로 행동을 취하는 것이 탁월성 습관이며, 그것을 가지면 누구라도 뛰어난 성취를 이룰 수 있다.

그리고 자신의 연차와 업무에 따라 이 정보를 팀원, 상사, 동료들과 나눌 수 있다. 성과 추적기는 본질적으로 매주 스스로 하는 성과평가와 같다. 자기 업무가 어떻게 되고 있는지 상사나 팀에 업데이트하기 위해 해야 할 일을 미리 하는 셈이다. 성과 추적기를 이용하면 자신이 생각하는 바에 따라, 혹은 날마다 바뀌는 감정을 바탕으로 거짓된 결론을 내릴 함정에서 벗어나 진짜 현실을 분명하게 볼 수 있다.

자신의 탁월성을 알릴 계획을 세우자

내가 잘하는 일을 상사가 파악하고, 그에 따라 강점을 발휘할 수 있는 프로젝트를 나에게 배정해 주기를 기대하는 사람이 많다. 물론, 상사가 경험을 바탕으로 추측하고 의견을 공유할 수는 있다. 그러나 자신이 지닌 탁월성 영역을 가장 잘 활용할 방법에 관해 스스로 목소리를 내야만 맡은 일에서 더욱 성취감과 도전의식을 느낄 수 있다. "이것이 제 탁월성입니다. 목표를 달성하려면 저를 이렇게 활용하시면 됩니다."라고 말하는 건 강력한 힘을 지닌 방법이다. 기억하라. 우리의 성과를 최대화하는 게 회사에 가장 좋은 일이므로. 탁월성의 영역에 관한 실마리를 제공함으로써 회사를(그리고 궁극적으로는 자기 자신을) 돕는 것이다.

자신의 탁월성을 알리는 또 다른 중요한 실천 방법은 상사 및 동료와 함께 탁월성의 영역에 관해 논의하는 것이다. 이는 회사 내에서 관계를 형성하는 좋은 방법이기도 하다. 탁월성 영역을 활용하는 사람과 일하면 각자 잘할 수 있는 일에 집중하기가 쉬워지며, 사기 또한 높아진다.

구직 활동을 시작할 때는 채용 공고가 난 자리에서 일하는 자기 모습을 어떻게 보는지 분명하게 밝히고, 그 자리에서 마주할 문제를 해결하는 방법에 관해 자세히 설명하라. 사람들은 면접장에서 자기에 관해 일반화해 말하는 경향이 있다. 그 자리에 맞지 않는 사람이라는 인상을 주지 않을까 두려워하기 때문이다. 하지만 자신이 무슨 일을 잘하는지, 어떤 일이 성취감을 주는지 면접관에게 구체적으로 밝히는 편이 훨씬 영향력이 크다.

자신의 약점을 이야기하는 것도 중요하다. 사람들은 대개 약점은 이야기하지 말라고 조언하지만, 나는 잘하지 못하는 일을 잠재 고용주에게 알리면 큰 도움이 된다고 생각한다. 가장 효과적인 전략은 '약점을 극복할 방법'과 함께 알리는 것이다.

예를 들어, 나는 맞춤법을 자주 틀린다. 내가 하는 일에서 글쓰기가 중요한 부분을 차지하고 있음에도 말이다. 그렇기에 고객에게 이메일이나 서류를 보내기 전에 다양한 도구를 사용해 틀린 철자는 없는지, 문맥이 이상한 부분은 없는지 꼼꼼하게 재확인한다.

성과 추적기로 얻을 수 있는 것

남은 평생 매일 같이 성과 추적기를 작성해야 하는 건 아니다. 어느 정도 작성을 반복하다 보면, 굳이 성과 추적기를 쓰지 않더라도 좋은 성과를 나게 하는 요소와 방해하는 요소를 자연스레 확인할 수 있다. 또한 그때그때 바로 변화를 줄 수 있다.

성과 추적기를 3개월 동안 완벽하게 쓴 후에 잠시 쉬고 싶다면 그것도 좋은 방법이다. 성과가 떨어진다는 느낌이 들기 시작할 때 다시 꺼내면 된다. 성과 추적기는 의무가 아니라, 우리가 필요할 때 바로 활용할 수 있는 도구인 것이다.

나는 아직도 꽤 자주 성과 추적기를 사용한다. 하지만 이미 습관이 되었으므로 매번 쓰지는 않는다. 그러다가 일이 잘 되지 않는다는 느낌이 들면 다시 매주 작성하기 시작한다. 어디서 그런 느낌이 드는지 분명히 밝히고, 필요한 변화를 줘서 방향을 수정하기 위해서이다.

성과 추적기를 작성하다 보면 자신의 본래 모습에 대한 인식이 깊어진다. 그리고 지금 맡은 업무에서 자신의 성과와 관련해 어떻게 일이 돌아가고 있는지, 현재의 자리와 조직에서 자신은 어떻게 일하고 있는지 좀 더 분명하게 이해하게 된다. 업무상 좌절이나 불만을 느낄 때 근본 원인을 찾을 수 있으며, 맡은 일에서 즐거운 순간과 신나는 순간, 좋은 점 등도 인식하게 된다.

나아가 부정적인 마음의 소리나 자신감이 부족한 부분에도 잘 대응할 수 있다. 감정을 유발하는 계기를 알게 되고, 이 책에 소개한 다른 연습 방법을 써서 감정을 유발하는 계기에 대응하며, 궁극적으로는 그것을 뒤집을 수 있다.

 **자기 향상을 위한 효율적인 습관**

탁월성 영역에 집중해 성과 추적기를 완성했다면, 다시 돌아가 성과를 확인해라. 그리고 자신이 얼마나 변했는지 확인하라. (이를 조금 더 효율적이며 쉽게 하길 원한다면, 내 홈페이지 lauragarnett.com에 올려놓은 엑셀 파일을 이용해 탭을 만드는 것도 좋다. 스냅샷 기능을 이용하면 모든 점수를 그래프로 만들어 볼 수도 있다. 시간이 지남에 따라 각 원칙별로 얼마나 점수를 얻었는지 기록이 생긴다.) 이렇게 얻은 기록은 통찰력을 얻는 데 정말 도움이 된다. 조금 더 집중해야 할 부분이 어디인지 확인할 수 있기 때문이다. 탁월성 영역에 있지 않을 때도 확인할 수 있고, 정말 열중하고 있을 때도 알 수 있다.

성과 추적기에 지속적으로 마이너스 점수가 나온다면 문제가 있거나, 추세나 패턴이 있다는 신호이다. 성과 추적기를 사용하면 순간의 열기로 중요한 결정(퇴사, 급작스러운 이직 등)을 내리기보다 장기적이고 편파적이지 않은 시각으로 결정을 내릴 수 있다. 이를 통해 궁극적으로 자신의 경력을 더 잘 통제할 수 있다.

미래를 계획하는 도구

앞장에서 경력을 위한 비전을 만들었다. 이제 비전을 재확인할 때이다. 원하는 경력상의 변화를 이루고, 바라는 성공과 위대함을 얻을 수 있도록 성과 추적기를 작성하는 습관을 계속 이어 나가자. 업무에서 기쁨을 느끼는 순간과 탁월성 영역에서 일하는 나날을 추적함으로써 자신이 원하는 경험을 하고 있는지, 지금 하는 일이 궁극적인 비전에 가까이 갈 수 있는 일인지 판단할 수 있다.

비전은 변할 수 있지만, 비전이 있으면 업무에 명확성과 방향성이 주어진다는 점을 기억하라. 특히 직장을 바꾸는 시기에는 더욱 그렇다. 안전지대로부터 더 멀리 벗어나고, 경력에 더 능동적으로 대처할수록 시간이 흐르면서 비전이 확대될 가능성이 크다. 또한 새롭게 설정한 비전이 여전히 자신을 설레게 하는지 아닌지 확인할 수도 있다.

나는 최고의 고객들에게서 그런 모습을 보았다. 그들의 비전은 매년 변했다. 설정한 비전을 매년 달성했고 그럴 때마다 더 큰 비전이 필요해졌기 때문이었다.

성과평가를 대비해 성과 추적기를 사용하는 법

전통적인 성과평가는 대개 연간 혹은 반년에 한 번씩 이루어지는 프로세스로, 동료들이 성과에 관해 피드백을 주거나, 승진이나 연봉 인상을 받을 수 있는 능력과 관련해 상사가 점수를 매긴다. 이런 성과평가 방식은 완성하는 데 시간과 에너지가 많이 소모된다. 예를 들어, 내가 캐피털 원에 근무하던 시절에는 1~2주 내내 성과평가 관련 회의만 하는 기간이 있었다. 회의 자리에서 나는 직원들의 점수를 확인하고, 연봉 인상과 승진 대상을 결정했다. 하지만 결국 그런 성과평가도 직원들의 성과를 개선하거나 지원하는 데는 효과적이지 않았다.

전통적인 성과평가 프로세스는 직원 성과의 작은 단면만을 평가한다. 대부분의 사람은 몇 주 혹은 한 달 이상 지난 일을 기억하지 못하기 때문에 성과의 작은 단면이 지난 6개월 혹은 1년 전체의 성과로 적용된다. 만일 관리자로서 직원의 성과를 확인하기 위해 6개월 혹은 1년을 기다린다면 효과적으로 인재를 개발하지 않는 것이다. 이것이 바로 성과 문제가 대체로 해결되지 않거나, 간단한 해결책을 쓰지만 효과가 없는 이유이다. 실제 문제를 제대로 진단하지 않았기 때문이다.

전통적인 성과평가 방식을 완전히 버리고 보다 빠르게, 좀 더 자주 직원들을 확인하는 프로세스를 택하는 기업이 많아지고 있다. 직원들은 성과평가 점수를 받는 대신, 딱딱하지 않은 분위기에서 대화를 나눈다. 이렇게 접근하는 이유는, 성과란 정말 정기적인 평가가 필요한 대상이기 때문이다. 한 사람의 1월 성과와 10월 성과가 크게 다르다는 점만 봐도 그렇다.

성과평가에 나타난 이러한 새로운 경향 때문에 개인은 자신의 성공과 실패를 추적해야 할 책임이 있다. 좋은 소식은 이러한 새로운 평가 시스템이 회사 밖 우리 삶의 모습을 반영하며, 여러 면에서 기업가적인 모습을 보인다는 점이다.

컨설턴트이거나 혹은 자기 가게를 운영하는 사람이라면 사업을 키우기 위해 스스로 동기를 부여하고 안전지대 밖으로 벗어나려는 노력을 계속해야 한다. 과거 대기업에서는 전통적으로 상사가 부하직원의 미래를 결정했다. 하지만 새로운 평가 체제에서는 모든 사람이 자신을 관리하는 방법을 배워야 한다. 나쁜 소식은 자기를 성찰하는 방법을 모르는 사람이 너무 많다는 것이다. 사람들은 상사가 성과 결정을 좌우하는 방식에 익숙해져 있다.

일터를 자주 바꾸는 관행이 늘어나는 상황 속에서 개인은 반드시 자기 경력을 책임지는 CEO가 되어야 한다. 나는 현재와 미래의 비즈니스 환경 속에서 우리가 자기 자신을 알고, 경력을 관리하며, 성과를 추적하는 일이 전부 장기적인 경력 성공을 위해 중요하다고 생각한다.

성과 추적기는 자기 자신은 물론, 성과에 나타난 문제의 근본 원인을 파악하는 습관을 들이는 데 도움을 주는 이상적인 도구다.

이상적인 직원 또는 리더가 되기 위하여

최고의 직장으로 손꼽히는 여러 회사의 채용 담당자와 이야기를 나눌 때면, 그들이 기대하는 꿈의 직원은 어떤 모습인지 정의해 달라고 요청하곤 한다. 답은 대부분 비슷하다. 업무 경험 그 자체보다는 다른 사람과 협업할 수 있는 능력, 남과 다르게 생각할 수 있는 열린 시야, 자신이 어떤 사람이며 어떤 가치를 제공할 수 있는지 분명하게 이야기할 수 있는 자질 등이 더 중요하다는 것이다. 즉 업무 경험은 누구라도 쌓을 수 있지만, 모든 사람이 자기 자신을 파악하고, 주도적으로 경력을 관리하며, 다른 사람과 잘 협동하고, 능동적으로 일하는 건 아니라는 뜻이다.

이는 탁월성 습관을 기르고 성과 추적기를 사용함으로써 얻을 수 있는 바로 그 결과이기도 하다. 성과 추적기를 통해 자신이 가진 최고의 모습을 드러내는 법을 알게 되는데, 그런 모습을 이상적인 직원의 모습으로 제시할 수 있다. 자신이 어떤 사람이며 강점과 약점이 무엇인지 안다는 것, 성과에 능동적으로 대처하며 다양한 유형의 사람과 협력해서 일할 수 있다는 것, 열린 마음을 지녔으며 호기심이 많고 혁신적 사고를 한다는 점 등, 이런 면을 분명하게 전하는 사람이 있다면 채용을 왜 망설이겠는가?

한편, 나는 또한 탁월성 영역에서 일한 결과, 뛰어난 리더가 된 사람을 여러 번 보았다. 뛰어난 리더는 무엇보다도 자기 자신을 잘 알아야 한다. 그리고 자기 사람을 우선해야 한다. 팀원들이 행복하며 안전하다고 느낄 때, 팀원들의 의견이 잘 반영되고 모두 적극적으로 업무에 개입할 때 진정으로 뛰어난 결과와 진전을 이룰 수 있다는 걸 아는 사람이어야 한다. 뛰어난 리더는 주변 사람과 함께하고, 항상 자신의 방식이 중심이어야 한다고 생각하지 않으며, 모든 건 회사의 이익을 위해서라고 생각한다.

이러한 과정을 공유함으로써 다른 사람에게 영감을 줄 수 있다. 만일 관리자나 팀 리더 자리에 있는 사람이라면, 리더 자신이 어떤 일을 잘하는지 아는 것만큼이나 팀원 각자가 스스로를 파악하도록 돕는 것이 중요하다. 이를 통해 팀원들에 관해 더 많이 알게 될수록 그들에게 영감을 불어넣을 수 있고, 그들의 능력을 활용할 수 있다. 관리자나 팀 리더와 부하 직원 사이에 연결 관계가 탄탄할수록 신뢰가 형성되고, 심리적 안정감이 생긴다. 그러면 직원들은 두려워하지 않고 아이디어를 내고, 업무에서 혁신을 이루도록 격려받는 긍정적이고 열린 환경이 만들어진다.

멘로 이노베이션Menlo Innovations의 CEO 리치 셰리단은 앞을 내다보는 지도자라는 찬사를 수없이 받았다. 전 세계를 다니며 뛰어난 리더가 되는 방법을 강연하는 그는, 자신을 최고경영자가 아닌 최고스토리텔러Chief Storyteller라고 부른다. 셰리단은 최고경영자란, 사람들을 한 데 모으고 협력과 의사 결정이 이루어지도록 도울 책임이 있는 사람이라고 생각한다.

셰리단은 일방적인 결정을 내리지 않으며, 자신이 책임자라고 생각하지도 않는다. 사실 그가 그리는 이상적인 리더의 역할은 팀원 전부가 최고의 역량을 발휘하고, 그들 스스로 결정을 내릴 수 있도록 돕는 것이다. 셰리단의 리더십은 기업들이 나아가야 할 방향을 시사한다. 리더가 직원들에게 어떤 일을 하라고 말하지 않아도 직원들 각자가 자신이 지닌 탁월성의 문을 열고, 자기에게 맞는 일을 사수할 수 있어야 한다. 이런 식의 커뮤니

케이션 방식이 직원들의 탁월성을 이끌어내는 비결이며, 셰리단과 같은 리더는 이를 최우선으로 삼는 일에만 집중해야 한다.

뛰어난 리더가 되고 싶다면 팀원들이 우선순위를 정하는 과정에 도움을 주는 일부터 시작해 보자. 각자 탁월성 영역을 파악하고 성과 추적기를 사용하면 자기 성과에 주인 의식을 가지게 된다. 그러고 나면 팀에서는 리더가 부과한 업무에 어떻게 접근할 것인지 쉽게 이야기를 나눌 수 있고, 더 나은 결과를 만들어 낼 수 있다. 각 팀원이 자기에게 맞고 가장 잘할 수 있는 일을 맡기 때문이다. 또한 팀원들은 업무가 탁월성과 맞지 않으면 상사에게 이야기할 수 있고, 그러면 업무의 품질은 높게 유지될 것이다. 자기에게 '맞지 않는 일'에 관한 대화를 나누는 게 흔한 일이 되면 나쁘거나 평범한 결과물(사업의 성공을 없애는 존재)은 나오지 않을 가능성이 크다.

마지막으로, 뛰어난 리더는 직원의 일에 사사건건 간섭하거나 팀원의 경력상담가 역할을 하는 데 시간을 들이지 않는다. 직원들의 경력 형성을 도와주면서 자신이 호의를 베풀고 있다고 생각하는 상사를 많이 보았다. 야심 차기는 하지만, 사실은 부담스러운 행동이다. 그렇게 하는 대신 이 책에서 소개하는 탁월성 습관을 사용해 경력을 관리하라고 팀원들을 격려하는 편이 낫다. 그렇게 하면 팀원들은 있는 모습 그대로 자신에게 맞는 일을 하는 환경을 유지하거나 강화할 수 있을 것이다.

최고의 성과가 표준이 될 수 있다

탁월성 영역을 활용하는 것이 습관으로 자리 잡고 나면, 그다음에는 생활의 방식이 된다. 그것은 한번 이루고 나서 넘어가는 그런 종류의 일이 아니다. 자신이 일을 어떻게, 왜 하는지 생각하고, 이를 관찰하는 새로운 방식이다. 탁월성 습관을 실행하고, 매일 새로운 의식의 단계를 얻는 것을 빠뜨리지 말자.

이처럼 자기 인식이 높아지면 언제 지겨움을 느끼는지, 언제 스트레스를 받는지, 언제 업무에 집중하지 못하는지 알아차릴 수 있게 된다. 무엇보다 중요한 건 이런 감정을 일종의 기준 삼음으로써 탁월성 영역을 활용하지 못할 때 필요한 조처를 할 수 있다는 점이다.

이 책을 통해 각자 타고난 강점을 활용하여 뛰어난 성취를 이룰 수 있다는 점을 이해했길 바란다. 사실 뛰어난 성과는 소수의 전유물이 아니다. 누구나 뛰어난 성과를 낼 수 있다. 우리는 누구나 자신이 가진 탁월성 습관을 이용해 세상에 남다른 가치와 탁월함을 더할 수 있다. 우리는 각자 자기 자신을 위해서, 그리고 다른 사람을 위해서 최고의 모습, 가장 강력한 자신의 모습을 불러내 일을 할 재능과 책임이 있다.

꿈의 직업을 가진다는 것이 어떤 느낌인지 경험해 보았든 아니든, 꿈의 직업은 우리가 발견하기를(아니면 만들기를) 기다리고 있다는 사실을 믿어

라. 좋아하는 일 하기를 우선순위에 두고 부지런히 일하다 보면 언젠가 자신에게 꼭 맞는 자리에서 일하게 될 것이다. 내게 맞는 자리를 찾고 나면 직장에서 기쁨을 찾는 일이 가능하다는 걸 알게 되고, 앞으로도 일을 계속 즐길 수 있게 될 것이다.

가장 힘들었던 때 머릿속을 맴돌던 생각을 나는 절대 잊지 못할 것이다.

'경력상 의미 있는 무언가를 만들 수 없다면 어쩌지? 세상에 뭔가 특별한 걸 가져다줄 수 있을 것 같은데, 그게 뭐지? 내가 하기로 되어 있는 일은 무엇일까? 다음 단계는 어디로 가야 하지? 그리고 그곳이 내가 지금 있는 곳보다 더 나은 곳이라 어떻게 확신할 수 있지? 인생에서 뭔가 큰일을 할 수 있을 거라 생각했는데, 내가 틀렸나?'

당시 느꼈던 무력감은 어마어마했다. 나는 거의 아무런 지원을 받지 못했고, 원하는 답을 찾을 수 있을 것 같지도 않았다. 무엇이 성공을 만드는지 이야기하는 수백 권의 책이 있었지만 '방법how'에 관해 이야기하는 책은 없었다. 그러니 첫 단계가 무엇이 되어야 할지 내가 어떻게 알 수 있었겠는가?

나는 여러분이 이 책을 읽고 절대 나처럼 느낄 일이 없기를 바란다. 자신만의 '탁월성'을 파악하고, '탁월성 습관'을 연습하는 과정을 시작하면 내가 했던 것 같은 생각은 사라질 것이다.

이 책의 목적은 결국 자기 자신에 관해 더 알 수 있게 하려는 것이다. 10년간 일하면서 대단히 흥미로웠던 점은 자신의 최대 강점(탁월성)을 이용하는 사람이 매우 드물다는 사실이었다. 자기 안에 당장 사용할 수 있는 힘이 있는데

도 이를 이용하는 사람은 거의 없었다. 탁월성 습관을 키우면 그 힘이 커진다.

이 책에서 소개한 대로 연습하면 자기 자신과 경력에 대한 생각이 바뀌리라 약속할 수 있다. 매주 성과 추적기를 적으면 의심할 여지없이 "와, 생각보다 핵심정서문제가 자주 나타나는 걸 알겠어." "이번 주는 탁월성을 잘 활용했네." "이 프로젝트는 내가 해야 하는 정확히 바로 그런 종류의 일이야. 이런 일을 더 많이 만들어야겠어!"라고 말하는 순간이 한 번 이상 나타날 것이다. 또는 지금 하는 일이 생각보다 자신에게 훨씬 잘 맞는다는, 혹은 생각보다 몹시 안 맞는다는 사실을 알게 될 수도 있다. 성과 추적기의 꾸준한 사용을 통해 자기 이해를 내면화할수록 힘들이지 않고도 탁월성 습관을 활용하게 될 것이다.

또한 나는 여러분이 기쁨을 더 많이 느꼈으면 한다. 직장에서 삶의 목적을 활용하면 이전에 겪었던 그 어떤 일과도 다른 경험을 얻을 수 있다. 이러한 깨달음을 얻으면 편안해지고, 편안해지면 경력에 자신감이 붙는다. 그리고 그 자신감에는 자석과 같은 힘이 있어서 다른 사람들에게도 영감을 주게 된다.

나아가 모든 사람이 서로 그 같은 영감을 주고받는 세상을 만드는 것이 내 꿈이다. 개개인이 일터에서 힘듦과 지겨움이 아니라 기쁨을 느낄 때 우리 사회는 달라질 것이다. 자신이 지닌 진정한 잠재력에 부응하며 사는 건 자기 자신뿐 아니라 세상에 주는 가장 큰 선물이다. 이 여정을 즐겨라. 그리고 이 여정이 여러분 인생에서 가장 즐거운 경험이 되기를 바란다.

APPENDIX

부 록

성과
추적
노트

성과 추적기를 한 주의 몸 상태를 측정하는 스마트 워치와 같다고 생각하라. 스마트 워치로 운동, 수면, 식이 상태를 확인하듯 성과 추적기를 계속 살펴보고 내용을 추적 관찰하는 것이다. 성과 추적기를 주간 확인표로 삼아 주별로 자신의 성과를 인식하고 탁월성 습관을 키우는 능력을 확인한다.

탁월성 습관을 만드는 데 걸리는 시간은 개인의 성격 및 성과 추적기를 사용하는 훈련이 얼마나 되어 있느냐에 따라 달라진다. 다음 2~3개월 동안에는 성과 추적기를 일주일에 한 번 사용하라. 필요한 사람은 주별 성과 추적기를 내 웹사이트 lauragarnett.com에서 다운로드해도 좋다. 주별 성과 추적기에는 매주 성과를 추적하고 분석하는 알고리즘이 들어 있다. 하지만 이 책에 실린 성과 추적기를 써도 같은 결과를 얻을 수 있다.

우선 가장 적절한 날을 하루 정한다. 나는 항상 금요일을 추천한다. 이제 막 끝난 평일 한 주를 되돌아보는 작업을 해야 하기 때문이다. 대답을 곰곰이 생각하고 재검토하면서 질문에 정성 들여 답하라. 5가지 핵심 원칙에 따르는 각각의 성과에 점수를 매긴다. 마지막에는 정량적 점수와 함께 정성적定性的 질문에 대한 답도 얻게 될 것이다. 정성적 답을 얻기 위해서는 질문에 심사숙고해서 답해야 하고, 그다음 주에 따라야 할 목표와 안건을 정해야 한다. 이렇게 설정한 목표에 따라서 탁월성 영역을 활용할 수 있는 작은 변화나 행동을 실행하면 자연스레 성과가 향상된다.

시간을 들여 직장에서 있었던 일과 자신이 발휘한 영향력에 관해 잘 생각해 보자. 깊게 생각한 뒤, 각 질문에 솔직하게 답한다. 일부 질문에는 점수를 적어야 한다. 질문에 따라 자신의 유효성, 사건의 빈도, 영향력의 정도 등에 점수를 매길 것이다. 점수의 범위는 최저/최악 0점에서 최고/최상 5점까지로 이루어져 있다. 이처럼 숫자로 이루어진 점수를 보고 자신의 발전 정도를 표시할 수 있으며, 각 섹션 사이의 점수를 비교할 수도 있다.

가장 이상적인 점수는 4~5점이다. 이보다 낮은 점수를 받았다면 그 부분에 어려움이 있다는 걸 나타낸다. 전체적으로 보아 3번 섹션(기쁨)에서 낮은 점수를 받았다면, 탁월성 영역을 활용하지 못하고 있다는 것이다.

매주 성과 추적기를 만들어 맨 뒤 그래프에 총 퍼센트를 표시하자.

성과 추적기에 점수 매기기

성과 추적기에는 5가지 섹션이 있다. 섹션마다 점수를 매기기 위해 각 질문을 읽고 스스로 주어진 범위 안의 점수를 매긴다. 마지막 열에는 숫자를 적는다. 매주 성과 평가를 결정할 점수의 가이드라인은 다음과 같다.

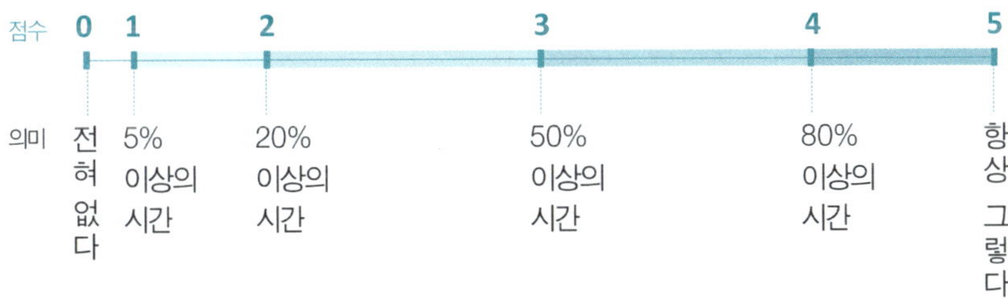

총점을 내기 위해 점수를 전부 더한다. 점수가 나오면 해당 섹션의 백분율을 계산하기 위해 섹션의 최대 총점으로 나눈다.

예를 들어 각 5점인 질문 항목 2개가 있고, 각 질문에 4점씩을 주었다면 섹션 총점은 8점이다. 8점을 최대 총점으로 나눈다. 이때 최대 총점은 10점이다.

그러면 8/10=0.8, 이를 백분율화 하면 80퍼센트가 된다. 즉, 이 섹션의 백분율은 80퍼센트인 것이다(옆 페이지의 예시 참고).

- 주의 : 마이너스 점수가 있는 섹션도 있다. 예를 들어 섹션 4(마음 챙김 : 자신감, 성장 마인드셋과 건강)에서 질문 b는 부정적인 마음의 소리를 0에서 -5점까지 정하도록 되어 있다. 이 섹션에는 질문이 4개 있지만 최대 총점은 15점이다. 최종 백분율을 계산하기 위해 자기가 매긴 총점을 15점으로 나눈다. 또한 일부 질문에는 주관식으로 답해야 하고 점수를 매기지 않는다. 점수를 매기지 않는 질문의 경우 점수를 적는 칸이 음영처리되어 있다.

각 섹션별 총점을 계산하고 나면, 한 주간의 총점을 계산할 수 있도록 5개 섹션의 점수를 전부 더한다. 총점을 50으로 나누어 한 주간 최종 백분율을 계산한다. 백분율 숫자는 맨 뒤 그래프에 있는 차트에 추가할 수 있다.

섹션 2 질문	상세 응답	점수
이번 주 다른 사람에게 발휘한 영향력의 정도를 어떻게 평가하는가?		**4**
발휘한 영향력은 목적에 어느 정도 부합하는가?		**4**
발휘한 영향력이 목적에 부합하지 않았다면 다음 주에 변화를 주기 위해 무엇을 할 수 있을까?	(상세한 답을 기재하세요. 점수는 매기지 않습니다.)	
	섹션 총점	**8**
이 섹션의 백분율 (총점을 10으로 나누고 100을 곱한다)		**80**

섹션 1 도전 과제 : 잠재력에 접근하기 탁월성을 능동적으로 사용하고 있는지 확인한다

질문	상세 응답	점수
이번 주에 0~5번 몰입했는가?		
어떤 일 때문에 몰입의 순간이 나타났나? 구체적으로 써보자.		
몰입의 순간이 없었다면, 몰입을 방해한 것은 무엇인가?		
설정한 목표에 집중하고 진전을 이루었는가?		
	섹션 총점	
이 섹션의 백분율 (총점을 5로 나누고 100을 곱한다)		

 영향력 : 목적의 사용 정도 측정하기 원하는 영향력을 얻기

질문	상세 응답	점수
이번 주 다른 사람에게 발휘한 영향력의 정도를 어떻게 평가하는가?		
발휘한 영향력은 어느 정도 목적에 부합하는가?		
발휘한 영향력이 목적에 부합하지 않았다면, 다음 주에 변화를 주기 위해 무엇을 할 수 있을까?		
섹션 총점		
이 섹션의 백분율 (총점을 10로 나누고 100을 곱한다)		

 기쁨 : 성취중독 피하기 성취보다 목표를 실행하는 과정을 즐기기

질문	상세 응답	점수
이번 주에 즐길 수 있는 일을 하며 보낸 시간은 어느 정도였는가?		
이번 주에 지겹거나 불만스러운 일을 하며 보낸 시간은 어느 정도였는가? (여기서는 마이너스 점수를 사용한다. 0 = 지겨운 일이 전혀 없었다. -5 = 지겨운 일이 상당히 많았다)		
얼마나 효과적으로 (신나는 일)60 : (그렇지 않은 업무)40의 균형을 유지했는가?		
섹션 총점		
이 섹션의 백분율 (총점을 10로 나누고 100을 곱한다)		

지금, 하고 싶은 일을 하고 있습니까?

질문	상세 응답	점수
이번 주에 얼마나 자신감을 느꼈으며 얼마나 자주 자신의 잠재력에 적극적으로 믿음을 가졌는가?		
이번 주 경험한 부정적 내면 목소리의 양에 어떤 점수를 매기겠는가? 무엇이 부정적인 내면 목소리를 불러왔는가? 그 요인이 무엇이었는지 적는다. (여기서는 마이너스 점수를 사용한다. 0 = 부정적 내면 목소리가 없었음. -5 = 부정적 내면 목소리가 많았음.)		
최적의 성과를 지원하기 위해 부정적 사고 과정을 바꾸는 연습을 얼마나 했는가?		
효과적으로 충분히 자고, 정기적으로 운동하고, 자신의 안위를 우선해서 챙겼는가?		
섹션 총점		
이 섹션의 백분율 (총점을 15로 나누고 100을 곱한다)		

지금, 하고 싶은 일을 하고 있습니까?

질문	상세 응답	점수
얼마나 효과적으로 안전지대를 벗어났으며, 목표를 포기하지 않았는가?		
판단부터 하지 않고, 호기심을 가지고 변화와 차이를 마주한 적은 얼마나 있었나?		
이번 주에는 무엇이 집중과 전념을 방해하였는가?		
앞으로 어떻게 하면 집중을 방해하는 요인을 피할 수 있을까?		
섹션 총점		
이 섹션의 백분율 (총점을 10로 나누고 100을 곱한다)		

이번 주의 총점		
총 퍼센트		

지금, 하고 싶은 일을 하고 있습니까?

분류	유효성 (총점)
도전 과제	
영향력	
기쁨	
마음 챙김	
인내	

각 세션의 백분율을 아래에 막대 그래프로 그려본다

100%

75%

50%

25%

0%

| 도전 과제 | 영향력 | 기쁨 | 마음 챙김 | 인내 |

지금, 하고 싶은 일을 하고 있습니까?

행동 계획 세우기

이제 성과 추적기를 다 채웠으니 점수가 낮은 영역이 어디인지 확인해 보자.
그리고 다음 주에 이 영역의 점수를 높일 행동 계획 5가지를 적어 본다.

1

2

3

4

5

지금, 하고 싶은 일을 하고 있습니까?